Warenkunde Wein

WARENKUNDE

Wein

Ina Finn

Rezepte von Alexander Oos

Inhaltsverzeichnis

39
Was sagen Farbe,
Brillanz und Klarheit
über einen Wein aus?

163
Vom Mahlen bis zur
Abfüllung – so wird
Rotwein hergestellt.

102
Was passt zu einem
samtigen Blaufränkisch
aus dem Carnuntum?
Ossobuco!

52
Weinverkostung zu Hause –
welche Vorbereitungen zu treffen
sind und was Sie benötigen.

176
Rebsorten im Porträt
von Cabernet Sauvignon
bis Weißburgunder.

197
Französische Weine sind häufig
nach ihrer Herkunft benannt.
Welche Anbaugebiete es gibt
lesen Sie hier.

Was wollen Sie wissen?

Wein ist eines der vielseitigsten Getränke überhaupt – und wurde lange bewusst mystifiziert. Das ist zum Glück vorbei. Trotzdem kann die schiere Vielfalt der Weine, die sich aus den vielen verschiedenen Rebsorten, Anbaugebieten und Ausbaustilen ergibt, mitunter überwältigen. Antworten auf die drängendsten Fragen finden Sie daher gleich hier.

Wie finde ich am besten den Wein, der mir schmeckt?

Die kurze Antwort: Probieren geht hier wirklich über Studieren! Je mehr Weine Sie testen, desto klarer wissen Sie, was Ihnen gefällt. Dabei ist es natürlich hilfreich, die Sinneseindrücke beim Verkosten bewusst wahrzunehmen und in Worte fassen zu können. Wie das geht, erfahren Sie ab Seite 38.

Haben Sie dann Ihre Lieblingsweine gefunden, können Sie natürlich dabei bleiben – oder aber gezielt andere suchen, die in eine ähnliche Richtung gehen. Im Fachhandel bekommen Sie dazu Empfehlungen, aber auch im Supermarkt können Sie durchaus fündig werden. Was Ihnen das Etikett über den Inhalt der Flasche verrät, können Sie ab Seite 15 nachlesen.

Am besten ist es außerdem, Wein in Gesellschaft zu genießen. Laden Sie gezielt Gleichgesinnte ein, mit denen man sich bei einem entspannten Essen gut und gerne über die unterschiedlichen servierten Weine austauschen kann. Vielleicht kommen Sie auf den Geschmack und veranstalten sogar private Verkostungen.

Muss guter Wein immer teuer sein?

Jein. Klar: Um einen guten Wein zu produzieren, sind bestimmte Voraussetzungen nötig, und die Erzeuger sind im Weinberg und Keller Monate beschäftigt. Mehr über die Arbeit der Winzer erfahren Sie ab Seite 147. Dieser Aufwand hat seinen Preis, der logischerweise nicht unter dem für einen Laib Brot liegen kann. Aber im Umkehrschluss heißt das nicht, dass teurer immer besser ist. Bestimmte Weine werden in so geringen Mengen erzeugt und sind so begehrt, dass die Knappheit die Preise in die Höhe treibt. Hinzu kommen Jahrgangsbesonderheiten, wie starke Unwetter, Hagel oder Frost, die für geringe Erträge und somit für höhere Preise verantwortlich sind. Auch aufwendiges Marketing und lange Transportwege bestimmen den Preis. So ist ein Wein aus Neuseeland auf dem deutschen Markt meist teurer als ein Wein aus Europa.

Welcher Wein passt am besten zu meinem Essen?

Auch hier zählt erst einmal, welche Weine Sie gerne trinken. Trotzdem sollen sich natürlich Wein und Speisen nicht gegenseitig erschlagen. Wählen Sie den Wein also immer nach der intensivsten Komponente des Gerichtes aus. Nach welchen Kriterien Sie ein harmonisches Miteinander von Essen und Getränk sicherstellen, wird ausführlich ab Seite 71 erklärt.

Und auch wenn es dekadent erscheinen mag: Manchmal ist es durchaus bereichernd, zu einem Essen einfach mal zwei gute Flaschen zu öffnen und zu probieren, welche Kombination einem am ehesten zusagt.

1. Wein einkaufen

Meterlange Regale voller Weinflaschen: Während sich die einen stundenlang begeistert damit beschäftigen können, das Angebot in Weinläden oder Supermärkten nach dem perfekten Tropfen zu durchforsten, fühlen sich die anderen schon von der schieren Fülle erschlagen. Wie soll man da bloß durchblicken – und vor allem: den Wein finden, der einem schmeckt? Keine Sorge: Wer im Hinterkopf behält, was das Etikett verrät und wie Weinpreise zustandekommen, ist schon mal einen großen Schritt weiter.

Discounter oder Weingeschäft?

Wo findet man guten Wein? Zum Glück an vielen unterschiedlichen Orten. Welchen Sie ansteuern, ist eine Frage des persönlichen Geschmacks (und der Bequemlichkeit).

In einem unterscheiden sich die verschiedenen Einkaufsorte und Vertriebswege allerdings deutlich: in der Auswahl, die sich den Kunden dort bietet. Die ist im Discounter nun mal begrenzter als im Weingeschäft – und im Internet ohnehin überwältigend groß. Das kann ein Vorteil sein oder ein Nachteil, je nachdem, wie viel Zeit Sie sich für die Suche nach der passenden Flasche nehmen möchten.

Discounter

Die Deutschen lieben den Einkauf beim Discounter und machen dabei keinen Unterschied, ob sie den Wochenbedarf an Nudeln oder Tiefkühlpizza besorgen oder die Flasche Wein fürs Wochenende. Entsprechend ist der größte Billigsupermarkt gleichzeitig der größte Weinhändler Deutschlands, und die Weinverkäufe im Discounter machen den größten Anteil am Wein-Gesamtabsatz aus. Vielen Leuten kommt entgegen, dass die Weinsortimente in ihrer Lieblingseinkaufsstätte klein gehalten sind: So ist es möglich, schnell den gesuchten Wein zu finden. Meist werden Produkte der klassischen Rebsorten und Anbaugebiete angeboten und die Preise bewegen sich am unteren Ende der Skala.

Heute rüsten aber auch die Discounter auf, indem sie vereinzelt höherpreisige Weine anbieten.

Supermarkt und Kaufhaus

Eine deutlich größere Auswahl als die Discounter bieten Supermärkte und Kaufhäuser. Einige davon bauen ihre Weinabteilungen gezielt aus, indem sie sie optisch vom Rest des Marktes abheben und sich besondere Mühe mit der Präsentation der Flaschen in Holzregalen oder Kisten geben. Märkte in Weinbaugebieten führen häufig regionale Weine, statt lediglich Ware aus dem Zentrallager der Kette zu beziehen. Denn in diesen Weinabteilungen liegt großes Potenzial: Die Kunden kommen ohnehin zum Lebensmitteleinkauf, also liegt es nahe, ihnen auch gleich den Wein zum Essen schmackhaft zu machen. Wer Beratung sucht, wird hier allerdings in den meisten Fällen eher kein Glück haben. Aber einige Supermärkte und vor allem Kaufhäuser investieren inzwischen sogar in geschultes Fachpersonal. Ansonsten hilft ein aufmerksamer Blick auf das Flaschenetikett, denn darauf finden sich meist alle relevanten Angaben zu Rebsorte, Ausbaustil und sogar, wozu der Wein gut passt.

Weinfachhandel

Die Konkurrenz durch die Supermärkte macht den angestammten Weingeschäften zu schaffen und zwingt sie dazu, sich nach besonderen Nischen umzusehen. Viele Menschen haben Hemmungen, einen Weinladen zu betreten – womöglich aus der Angst heraus, im Gespräch mit einem Fachhändler ihr eigenes Unwissen zu offenbaren. Diejenigen, die sich hineintrauen, finden dort allerdings meist eher verständnisvolle und kenntnisreiche Beratung vor, ganz abgesehen von einer großen Auswahl guter bis sehr guter Weinqualitäten. Und die müssen keineswegs immer teuer sein. Manchmal gibt es sogar die Möglichkeit, Weine zu probieren – wenn nicht beim Einkauf selbst, dann bei Weinproben oder Weinseminaren, die viele Weinläden anbieten. Weinfachhandelsketten breiten sich immer mehr aus und sind inzwischen flächendeckend zu finden. Sie bieten ihren Kunden nicht nur Beratung, sondern auch umfangreiche Verkostungsmöglichkeiten.

Bio-Supermärkte und Drogerien

Einen kleinen, aber beständigen Anteil am Weinabsatz haben heute Bio-Supermärkte und Drogerien. Sie bieten ein begrenztes Weinsortiment an, bedienen die Kunden aber in aller Regel mit guten Bio-Qualitäten.

Direktkauf beim Winzer

Nach wie vor lieben es viele Menschen, einmal im Jahr zu ihrem Lieblingsweingut zu fahren und den Kofferraum des Autos mit

HÄTTEN SIE'S GEWUSST?

Hier kaufen **die Deutschen** ihren Wein:

7 Millionen Hektoliter/ 2,2 Milliarden Euro – Discounter

3,7 Millionen Hektoliter/ 1,4 Milliarden Euro – Supermarkt

1,7 Millionen Hektoliter/ 1,3 Millarden Euro – Fachhandel

1,9 Millionen Hektoliter/ 1,4 Milliarden Euro – Winzer und Winzergenossenschaften

Quelle: 2016/2017 – Deutscher Wein Statistik, Deutsches Weininstitut GmbH

Qual der Wahl
Bei der Auswahl kann ein aufmerksamer Blick auf das Flaschenetikett helfen.

Weinkisten vollzuladen, um den Großteil ihres Jahresbedarfs zu decken. Das Ganze kann natürlich mit einer Weinprobe und ausführlichen Informationsgesprächen direkt vor Ort einhergehen. Wer außerdem die Weinberge, in denen die Reben gewachsen sind, und die Weinkeller aus eigener Anschauung kennt, trinkt das Erzeugnis gleich viel lieber. Entsprechend hoch ist der Anteil, den das Direktgeschäft bei manchen deutschen Winzern ausmacht. Die Weingüter haben sich darauf eingestellt und fahren ein- bis zweimal im Jahr mit einer Verkaufstour ihre Kunden an. Damit wird die Verbindung aufrechterhalten, und es besteht die Möglichkeit, neue Weine aus dem Sortiment vorzustellen. In größeren Städten gibt es außerdem regelmäßig Wein-Verbrauchermessen, auf denen sich die Winzer vorstellen und ihre Endverbraucherkontakte pflegen und ausbauen.

Weineinkauf im Internet

Wer Wein online bestellen möchte, muss einigermaßen wissen, was er oder sie sucht. Allein im deutschsprachigen Web gibt es mehr als 1 000 Onlineshops für Wein. Und die Eingabe „Merlot kaufen" in eine Suchmaschine liefert mehrere Tausend Vorschläge. Diese Fülle kann einen gnadenlos überfordern. Andererseits kann man im Netz unter Weinen aller Preisklassen und Herkunftsgebiete auswählen, und wer einen ganz bestimmten Jahrgang eines bestimmten Weins eines bestimmten Winzers sucht, wird online am leichtesten fündig. Außerdem lassen sich in aller Ruhe Preise vergleichen und man kann sich seinen Einkauf direkt nach Hause liefern lassen. Dort sollte allerdings sofort überprüft werden, ob die gelieferten Weine genau mit der bestellten Ware übereinstimmen oder der Jahrgang plötzlich ein anderer ist.

VINOA – die Suchmaschine

Daniel Schmerbauch (DS) und Helge Morgenstern (HM). Mit ihrer Suchmaschine helfen Sie Verbrauchern bei der Suche nach ihrem Lieblingswein.

Wie sind Sie auf die Idee für eine Suchmaschine, spezialisiert auf Wein, gekommen?

DS: Vor der Gründung von VINOA waren Helge und ich am Aufbau eines Onlineshops für Feinkost beteiligt. Dabei ist uns die Größe und Intransparenz des digitalen Weinmarktes ins Auge gefallen. Während in Branchen wie Reise oder Elektronik sehr ausgefeilte Vergleichsportale existieren, hat uns für Wein genau diese benutzerfreundliche und transparente Vermittlerebene gefehlt.

Was ist das Besondere an Ihrer Suchmaschine?

HM: Wein ist ein hochgradig emotionales Produkt. Wer einmal Winzer und ihre Liebe zum Produkt persönlich kennengelernt hat, weiß, dass es sich beim Vergleich nicht nur um den günstigsten Preis drehen darf. Wir möchten die individuellen Vorlieben in den Vordergrund heben. Wer bei uns nach „Steak" sucht, findet auch passende Weine dazu. Anhand von 20 Filtern lassen sich die Suchergebnisse im Nu auf wenige, sehr persönliche Empfehlungen reduzieren.

Wie viele Anbieter gibt es, die ihre Weine in Internetshops anbieten?

DS: Wir haben sie nicht gezählt, sonst wären wir noch immer nicht fertig. Sicher ist, dass es allein in Deutschland mehrere Tausend Shops gibt, die ihre Weine online vertreiben. Das ist die ideale Grundlage für ein Vergleichsportal, um ganz neutral beim Überblick zu helfen.

Wie sind Ihre Prognosen zur Entwicklung des Weineinkaufs im Internet?

DS: Wenn man den Onlinehandel analysiert, stößt man schnell auf hohe zweistellige jährliche Wachstumsraten. Allerdings ist das Volumen des Online-Weinhandels gemessen am gesamten Weinmarkt noch immer marginal. Hier ist für die Zukunft unglaublich viel Luft nach oben. Dennoch sind wir der festen Überzeugung, dass in Zukunft ein signifikanter Teil des Marktes auf Konsum und Kauf im stationären Handel entfallen wird. Mit der Integration von stationären Geschäften auf VINOA (unter anderem durch „VINOA local") stellen wir unser Unternehmen für die hybride Zukunft des Marktes auf und bieten auch lokalen Geschäften eine Möglichkeit, an der Digitalisierung zu partizipieren.

Wer sind die Kunden, die im Internet Wein einkaufen?

HM: Wir beobachten und adressieren mit VINOA eine bunt gemischte Zielgruppe. Sowohl beim Geschlecht als auch beim Alter gibt es kaum signifikante Gruppen, die häufiger Wein online kaufen als andere. Klassische Rollenbilder sind längst überholt. Viele Senioren haben ein Tablet und bestellen online. Die jungen Menschen treibt der unerlässliche Trend zum Konsum nachhaltiger Produkte von kleineren Produzenten. Bei der Ansprache der Kunden achten wir auf die allgemeine Affinität zu Genussthemen und eine entsprechende Bereitschaft, für ein gutes Produkt auch mal mehr als 3 Euro pro Flasche zu zahlen.

Gibt man im Suchfeld „Merlot kaufen" ein, erscheinen etwa 200 000 Vorschläge. Wie viele Begriffe muss der User eingeben, um konkretere Hinweise zu bekommen?

HM: Das ist genau die entscheidende Schwachstelle herkömmlicher Suchmaschinen und damit einer der Gründe, warum wir VINOA Ende 2015 gestartet haben. Wer dort nach einem Überbegriff wie „Merlot", „Riesling" oder „Wein Italien" sucht, wird mit der großen Auswahl allein gelassen. Man wühlt sich durch verschiedenste Anbieter, verliert den Überblick und ist frustriert. Bei der Suche nach „Merlot" auf VINOA erhält man aktuell 9 000 zutreffende Weine. Durch Angaben für persönliche Vorlieben wie Land (Frankreich), Geschmack (trocken), Aroma (Pflaume) und Preis (35–50 Euro) filtere ich diese große Menge innerhalb von weniger als einer Minute auf wenige Weine, die einzigartig auf meine Vorgaben zutreffen. Außerdem kann ich mit einem Blick auch die Serviceleistungen der verschiedenen Anbieter (Versandkosten, Bezahlarten...) vergleichen. Die Auswahl fällt dann viel leichter.

Wie machen Sie auf Ihre Suchmaschine aufmerksam? Wie erreichen Sie neue User?

DS: Wir haben einen erheblichen Vorteil, um im Weinmarkt wahrgenommen zu werden: VINOA ist und bleibt immer der neutrale Vermittler. Wer nach Weinthemen sucht oder Weine online kaufen möchte, findet bei uns die optimale Kaufberatung und eine objektive Empfehlung zu geeigneten Anbietern. Außerdem versuchen wir, die Kunden über spannende Inhalte rund um das Thema Wein (Exklusivinterviews mit außergewöhnlichen Winzern, Infografiken und Rezepte mit entsprechenden Weinempfehlungen) schon früh mit VINOA in Kontakt zu bringen und Kaufanreize zu setzen. Die beiden Aspekte – Neutralität und Inhalte – nutzen wir in verschiedenen Marketingkanälen (z. B. SEA, SEO, Facebook, PR), um auf VINOA aufmerksam zu machen. Als junge Unternehmer freuen wir uns über jeden, der VINOA ausprobiert und mit uns in den Dialog tritt, um VINOA immer besser an den Interessen der Nutzer auszurichten. Im Fokus steht dabei unser Motto: Finde deinen Wein!

Was das Etikett verrät

Das Etikett ist die Visitenkarte des Weins. Wer genauer hinschaut, entdeckt darauf viele Informationen, die Aufschluss über den Flascheninhalt geben.

Natürlich soll das Etikett neugierig machen, und immer häufiger wird es deshalb aufwendig künstlerisch gestaltet. Aber wenn im Laden meterweise eine Flasche neben der anderen mit bunten Bildchen, Wappen und Schlössern wirbt, wird es schwer, die Unterschiede wahrzunehmen. Auf das vordere Etikett, auch Schauetikett genannt, werden daher heute in den meisten Fällen nur die notwendigsten Angaben geschrieben, beispielsweise Informationen über die Rebsorte, die Herkunft und den Namen des Weingutes.

Auf dem Rückenetikett (dem Hauptetikett) folgen alle weiteren Angaben, von denen einige gesetzlich vorgeschrieben sind, denn der globale Weinmarkt erfordert, dass Informationen einheitlich und vergleichbar sind. So gibt das Bezeichnungsrecht für Wein in der Europäischen Union vor, welche Angaben auf dem Etikett obligatorisch sind, also in jedem Fall aufzuführen sind. Weinproduzenten können also nicht einfach ihre Etiketten gestalten, wie sie wollen, sondern müssen sich aus Gründen des Verbraucherschutzes an dieses Regelwerk halten. Die Angabe zum Jahrgang, die den meisten wichtig erscheint, ist übrigens freiwillig.

Die geografische Herkunft

Unter allen Pflichtangaben auf dem Etikett ist diese im heutigen globalen Weinmarkt die allerwichtigste, denn sie grenzt ganz genau ein, aus welchem Radius die Trauben für den jeweiligen Wein kommen. Je kleiner dieser Radius ausfällt, desto höhere Anforderungen werden in puncto Produktionsbedingungen, Qualität und Geschmack an den Wein gestellt. Das heißt: Ist auf dem Etikett ein bestimmter Ort oder sogar eine Einzellage genannt, dann steckt in der Flasche ein höherwertiger Wein als in einer, deren Etikett lediglich einen Herkunftsstaat nennt.

Die Herkunftsangaben lassen erst einmal eine grobe Einteilung in Weine ohne und in solche mit geografischer Angabe zu. Im Detail ergeben sich daraus diese Qualitätsstufen.

Bei Wein ohne geografische Angabe unterscheidet man:

❶ **Wein aus der Europäischen Gemeinschaft.** Angegeben ist lediglich der Erzeugerstaat (oder die Erzeugerstaaten). Auf dem Etikett stehen zum Beispiel Bezeichnungen wie „Verschnitt von Weinen aus verschiedenen Ländern der Europäischen Gemeinschaft" oder „Europäischer Wein" oder ähnliche Angaben.

Was ist drin?
Die Pflichtangaben lassen durchaus auf die Qualität des abgefüllten Weines schließen.

Für diese weit gefassten Herkunftsgebiete gelten keine konkreten Produktionsbestimmungen oder Ertragshöchstgrenzen. Es kann kostengünstig produziert werden. Kleine Weinfehler wie flüchtige Säuren/Essigstich oder Mufftöne werden nicht beanstandet: Der Wein darf trotzdem in den Handel gelangen.

2 Wein mit Angabe des Herkunftslandes ohne Rebsorten und Jahrgangsangabe. Diese Angabe ersetzt die bisherige Kategorie „Tafelwein". Auf dem Etikett steht zum Beispiel die Verkehrsbezeichnung „Deutscher Wein".

3 Wein mit Angabe des Herkunftslandes, mit Rebsorten- und/oder Jahrgangsangabe. Diese Angabe ersetzt die bisherige Weinkategorie „Tafelwein mit geografischer Angabe". Auf dem Etikett steht beispielsweise stattdessen „2013 Deutscher Wein, Riesling" oder Ähnliches.

Zu Wein mit geografischer Angabe gehören:

1 Wein mit geschützter geografischer Angabe. Hierbei handelt es sich um Wein, der in einem bestimmten Gebiet entweder erzeugt, verarbeitet oder hergestellt wurde. Dazu gehört die Gruppe der Landweine.

2 Wein mit geschützter Ursprungsbezeichnung. Bei diesem Wein erfolgen alle Produktionsschritte im Herkunftsgebiet. Dazu gehören die Qualitäts- und Prädikatsweine.

Qualitätsstufen in Deutschland

Deutschland hatte früher ein eigenes Kennzeichnungssystem für die verschiedenen Weinqualitäten, die auf dem Etikett vermerkt wurden. Erst in den letzten Jahren setzten sich die internationalen Standards auch hier durch. Deshalb sind ein paar „geschützte traditionelle Begriffe" erhalten geblieben, weil sie den Verbrauchern vertraut sind. Die wichtigsten sind:

1 Qualitätswein (früher: Qualitätswein eines bestimmten Anbaugebietes). Diese Qualitätsstufe entspricht dem international üblichen „Wein mit geschützter Ursprungsbezeichnung".

2 Prädikatswein (früher: Qualitätswein mit Prädikat). Auch diese Stufe entspricht einer „geschützten Ursprungsbezeichnung". Allerdings sind hier die Bestimmungen noch strenger als beim Qualitätswein. Geregelt sind unter anderem Anbau, Mostgewicht und Art der Lese. Je nach Zustand der Trauben bei der Lese werden verschiedene Prädikate unterschieden.

Weitere Pflichtangaben auf dem Weinetikett

Die Angabe der geografischen Herkunft spielt sicher die größte Rolle bei der Entscheidung: „Kaufe ich diese Flasche oder nicht?" Aber auch die übrigen Informationen auf dem Etikett können hilfreich sein. Die folgenden müssen auf jeden Fall angegeben sein:

1 Der Abfüller: Die Firma beziehungsweise das Weingut müssen mit Anschrift aufgeführt werden. Dazu kommen Angaben wie „Erzeugerabfüllung", „Gutsabfüllung" und „Schlossabfüllung". Sie beziehen sich auf Weingüter, die ihre eigenen Trauben verarbeiten und im Weingut selbst abgefüllt haben.

Prädikatsweine: Die verschiedenen Prädikatsstufen

Bezeichnung	Zustand der Trauben bei der Lese
Kabinett	Ein bestimmter Reifegrad, festgelegt nach Anbaugebiet und Rebsorte, ist erreicht.
Spätlese	Spätere Lese als Kabinett. Die Trauben werden im vollreifen Zustand gelesen.
Auslese	Die Trauben sind zum Zeitpunkt der Lese mindestens vollreif bis überreif.
Beerenauslese	Die Trauben sind zum Zeitpunkt der Lese überreif bis hin zu rosiniert (rosinenartig getrocknet) und können einen Anteil edelfauler Trauben beinhalten.
Trockenbeerenauslese	Die Trauben sind rosiniert und edelfaul.
Eiswein	Die Trauben müssen zum Zeitpunkt der Lese gefroren sein und auch gefroren gekeltert werden. Sie haben ein ähnliches Mostgewicht wie die Trockenbeerenauslese.

Abfüllen können auch Winzergenossenschaften und große Handelskellereien. Diese Angabe spielt deshalb eine so große Rolle, weil immer der Abfüller für den Wein verantwortlich ist.

❷ Der Alkoholgehalt: Er wird auf dem Weinetikett in Volumenprozent (% Vol.) genannt, und zwar in halben oder vollen Einheiten. Der angegebene Wert darf um 0,5 Volumenprozent vom analytischen Wert abweichen, also über- oder unterschritten werden. Ein Wein, der bei der Analyse zum Beispiel auf 14 Volumenprozent kommt, darf gekennzeichnet sein mit „13,5 % Vol."

❸ Das Nennvolumen: Damit ist die Füllmenge gemeint. In der Regel wird sie in Liter angegeben, zum Beispiel 0,75 l.

❹ Die Loskennung: Weine ohne geschützte Herkunftsangabe bekommen eine Losnummer zugeteilt, damit ihre Herkunft zurückverfolgt werden kann. Die Losnummer ist ein Zahlencode, der für eine bestimmte Region oder Provinz steht. Sie steht meist bei Weinen, die in sehr großen Mengen in Tanks abgefüllt werden. Sie werden als Tankware gehandelt, gegebenenfalls mit anderen Weinen gemischt (verschnitten) und dann in Flaschen oder andere Verkaufsbehältnisse abgefüllt.

❺ Die amtliche Prüfnummer: Auch sie dient der Nachverfolgbarkeit des Weins. Weine mit geschützter Herkunftsbezeichnung (also Landweine und Quali-

tätsweine) werden analytisch im Labor und sensorisch von einem professionellen Verkosterteam geprüft. Nach Bestehen der Prüfung wird die amtliche Prüfnummer vergeben.

❻ Der Hinweis auf allergene Stoffe: Seit ein paar Jahren müssen auch bei Wein Stoffe gekennzeichnet sein, die Allergien auslösen können. Am häufigsten kommt der Hinweis vor, dass der Wein Sulfite enthält. Diese schwefelige Säure wird häufig zugefügt, weil sie verhindert, dass Weine oxidieren und braun werden. Aber selbst bei Weinen, die ohne zugesetzten Schwefel auskommen, findet sich auf dem Etikett fast immer der Hinweis auf Sulfite. Das liegt daran, dass während der Gärung die Hefepilze selbst kleinere Mengen Schwefel bilden. Somit können selbst schwefelfrei hergestellte Weine über 10 mg pro Liter schwefelige Säure enthalten. Aber auch die Verwendung von Milch oder Ei muss Allergikern zuliebe angegeben werden.

→ Weinkauf für Veganer

Ist Wein nicht immer vegan? Was haben Milch und Ei im Wein verloren? Diese tierischen Stoffe werden zum sogenannten Schönen eingesetzt. So bezeichnet man den Prozess, mit dem Trubstoffe aus dem Wein entfernt werden, um ihn zu klären und vor allem stabiler zu machen. Neben Mitteln auf

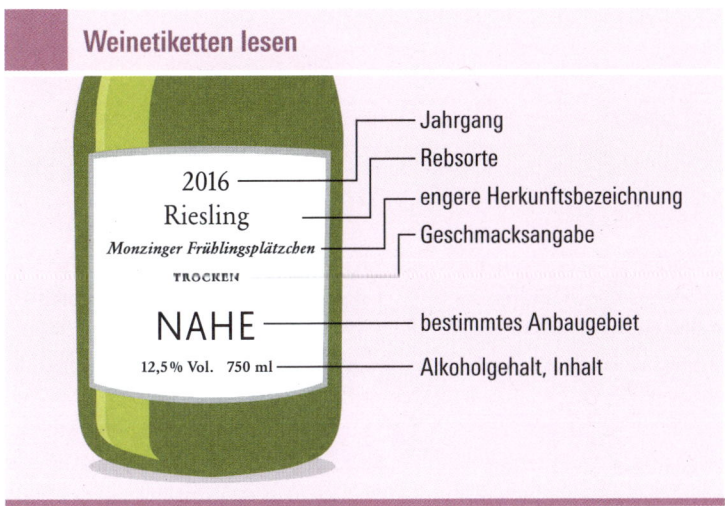

Weinetiketten lesen

- Jahrgang
- Rebsorte
- engere Herkunftsbezeichnung
- Geschmacksangabe

2016
Riesling
Monzinger Frühlingsplätzchen
TROCKEN

NAHE — bestimmtes Anbaugebiet

12,5 % Vol.   750 ml — Alkoholgehalt, Inhalt

Milchbasis und Hühnereiweiß verwenden Winzer dafür oft Gelatine von Schwein oder Rind oder Hausenblase, also die pulverisierte Schwimmblase von Fischen. Schmeckbar ist davon im fertigen Wein nichts. Wer allerdings vegan lebt und auf sämtliche tierische Produkte verzichtet, hat hier ein Problem. Zum Glück gibt es auch nichttierische Alternativen – und die passenden Siegel, mit denen veganer Wein gekennzeichnet werden kann. Die verwenden aber bei Weitem nicht alle Winzer, selbst wenn sie mit pflanzlichen Schönungsmitteln arbeiten. Wer als Veganer sichergehen will, dass der Lieblingswein nicht mit tierischen Produkten in Kontakt gekommen ist, muss oft beim Produzenten nachfragen. Dort lässt sich auch klären, ob das Etikett womöglich mit Leim auf Knochenbasis aufgeklebt wurde. Diejenigen, denen das wichtig ist, nehmen daher am besten persönlich Kontakt zum Winzer auf.

Region oder Rebsorte?

Die Pflichtangaben auf dem Etikett liefern sicherlich wichtige Informationen und Entscheidungshilfen für den Weinkauf. Beim Vergleich der verschiedenen Flaschen im Supermarktregal oder beim Weinhändler sorgt allerdings eine Tatsache für Irritation: Auf dem einen Etikett steht „Chablis", auf dem anderen „Chardonnay". Ja, aber – bezeichnet nicht das eine ein Weinbaugebiet, das andere eine Rebsorte?

Dieses scheinbare Durcheinander hängt damit zusammen, dass das Kulturgut Wein und der Handel damit von langer Tradition geprägt sind. Allein die europäische Weingeschichte reicht 2 000 Jahre und weiter zurück. Das macht sich heute auch noch bei der Bezeichnung der Weine auf den Etiketten bemerkbar.

Die klassischen Anbauländer Europas wie Frankreich, Italien, aber auch Spanien, nennen seit jeher eher das Herkunftsgebiet statt die Rebsorte: Auf der Flasche steht zum Beispiel Rioja statt der in diesem spanischen Gebiet hauptsächlich angebauten Rebsorte Tempranillo. In Frankreich und Italien sind

sogar oft die Unterregionen eines Anbaugebietes genannt: das französische Chablis, das
in der Bourgogne liegt, oder das italienische
Chianti im Anbaugebiet Toskana.

Diese Bezeichnungstradition lässt sich
auf das sogenannte romanische System zu-
rückführen, in dem die Herkunft maßgeb-
lich ist. Es geht davon aus, dass eben nicht
nur die Rebsorten entscheidend sind für das
Endprodukt, sondern dass Klima und Boden
ebenso große Bedeutung haben. Über Jahr-
hunderte wurde akribisch erkundet, auf welchem Boden und in welchem Klima sich welche Rebsorte am besten entwickelt. Damit
liegt ganz klar der Fokus auf der regionalen
Herkunft, die den Wein unverwechselbar
macht. Um diese regionale Verwurzelung im
Wein schmeckbar zu machen, ist mitunter
nicht nur eine Rebsorte nötig, sondern eine
Kombination von mehreren. Viele klassische
Herkunftsgebiete der romanischen Länder
stehen daher für gleich mehrere Rebsorten.
So ist es zum Beispiel beim Bordeaux der
Fall. Näheres zu der Frage, warum mehrere
Rebsorten für einen Wein verwendet werden,
erfahren Sie ab Seite 165.

Die deutschen Anbaugebiete bilden im
Bezeichnungssystem der alten Weinwelt eine
Ausnahme. Das hat zwei Gründe: Zum einen
wird der Großteil der Weine reinsortig auf die
Flasche gebracht; es wird also nur eine Rebsorte verwendet. Zum anderen stellt das sogenannte germanische System die Traubenqualität in den Vordergrund. Mit Angabe einer Qualitätsstufe wie Kabinett oder Auslese

(siehe Seite 17) wird der Zustand der Trauben
während der Lese beschrieben.

→ Was das Mostgewicht aussagt

Im germanischen System hängt die
Bezeichnung eines Weins vom Reifegrad und der Qualität der Trauben bei
der Lese ab. Aber wie lässt sich das eigentlich messen? Wie lässt sich messen, welchen Reifegrad die Trauben
bei der Lese hatten? Gemessen wird
mit einem sogenannten Refraktometer.
Damit können anhand des Winkels der
Lichtbrechung die Eigenschaften des
Mosts bestimmt und der Zuckergehalt
abgelesen werden. Aus diesem Grund
wird das Refraktometer vom Winzer
auch als Mostwaage oder Zuckermes-
ser bezeichnet. Der Zuckergrad wird in
Grad Oechsle ausgedrückt. Je nach
angestrebter Qualität des Weins muss
zum Lesezeitpunkt ein Mindestmostgewicht in Grad Oechsle erreicht sein.
Ein Beispiel: Riesling Auslese – der
Wein ist aus der Rebsorte Riesling. Mit
dem Prädikat Auslese sind die Trauben,
wenn sie gelesen werden, vollreif und
haben ein Mindestmostgewicht von
95 Grad Oechsle.

Die Anbauländer außerhalb Europas besitzen
eine deutlich jüngere Weinbaugeschichte. Ihre Herangehensweise in Bezug auf Anbau, Vinifikation und Bezeichnung ist daher weniger
von Traditionen wie dem Herkunftsprinzip

geprägt, zumal viele Anbauflächen erst in den letzten Jahrzehnten hinzugekommen sind. Im Grunde gilt hier das Prinzip: „einfach und verständlich". Somit ist ein Großteil der Weine dieser Anbauländer nach der Rebsorte beziehungsweise den Rebsorten benannt.

Die Benennung nach Rebsorten erleichtert den Einkauf, denn die meisten Verbraucher haben eine gewisse Vorstellung davon, was sie erwarten, wenn auf der Flasche „Merlot", „Chardonnay" oder „Cabernet Sauvignon" steht. Da sich dieses Bezeichnungsprinzip erfolgreich durchgesetzt hat, haben nun auch die europäischen Anbauländer nachgezogen und in ihren Statuten Möglichkeiten geschaffen, Weine mit Rebsortenangabe zu vermarkten. Bereits jetzt kommt ein Großteil der Weine aus Südfrankreich als Landwein unter dem Rebsortennamen auf den Markt.

Der Jahrgang

Der Jahrgang gibt immer an, in welchem Jahr die Trauben für den Wein gelesen wurden. Wenn die Weinlese auf der nördlichen Halbkugel im Jahr 2015 stattgefunden hat, dann kommen die meisten Weine des Jahrgangs im Folgejahr, also 2016, ab Februar auf den Markt. Weine des gleichen Jahrgangs aus Weinländern der südlichen Hemisphäre gelangen bereits vorher in den Handel, da dort die Lese 2015 ab Januar oder Februar stattgefunden hat und die neuen Weine bereits im Spätsommer oder Herbst auf den Markt kommen.

Was kostet guter Wein?

Wie kommen Preisunterschiede zwischen 1,99 Euro und mehreren Tausend Euro pro Flasche zustande?

Referenz für Weinpreise ist immer die Menge eines Liters. Auch wenn die meisten Weine in Flaschen von 0,75 Litern verkauft werden, muss der Literpreis im Laden angegeben werden, sodass die Kunden besser vergleichen können. Wie kommt der Weinpreis nun zustande? Dafür spielen mehrere Faktoren zusammen.

Die Kosten

Zum einen muss der Verkaufspreis natürlich die Kosten decken. Die fallen an mehreren Stellen an:

▸ **Für die Herstellung** des Weins vom Anbau der Trauben über die Vinifikation, also die Produktion im Weinkeller, bis hin zur Abfüllung.

PREISNIVEAUS VON RIESLING

1 Bis 4,99 Euro
Leichte, frische Weißweine. Markante Säure und Aromenprofil entsprechen einem Riesling. Weder herkunftstypische Noten noch differenziertes Aroma. In der Regel konventioneller Anbau.

2 Von 5 bis 10 Euro
Sehr gute Weine verfügbar. Deutlich eingegrenzte Herkunft mit charakteristischer Stilistik (Guts- oder Ortsweine). Unter Umständen bereits gewisses Lagerpotenzial. Mehr Aroma und Geschmack durch schonendere Bewirtschaftung der Weinberge.

3 Über 10 Euro
Markante, klar von ihrer Herkunft geprägte Weine in begrenzter Menge. Differenziertes, vielschichtiges Aroma. Geeignet zur Flaschenlagerung, die den Wein weiter abrundet. Jahrgangsunterschiede machen sich deutlich bemerkbar. Biologische oder biodynamische Anbaumethoden sind möglich. Verkauf erfolgt eher über den Fachhandel.

▶ **Für Verpackung und Ausstattung**, also unter anderem Flasche, Etikett, Verschluss und Umkarton.
▶ **Für die Vermarktung und den Vertrieb**, also auch Werbung und Zwischenhändler.

Die größten Kostenunterschiede kommen bei der Herstellung zustande, also beim Weinanbau und im Weinkeller. Wie viel der Arbeit im Weinberg wird von Maschinen erledigt und wie viel teure menschliche Arbeitskraft wird eingesetzt? Die Details zur Weinherstellung können Sie ab Seite 140 nachlesen.

Die produzierte Menge

Der zweite entscheidende Faktor, der eng mit den Produktionsbedingungen zusammenhängt, ist die Menge, in der ein Wein produziert wird, also wie viele Flaschen eines Weins in den Markt kommen: je mehr, desto günstiger wird er, weil die Gesamtkosten sinken. Ein großer Produzent kann aufgrund seiner Strukturen ohne Probleme mehrere Hunderttausend Flaschen von ein und demselben Wein erzeugen. Die Jahresproduktion eines kleinen Winzers liegt häufig deutlich unter 100 000 Flaschen.

Die Qualität des Weins

Natürlich kann ein hochwertiger Wein zu einem höheren Preis verkauft werden als ein minderwertiger. Nur – was genau bedeutet Qualität? Denn, was gut schmeckt, ist zunächst einmal eine individuelle Entscheidung. Wer aber häufiger verschiedene Weine probiert, stellt bald fest, was den großen Reiz dieses Getränks ausmacht: seine enorme Aromenvielfalt. Und genau die hilft dabei, Qualität bei Wein greifbar zu machen. Je vielschichtiger die Aromen, desto besser die Qualität des Weins.

Bei einem guten Wein schlagen sich Rebsorte und Herkunft differenziert im Geschmack nieder. Je kleiner das Gebiet, aus dem die Trauben für einen Wein kommen, desto herkunftstypischer wird das Endprodukt schmecken, weil die Bedingungen für Wachstum und Reife der Trauben relativ einheitlich waren. Ein kleiner Herkunftsradius, wie er an der Herkunftsangabe auf dem Etikett abzulesen ist (siehe Seite 15), spiegelt sich also im Preis des Weins wider.

Die Rebsorten, der Jahrgang und die Machart entscheiden über die Lagerfähigkeit beziehungsweise das Entwicklungspotenzial eines Weins. Das heißt mit zunehmender Reife kann ein Wein an Geschmack und Finesse gewinnen. Dies kommt aber nur einem sehr kleinen Anteil an Weinen (unter 5 Prozent) zu, die im Markt verfügbar sind.

Es gibt Weinführer, die die Weinwelt nach bekannten Weinen, Rebsorten, Regionen und Erzeugern sortieren – mit Weinkarten zu bedeutenden Weinregionen. Meistens werden auch kurze Bewertungen von Jahrgängen bezogen auf die jeweilige Herkunft aufgeführt. Dann gibt es länderspezifische Weinführer, die nicht nur auf Anbaugebiete, sondern auch auf die bekanntesten Erzeuger eingehen und ihre besten Weine hervorheben. Dies kann hilfreich sein, wenn man sich für ein neues Gebiet interessiert und sich einen ersten Überblick verschaffen möchte.

Weingüter oder einzelne Weine werden mit Sternchen, Punkten, Trauben bewertet – jeder Weinführer hat eine andere Darstellungsart.

Die Fachwelt bewertet Weinfarbe, Geruch, Geschmack, Gesamteindruck und Potenzial eines Weines und verwendet dafür Punktesysteme. Profis wie Verkoster sind es gewohnt, Wein zu verkosten und die Qualität so neutral wie möglich mit Punkten zu bewerten. Es gibt ein 20-Punkte-System, welches in Europa häufig genutzt wird, und ein 100-Punkte-System. Je näher die Punktzahl an die höchste Zahl heranreicht oder gar die höchste Punktzahl erreicht wird, umso besser der Wein.

20-Punkte-System

Punkte	Qualität
0–10 Punkte	fehlerhafter Wein
10–12 Punkte	zufriedenstellende, einfache Qualität
12–14 Punkte	gute Weinqualität
14–16 Punkte	sehr gute Weinqualität
16–18 Punkte	außergewöhnlich gute Qualität, Wein mit Potenzial
18–20 Punkte	herausragende Spitzenqualität

100-Punkte-System

Punkte	Qualität
50–75 Punkte	schwache, einfache Qualität
75–79 Punkte	durchschnittliche Qualität
80–84 Punkte	gute Weinqualität
85–89 Punkte	sehr gute, solide Weinqualität
90–95 Punkte	bemerkenswerte Qualität
96–100 Punkte	außergewöhnlich, herausragende Qualität

Angebot und Nachfrage

Zudem bestimmt die Nachfrage den Preis. Daraus ergeben sich unterschiedliche Preisebenen und die wiederum ergeben in der Regel die Vertriebsstruktur und die Einkaufsstätte, in der der Wein verkauft wird.

Weinliebhaber geben für besonders edle Tropfen manchmal viel Geld aus. Besonderheit und Rarität haben ihren Preis. Ab einem Preis von etwa 50 Euro können Sie davon ausgehen, dass der Name des Weingutes und die Verfügbarkeit des Weins den Preis bestimmen.

Nur sehr wenige Weinbergslagen haben besondere Eigenschaften und eignen sich für ganz bestimmte Rebsorten. Daraus können unverwechselbare Weine erzeugt werden. Ein Winzer, der in besonderen Weinbergslagen Reben besitzt, steht für diese Herkunft und die daraus erzeugten Weine. Das geht damit einher, dass Weinkritiker diese besonderen Weine von Jahr zu Jahr bewerten und dafür Punkte vergeben. Fallen diese besonders hoch aus, wirkt sich das unmittelbar auf den Preis aus. Winzer, die hohe Bewertungen für ihre Weine erhalten, steigen in der allgemeinen Bekanntheit und verschaffen sich damit eine verstärkte Nachfrage nach ihren Weinen. Im Vergleich zum Angebot aller Weine im Markt betrifft dies allerdings nur einen verschwindend geringen Anteil. Das Beste ist immer noch, sich entsprechend der eigenen Möglichkeiten selbst ein Urteil zu bilden und seinem Geschmacksempfinden zu vertrauen.

Moseltal
An den Schiefersteilhängen werden einzigartige Rieslinge produziert.

Je kleiner das Gebiet, desto besser der Wein

Deutschland hat ca. 100 000 Hektar Rebfläche. Die folgenden Qualitätsstufen geben Auskunft darüber, wie die Anbauflächen aufgeteilt sind und lassen damit auch in gewisser Weise auf die Qualität der dort kultivierten Weine schließen.

▸ **Deutscher Wein:** Wird ein Wein aus allen Teilen der gesamten Rebfläche Deutschlands produziert, dann ist es ein „Deutscher Wein" (lief früher unter der Bezeichnung Tafelwein) ohne genaue Herkunftsbezeichnung.

▸ **Deutscher Landwein:** Die nächste Stufe sind die Deutschen Landweine. Wir haben in Deutschland derzeit 26 verschiedene Landweingebiete – mit geschützter geografischer Angabe. Sie bilden nach den „Deutschen Weinen" die zweitniedrigste Qualitätsstufe.

▸ **Qualitätsweine:** In Deutschland gibt es 13 Anbaugebiete, in denen Qualitätswein erzeugt wird – mit geschützter Ursprungsbezeichnung. Innerhalb der einzelnen Anbaugebiete gibt es wiederum eine Hierarchie:

▸ **Bereich:** Ein Anbaugebiet ist in verschiedene Bereiche eingeteilt.

▸ **Großlage:** In einem Bereich gibt es verschiedene Großlagen, die wiederum das Terrain mehrerer Einzellagen zusammenfassen, durchschnittlich ergibt das eine Größe von etwa 600 Hektar. Heute gibt es in Deutschland 170 verschiedene Großlagen.

▸ **Einzellage:** In einer Großlage liegen mehrere Einzellagen, die zum Teil nur wenige Hektar groß sind. In Deutschland gibt es 2 600 verschiedene Einzellagen.

▸ **Parzellennamen:** Manche Winzer gehen noch weiter und verwenden für ihren Wein nur die Trauben aus einer bestimmten Parzelle einer Einzellage.

30
SEKUNDEN FAKTEN

5–8 €

geben die Deutschen für einen Liter Wein aus. Das jedenfalls glaubt die Mehrheit der Befragten. Tatsächlich liegt der Durchschnittspreis deutlich darunter.

2,52 €

bezahlten die Deutschen 2010 für einen Liter Wein.

2,89 €

waren es im Jahr 2016.

3,11 €

sind die Deutschen im Jahr 2016 durchschnittlich bereit gewesen, für einen Liter Wein zu zahlen. Also etwas mehr, als sie tatsächlich ausgegeben haben.

Die Sektsteuer

Wer Sekt oder gar Champagner kauft, zahlt dafür einen Preis, in dem zusätzlich die Sektsteuer enthalten ist. Sie wird auf alle Schaumweine erhoben, die 3 bar oder mehr an Druck und einen Alkoholgehalt von mindestens 6 Volumenprozent oder mehr aufweisen. Bei diesen Weinen schlägt sie mit 1,02 Euro pro 0,75 Liter zu Buche. Eingeführt wurde sie 1902, um die kaiserliche Kriegsflotte zu finanzieren. Die gibt es zwar heute nicht mehr, aber der Staat freut sich nach wie vor über die Einnahmen aus dieser Verbrauchssteuer, zumal die Deutschen große Fans der perlenden Genüsse sind.

Dabei fällt die Sektsteuer gar nicht für alles an, was prickelnd ins Glas fließt. Ausgenommen sind nämlich Perlweine, die weniger als 3 bar Druck aufweisen. Dazu gehört nicht nur der so beliebte Prosecco Frizzante, der nur so heißen darf, wenn er aus dem italienischen Venetien oder Julisch Venetien oder Friaul-Julisch-Venetien stammt. In seinem Mode-Gefolge schwimmen auch andere Weine mit, auf deren Etikett blumige Begriffskombinationen mit „Secco" zu lesen sind.

Behalten Sie das im Hinterkopf, wenn Sie im Laden die Preise für verschiedene Prickler vergleichen. Liegen ein Prosecco Frizzante und ein Sekt preislich auf ähnlicher Ebene, dann ziehen Sie beim Sekt in Gedanken die Sektsteuer ab – erst dann werden die Preise wirklich vergleichbar.

Verpackung und Verschluss

Muss es eine Glasflasche mit Naturkorken sein oder steckt im Karton mit Plastik-Weinschlauch ebenfalls Trinkbares?

Natürlich kommt es in erster Linie auf den Inhalt an, aber in welcher Verpackung der Wein zum Käufer gelangt, spielt auch eine Rolle: Zum einen schlagen sich die Kosten für die Umverpackung im Weinpreis nieder. Zum anderen lässt die Verpackung mitunter auf die Qualität des Inhalts schließen – und hat nicht unerheblichen Einfluss auf die Lagerfähigkeit des Weins.

Die Weinflasche

Die meisten Weine werden in Glasflaschen abgefüllt, von der es zwei Hauptformen gibt. Die Burgunderflasche ist bauchiger und hat keine Schulter; das heißt, sie verjüngt sich allmählich hin zum Flaschenhals. Bordeauxflaschen dagegen besitzen eine insgesamt schlankere Gestalt und eine deutliche Schulter, auf der der schmale Flaschenhals sitzt. Traditionell werden Weine aus der Bourgogne in Burgunderflaschen und Weine aus dem Bordeaux in Bordeauxflaschen abgefüllt. Welche der beiden Flaschenformen Winzer außerhalb dieser beiden Gebiete für ihre Weine auswählen, ist ganz ihnen überlassen. Die Flaschenform hat keinerlei Einfluss auf die Qualität des Weins, und sie sagt auch nichts darüber aus. Weitere Flaschenformen mit regionaler Bedeutung sind zum Beispiel die Bocksbeutelflasche für Qualitätsweine aus Franken und die schlanken Schlegelflaschen für deutsche Rieslinge.

Dass für Weine häufiger Flaschen aus Grün- oder Braunglas verwendet werden, hat eine Schutzfunktion: Sie sollen den Inhalt vor zu starker Lichteinstrahlung schützen. Durch klares Glas gelangen UV-Strahlen des Lichts ungefiltert hindurch, was den Wein schneller altern lässt. Leichte Weißweine, die dafür gedacht sind, im aktuellen Jahrgang getrunken zu werden, sind dagegen häufig in weißen Glasflaschen abgefüllt. Das soll ihre Leichtigkeit und Frische unterstreichen.

Die gängigste Flaschengröße ist die 0,75-Liter-Flasche. Sie ist seit den 1970er-Jahren EU-Norm. Dennoch gibt es zahlreiche weitere Flaschengrößen. Wein einfacher Qualitäten wird auch in Literflaschen oder Zwei-Liter-Flaschen angeboten.

Allerdings kann eine große Flasche auch auf hohe Qualität hinweisen. Denn je hochwertiger der Wein und je größer sein Potenzial zur Lagerung, desto besser eignen sich größere Formate. Wein reift in großen Flaschen langsamer und gleichmäßiger, beispielsweise in der Magnumflasche (1,5 Liter) oder der Doppelmagnum (3 Liter).

Flaschenformen
Im Gegensatz zum richtigen Glas ist die Flaschenform für den Weingenuss unerheblich.

Alternative Behältnisse für Wein

Nicht immer kommt Wein in der Glasflasche daher. Dabei lässt sich der Getränkekarton schnell abhandeln: In den Karton werden nämlich ausschließlich einfachste Weine abgefüllt.

Die sogenannte Bag-in-Box-Verpackung dagegen erfreut sich in in den letzten Jahren immer größerer Beliebtheit. Der Wein wird dabei unter Vakuum in einen Plastikschlauch mit Zapfhahn abgefüllt, der wiederum in einem Umkarton steckt. Es gibt diese Weinschläuche in unterschiedlichen Größen zwischen 3 und 10 Litern. Wein hält sich darin ungefähr ein Jahr, erkennbar am Mindesthaltbarkeitsdatum.

Mittlerweile sind die Qualitäten der Weine, die in den Plastikschlauch abgefüllt werden, sehr gut. Der Vorteil dieser Verpackung: Ist der Beutel einmal angezapft, so hält sich der darin enthaltene Wein immer noch bis zu drei Monate lang. Daher eignen sich Bag-in-Box-Weine besonders gut für Haushalte,

in denen nur eine Person Wein trinkt, und das unregelmäßig. Schließlich fällt die Haltbarkeit angebrochener Flaschen im Kühlschrank normalerweise deutlich geringer aus. Aber auch bei Grillfest und Picknick zeigen diese Verpackungen ihre Stärken, denn sie sind gut zu transportieren, und alle können sich problemlos selbst bedienen – und das ohne Korkenzieher!

Die Verschlussfrage

In immer mehr Weinflaschen steckt nicht mehr der klassische Naturkorken. Sorgte anfangs vor allem der Schraubverschluss noch für Diskussionen unter Weinliebhabern, so ist die Akzeptanz der alternativen Verschlüsse inzwischen deutlich gestiegen. Schließlich reduzieren sie die große Angst aller Weinliebhaber: dass nämlich der teuer gekaufte Wein korkt. Interessant ist, dass sich der gleiche Wein anders entwickelt, je nachdem wie und womit die Flaschen, in denen er abgefüllt wurde, verschlossen wurden.

→ Hilfe, der Wein korkt!

TCA (oder 2,4,6-Trichloranisol) ist der Verursacher des sogenannten Korkschmeckers (korkiger Wein). TCA ist ein chlorhaltiger Kohlenwasserstoff, der zunächst den Korken kontaminiert, dann in den Wein übergeht und sich schließlich als schimmliger Muffton bemerkbar macht. In den verschiedenen Phasen der Korkherstellung kann das Korkmaterial in Kontakt mit chlorhaltigen Mitteln kommen. In den 1990er-Jahren lag die durchschnittliche Korkrate pro Weingut bei etwa 3 Prozent. Mit Zunahme des weltweiten Weinangebots und der erhöhten Nachfrage nach Naturkorken schnellte diese Rate in die Höhe – bis zu 9 Prozent und mehr, wodurch der Wunsch nach alternativen Verschlüssen aufkam. Trotz verbesserter Produktionsabläufe in der Korkherstellung kann der Korkschmecker nicht ganz ausgeschlossen werden. Es gibt zwar Prüfverfahren, die kontaminierte Korkpartien aufdecken, diese sind allerdings sehr kostenintensiv und für einfache Korkqualitäten nicht üblich.

Naturkorken

Hergestellt aus der Rinde der Korkeiche, wird der Naturkorken seit Jahrhunderten als elastisches Material zum Verschließen von Weinflaschen verwendet. Es gibt verschiedene Güteklassen, die von dem Weinproduzenten entsprechend der Qualität des Weins ausgewählt werden: vom einfachsten, sehr kurzen Korken aus Korkgranulat bis hin zu langen Korken von bis zu 6 Zentimetern, die aus einem Stück Kork geschnitten und für hochwertige, lagerfähige Weine verwendet werden.

Je einheitlicher, glatter und länger der Korken, desto länger kann der Wein gelagert werden. Nach 20 bis 25 Jahren ist der Wein allerdings auch durch den längsten und hochwertigsten Korken gezogen. Eine gute Abdichtung ist dann nicht mehr gewährleistet. Weinflaschen, die mit einem Naturkorken verschlossen sind und länger als zwei Jahre lagern, sollten in liegender Position aufbewahrt werden, damit der Korken nicht austrocknet.

Die Nachteile dieses Verschlusses: Fehlerhafte Korken können den Wein untrinkbar machen. Außerdem sind hochwertige Naturkorken verhältnismäßig teuer, denn das Naturmaterial Kork ist knapp. Deshalb kann die riesige Menge an Weinen aus aller Welt heute nicht mehr ausschließlich mit Naturkorken verschlossen werden.

Schraubverschluss

Der Schraubverschluss brauchte in Deutschland ein paar Jahre, bis er von den Verbrauchern akzeptiert wurde. Ursprünglich wurden nur einfachste Weinqualitäten damit ausgestattet, und so war es lange Zeit so manchem peinlich, vor den Augen von Gästen eine Weinflasche mit Schraubverschluss

Gut verschlossen
Mittlerweile gibt es neben Naturkorken
auch funktionale Alternativen.

zu öffnen. Viel Aufklärungsarbeit und Be-
harrlichkeit der Winzer haben dazu geführt,
dass sich der Verschluss heute sehr gut etabliert hat und von manch einem sogar in seiner Handlichkeit bevorzugt wird.

Neben dem Naturkorken ist der Schraubverschluss tatsächlich die beste Möglichkeit,
eine Weinflasche zu verschließen. Langzeit-
studien über mehrere Jahrzehnte haben be-
wiesen, dass auch Weine mit Schraubverschluss über viele Jahre gelagert werden können. Sie entwickeln sich nur etwas anders als
Weine mit Naturkorken. Aber ein Reifungs-
prozess findet auch hier statt. Leichte Weiß-
und Roséweine halten sich sogar etwas länger frisch, wenn sie in einer Flasche mit
Schraubverschluss sind.

Weine in Flaschen mit Schraubverschluss
können auch stehend gelagert werden. Beim
Stapeln und Transportieren sollten Sie allerdings aufpassen, dass der Verschluss nicht
beschädigt wird. Nur zu leicht bekommt er
kleine Dellen oder gar Risse, durch die Sauerstoff an den Wein gelangt, sodass er oxidiert.

Kunststoffkorken

Der Korken aus elastischem Kunststoff wurde zu einer Zeit entwickelt, als der Schraubverschluss noch um Akzeptanz kämpfte. Viele Konsumenten hingen lange an dem Ritual
des Weinöffnens mit dem Korkenzieher. Der
Kunststoffkorken gibt Traditionalisten das
vertraute „Plopp"-Gefühl, ohne dass sie Korkschmecker befürchten müssen.

Auch heute wird der Kunststoffkorken
noch häufig eingesetzt. Es gibt verschiedene
Herstellungsverfahren und Qualitäten. Nicht
alle garantieren eine längere Haltbarkeit der
Weine, da durch manche dieser Verschlüsse
schneller Sauerstoff in die Flasche eintreten
kann.

Glasstopfen

Der Glasstopfen ist dagegen nur vereinzelt
zu finden. Manche Weingüter aus Deutschland und Österreich verwenden den Verschluss. Er wirkt sehr elegant und stylisch.
Die Crux daran ist, dass Flaschenhersteller
und Produzenten von Stopfen eng zusam-
menarbeiten müssen, um eine optimale
Dichte garantieren zu können. Wenn dies der

Fall ist, kann der Stopfen auch für lagerfähige Weine eingesetzt werden. Aufgrund der hohen Kosten für den Verschluss selbst, aber auch für spezielle Weinflaschen und Apparaturen an den Füllmaschinen konnte er sich aber nicht flächendeckend durchsetzen.

Kronkorken

Was sich bei nahezu allen anderen Getränken durchgesetzt hat, konnte beim Wein nicht wirklich Fuß fassen. Der Kronkorken ist zwar eine gute Alternative zum Naturkorken, wird aber bei den Verbrauchern nicht wirklich gern gesehen – er wird mit günstigen Limonaden und Bier in Verbindung gebracht und wirkt nicht hochwertig genug. Außerdem lässt sich eine angebrochene Flasche mit einem Kronkorken auch nicht wieder verschließen. Trotzdem spielt er in der Weinwelt an anderer Stelle eine wichtige Rolle: Bei der Herstellung von Schaumweinen wie Sekt wird er eingesetzt, um die Flasche während der zweiten Flaschengärung zu verschließen (siehe Seite 170).

Wein für eine Party einkaufen

Die nächste Party kommt bestimmt! Wenn Sie Ihren Gästen Wein anbieten wollen, lohnt sich ein bisschen Planung. So vermeiden Sie, dass Sie zu viel oder das Falsche einkaufen.

Wenn Sie eine größere Party planen, ist es empfehlenswert, die Weine bei einem Getränke- oder sogar einem Weinhändler zu beziehen, der die Ware auf Kommission abgibt. Das heißt: In der Regel nehmen diese Händler ganze Kisten wieder zurück, allerdings keine angebrochenen Kartons. Achten Sie darauf, dass die Etiketten der Weine nicht beschädigt sind, denn zurückgenommen wird nur, was wieder verkäuflich ist. Das heißt also: Die Flaschen dürfen nicht über Stunden im Eiswasser gelegen haben.

Die Mengenberechnung

Wie man an die Planung einer solchen Einladung am besten herangeht, soll hier am Beispiel eines Festes mit zwanzig Gästen gezeigt werden. Überschlagen Sie zunächst, wie viele Ihrer Gäste tatsächlich Wein trinken. Sie werden sehen, dass sich die Zahl schnell halbiert.

Rechnen Sie dann eine halbe Flasche Wein pro Person. Das ist natürlich ein über den Daumen gepeilter Wert: Die einen Gäste trinken gar keinen Wein, die nächsten über die ganze Party verteilt ein, maximal zwei

Beispiel: Gartenparty

Bei Feierlichkeiten sollten die ausgewählten Weine nicht zu speziell sein und natürlich zum Essen passen. Im Sommer braucht man bei 20 Gästen mit 10–12 Weintrinkern

☐ 3–4 Flaschen Schaumwein

☐ 6 Flaschen Weißwein

☐ 1–2 Flaschen Rotwein

Gläser, wieder andere trinken deutlich mehr. Aber der Schnitt von einer halben Flasche pro Person geht in der Regel auf, das zeigt die Erfahrung.

Und welche Sorten sollen es nun sein? Anfangs wird bei vielen Gelegenheiten, vom nachmittäglichen Gartenfest bis zur Geburtstagsfeier, gerne ein Prickler getrunken, sei es Secco, Cava oder Sekt.

Danach geht es um die Frage, wie das Verhältnis von Rot- zu Weißwein ausfallen soll. Das hängt auch von der Jahreszeit ab: Im Sommer trinken mehr Gäste Weiß- oder Roséwein als roten, im Winter verschiebt sich das Verhältnis ein wenig. Aber es kehrt sich nicht völlig um, denn auf Partys ist Rotwein gar nicht so beliebt, da er schnell müde macht. Planen Sie also eher Weiß- und/oder Roséwein ein.

Welche Art von Wein?

Der Wein, den Sie anbieten, sollte den durchschnittlichen Geschmack treffen: nicht zu viel Säure, nicht zu viel Alkohol, nicht zu viel Gerbstoff, nicht zu süß, nicht zu intensiv.

Bei Weißwein sind Weißburgunder (Pinot blanc, Pinot bianco) und Grauburgunder (Pinot gris, Pinot grigio) in der Regel eine sichere Bank. Auch Weißwein-Cuvées, beispielsweise aus Riesling, Weißburgunder und Sauvignon Blanc, sind angenehm zu trinken und nicht kompliziert.

Bei Roséwein bieten sich deutsche Roséweine an, denn sie sind nicht zu schwer und nicht zu intensiv.

Achten Sie vor allem bei Rotwein darauf, nicht zu mächtige Vertreter auszuwählen. Ein Merlot bietet sich oft an, aber auch Rotwein-Cuvées aus Deutschland. Auch wenn die deutschen Rotweine noch nicht von allen ernstgenommen werden: Gerade für Partys bieten sie sich an, da sie nicht so schwer sind, gut verträglich sind und wenig Gerbstoff haben. Beliebt sind auch spanische Rotweine, die allerdings einen deutlich höheren Alkoholgehalt haben, was für ein Fest nicht so günstig ist.

Auf jeden Fall sollte die Devise lauten: Halten Sie es einfach! Kaufen Sie einen Schaumwein, einen Weißwein und einen Rotwein ein (vielleicht noch einen Rosé, das muss aber nicht sein). Mit verschiedenen Vertretern einer Weinart machen Sie die Sache für sich und Ihre Gästen nur unnötig kompliziert.

Entwicklungen im Weinmarkt

Wirft man einen genaueren Blick auf den Weinmarkt, dann sind bestimmte Tendenzen erkennbar. Zum Beispiel wird immer mehr Geld für Wein ausgegeben.

Was die Einkaufsquellen angeht, hat eine Neuverteilung stattgefunden. Im Supermarkt gibt es nicht nur ein erweitertes Weinsortiment, sondern immer häufiger auch Beratung durch geschultes Personal. Außerdem wird immer mehr Wein über das Internet eingekauft, diverse Onlineportale und eigens für den Weineinkauf konzipierte Apps machen dem Fachhandel Konkurrenz.

Anbaugebiete weltweit

Noch ist Spanien das größte Anbauland. China hat große Flächen, auf denen klimatisch Weinbau möglich ist. Seit 2010 weist das Land eine Rebfläche von über 500 000 Hektar aus. Ein Anstieg der Rebflächen findet auch in der Neuen Welt statt. Dies heißt jedoch nicht, dass auch die Weinnachfrage mit wächst.

Fast alle europäischen Anbauländer haben in den letzten 25 Jahren ihre Rebfläche reduziert. Die Flächen in Deutschland sind hingegen gewachsen. In den 1980er-Jahren gab es in Europa eine massive Überproduktion. Vor allem die mediterranen Weinländer hatten damit zu kämpfen. Zur Vermeidung dieser Überhänge reguliert die EU die Größe der Anbauflächen. Eine Ausdehnung der Flä-

chen muss bei der EU angemeldet werden und wird nur genehmigt, wenn ein Anbaugebiet einen Teil seiner Pflanzrechte an ein anderes abtritt.

Weinqualitäten heute

Die Weinqualitäten sind heute bei Weitem besser und beständiger als noch vor wenigen Jahren. Technische Entwicklungen und Modernisierungsmaßnahmen machen es möglich, nahezu fehlerfreie Weine auf den Markt zu bringen. Große Weinproduzenten wissen genau, welche Zielgruppe sie mit ihren Weinen erreichen wollen. Daher werden Qualität, Geschmack, Ausstattung und der Preis darauf abgestimmt. Ein uniformer Weingeschmack ist oft die Folge. Dies macht wiederum eine andere Entwicklung möglich. Denn wo viel Technik und allerlei Hilfsmittel eingesetzt werden, lässt der Gegentrend nicht auf sich warten. Mittlerweile gibt es mehr und mehr Naturweine im Markt. Sie besetzen zwar nur eine winzige Nische. Die Welle, die damit ausgelöst wurde, ist erfreulich, da der Konsument dafür sensibilisiert wird, dass nicht jeder Wein ein Naturprodukt ist.

Der deutsche Weinmarkt heute

 **Antonio Ribeiro** ist als Category Manager in Köln Einkäufer für Wein, Sekt und Spirituosen und entscheidet, welche Weine und Sekte in den Regalen der REWE-Supermärkte stehen.

Sortiment ist nicht mehr alles, auch die Präsentation ist von Bedeutung. Wie sehen heute die Weinabteilungen in REWE-Märkten mit großer Weinabteilung aus?

REWE-Märkte mit einem umfangreichen Weinangebot sind heute stärker emotionalisiert – es wird vermehrt mit Holz und warmen Farbtönen gearbeitet. Die Weinabteilungen sind in unmittelbarer Nähe der Bedientheken für Wurst und Käse. Die Präsentation der Weine soll für den Kunden praktisch sein, daher wird der Wein stehend in Weinregalen angeboten. Die installierten Lichtsysteme entwickeln nicht mehr so viel Wärme, sodass die Produkte geschont werden.

Der moderne Kunde ist anspruchsvoller und gut informiert. Er kauft mehr regional ein. Wie reagieren Sie darauf in der Sortimentsgestaltung?

Die Regionalität spielt vor allem in einem bestimmten Weinanbaugebiet eine Rolle. Ein REWE-Markt in Württemberg legt selbstverständlich seinen Fokus auf lokale Produzenten beziehungsweise auf ortsansässige Winzergenossenschaften. Zu REWE gehören bundesweit über 3 000 Märkte. Um auf die regionalen und lokalen Bedürfnisse im Einkauf eingehen zu können, agieren wir in Deutschland in sechs Regionen, die jeweils einen Einkäufer haben. Für das Kernsortiment ist die Zentrale in Köln zuständig.

Wie hat sich der Deutsche Weinmarkt aus Ihrer Sicht in den letzten Jahren verändert? Wie sind Ihre Prognosen für die Zukunft?

Für deutschen Wein verzeichnen wir ein Wachstum von acht Prozent. Der Marktanteil hat sich in den letzten Jahren positiv entwickelt und wird weiter wachsen. Die zweitwichtigste Herkunft nach Deutschland ist nach wie vor Italien, vor allem mit dem Weißweinangebot aus dem Norden des Landes. Die klassischen Regionen Italiens und Frankreichs wie Toskana oder Bordeaux verlieren dagegen Marktanteile. Im Vergleich zu den bedeutenden Herkunftsländern Deutschland, Italien und Frankreich ist die Nachfrage nach Weinen aus Spanien, Portugal und Übersee eher stagnierend bis rückläufig. Der verlorene Marktanteil geht zugunsten der deutschen Weine. Er liegt bei über 50 Prozent – Tendenz steigend.

Wie wird dem Kunden bei der Auswahl des Weins geholfen?

Wir haben für unsere Weinabteilungen einheitliche Platzierungsvorgaben. Generell wird nach der Weinfarbe (von Weiß zu Rosé zu Rot), der Herkunft und nach dem Preis sortiert. Als Erstes stehen die deutschen Weine im Regal, gefolgt von Österreich, Italien, Frankreich, Spanien, Portugal, Sonstige und Übersee. Die teuersten Weine stehen im obersten Regal, die günstigen im untersten Fach. Orientierungshilfen wie Weinterminals à la „Frag Henry", über den via EAN-Code oder QR-Code Informationen und Speiseempfehlungen aufgerufen werden können, haben sich nicht wirklich bewährt, da der Kunde sich dafür nicht die Zeit nimmt. Schnell und unkompliziert muss der Weineinkauf, wie der gesamte Einkauf, ablaufen. Dafür hält er sich nicht allzu lange in der Weinabteilung auf. Mithilfe von Plakaten, Platzierungen und Regaletiketten informieren wir über die Weine mit kurzen und knackigen Beschreibungen. In ausgewählten Märkten mit besonders umfangreicher Weinabteilung investieren wir in Weinfachberater, die dem Kunden beratend zur Seite stehen. In den meisten Märkten ist eine Beratung jedoch nicht sinnvoll, denn wie im Gesamtmarkt auch, haben Weine unter 3 Euro einen Umsatzanteil von 80 Prozent.

Wie bedeutend ist die Etikettengestaltung der Weinflaschen?

Die Ausstattung von Weinflaschen ist sehr wichtig und wir tun sehr viel dafür, dass diese so wertig wie möglich aussieht. Das beginnt bei der Auswahl der Flaschenform und reicht bis zu den Verschlüssen und Etiketten. Bei unseren Eigenmarken verbinden wir Tradition und Moderne. Wenn wir zum Beispiel einen neuen Wein aus Italien aufnehmen möchten, geben wir dem Weinproduzenten alle Informationen darüber, wie wir uns die Ausstattung vorstellen. Daraufhin werden uns Vorschläge unterbreitet, die wir so lange formen und begleiten, bis sie unserer Vorstellung entsprechen. Da sind wir sehr kreativ und am Puls der Zeit. Wir haben selbstverständlich keinen Einfluss auf die Etikettengestaltung von Markenweinen wie Blanchet.

Welche Bedeutung haben Weine aus ökologischem Anbau im REWE-Sortiment?

Klar, im Einzelhandel wird mehr und mehr „Bio" gekauft, das gilt auch für Wein. Doch der Kunde ist weiterhin preissensibel. Trotzdem bieten wir keine Bio-Weine unter 2 Euro an. Das möchten wir nicht. In der Regel kosten die Bio-Weine über 4 Euro. Die meisten liegen bei uns im Bereich zwischen 5 und 7 Euro. Bio ist ein Segment, das in den letzten Jahren stark an Bedeutung gewonnen hat. Selbstverständlich berücksichtigen wir diese Entwicklung auch bei der Gestaltung unseres Weinsortiments.

2. Wein genießen

Wer beim Weintrinken alle Sinne einsetzt und nicht nur schmeckt, sondern auch bewusst die verschiedenen Aromen riecht, die Farbe wahrnimmt und dem Mundgefühl hinterherspürt, wird mit umso größerem Genuss belohnt. Und der steht schließlich im Mittelpunkt, ob Sie sich nun privat durch mehrere Weine probieren oder ob Sie erleben, wie sich ein köstliches Essen mit dem richtigen Weinpartner noch steigern lässt. Was Sie dabei beachten müssen, erfahren Sie in diesem Kapitel.

Weinsensorik – Genuss mit allen Sinnen

Dieser Duft, dieser Geschmack, diese Farbe! Wer in Worte fassen kann, was er riecht, schmeckt und sieht, dem gelingt es eher, Weine zu vergleichen und zu bewerten.

Die fünf Sinne des Menschen dienen in erster Linie als Prüf- und Messinstrumente. Sie ermöglichen es, Situationen und Eindrücke wahrzunehmen, zu differenzieren und kritisch zu bewerten. Anders als in der Steinzeit geht es dabei heute weniger um existenzielle Fragen: Wo droht Gefahr? Wo gibt es Nahrung? Was hilft beim Überleben?

❝ Essen und Trinken ist eine Sinnesfreude, und Sinne wollen geweckt sein; vernachlässigt können sie genauso verkümmern wie unbenutzte Muskeln, die schlaff im Körper herumhängen, oder Gefühle, die stumm und dumpf werden, lässt der Mensch sie nicht leben.

Gabriele von Arnim (aus der Reihe „Kleine Philosophie der Passionen" – Essen, 1998)

Vielmehr geht es um Genuss und gesteigerte Lebensqualität. Dazu muss man sich allerdings bewusst machen, was die unterschiedlichen Sinne leisten – auch und gerade beim Weintrinken.

Wein hören

Hör- und Sehsinn bezeichnet man als Fernsinne, und auf den ersten Blick scheinen sie zum Erlebnis des Weintrinkens nur wenig beizutragen. Wer aber die Ohren schärft, hört tatsächlich eine ganze Menge:

▸ **das Klingen** der Gläser,
▸ **das zarte Prickeln** von Kohlensäurebläschen beim Sekt,
▸ **das Ploppen** des Korkens oder das Knacken des Schraubverschlusses,
▸ **das Gluckern,** wenn der Wein eingeschenkt wird.

Der Hörsinn erlaubt es, sich auf das Weinerlebnis einzustimmen. Das heißt im Umkehrschluss aber auch, dass eine sehr laute, unruhige Umgebung eher kontraproduktiv wirkt, wenn Sie konzentriert Wein verkosten möchten.

Wein sehen

Haben Sie schon einmal bewusst auf die Farbe des Weins geachtet? Sie verrät bereits vor dem ersten Schluck eine ganze Menge darüber, was Sie im Glas haben. Zum einen natürlich schlicht die Weinart: Handelt es sich um einen Rotwein, einen Weißwein oder einen Roséwein? Aber damit sind die optischen Eindrücke noch lange nicht zu Ende.

Probieren Sie es aus: Schenken Sie in zwei Gläser jeweils gleich viel von zwei verschiedenen Weiß- oder Rotweinen ein, zum Beispiel einem deutschen Spätburgunder und einem chilenischen Cabernet Sauvignon. Halten Sie beide Gläser über einen weißen Hintergrund, zum Beispiel ein Blatt Papier oder eine weiße Serviette oder Tischdecke. So können Sie die Farbe der beiden Weine sehr gut vergleichen. Betrachen Sie sie genau:

- **Welche Intensität** besitzen die Farben (Farbtiefe)?
- **Sie sehen einen Farbkern** und einen Farbrand. Ist der Rand bei beiden Weinen gleich breit?
- **Wie steht es um Brillanz** und Leuchtkraft?

- **Wie klar und rein** wirken die Weine im Glas?
- **Ziehen die Weine** klare Schlieren an der Glaswand, die wie Tränen aussehen?
- **Bei Schaumweinen:** Wie groß sind die aufsteigenden Bläschen?

Was sagen diese Befunde über den Wein aus? Zunächst einmal: Ein unmittelbarer Zusammenhang zwischen Weinfarbe und Qualität besteht nicht. Es gibt rote Rebsorten, zum Beispiel Pinot Noir, bei denen in der Schale der Weinbeeren nur wenige Farbpigmente sitzen. Der Wein, der aus ihnen produziert wird, ist immer heller als der aus stärker pigmentierten Rebsorten. Sie können allerdings davon ausgehen, dass ein Rotwein umso kräftiger ist, je dichter und dunkler er im Glas erscheint.

Ein im Holzfass gelagerter Chardonnay besitzt eine viel intensivere Gelbtönung als ein Riesling, der im Edelstahlfass ausgebaut wurde. Durch den Farbvergleich der beiden Weine kann man daher noch keine Aussage über die Qualität treffen.

40

Weinfarbe und Weinalter

Allerdings lässt die Färbung eines Weins Rückschlüsse auf sein Alter zu. Dabei verläuft die Farbentwicklung von Weißwein und Rotwein entgegengesetzt: Ein Weißwein ist in seiner Jugend eher hell, während er sich mit zunehmendem Alter gelblicher färbt. Ein junger Rotwein dagegen besitzt eine intensive Färbung. Mit der Zeit bauen sich Farbstoffe ab und setzen sich als Depot (also als Bodensatz) im Wein ab und der Rotwein wird heller. Auch das Verhältnis vom intensiveren Farbkern und dem blässlicher werdenden Farbrand gibt Aufschluss über das Alter: Je breiter der Rand, desto älter der Wein. Am besten lässt sich das im Vergleich von einem jüngeren und einem gereifteren Wein erkennen, die sie auf einem weißen Untergrund nebeneinanderhalten.

Von Reflexen und Kirchenfenstern

Hin und wieder liest man in Weinbeschreibungen so etwas wie „helles Gelb mit grünen Reflexen" oder „kirschrot mit bläulichen Reflexen". Mit Reflexen bezeichnet man einen gewissen Einschlag in der Färbung, eine Farbnuance, die ebenfalls Rückschlüsse auf das Alter erlaubt. Grüne oder bläuliche Reflexe sind ein Zeichen für die Jugend des Weins.

Beim Thema Brillanz, Leuchtkraft oder auch Klarheit des Weins dreht sich dagegen alles um die Ästhetik. Weine mit brillanter Farbe laden einfach ein, den ersten Schluck zu probieren. Oder andersherum: Wer möchte schon einen Wein trinken, der trüb aussieht oder in dem viele Schwebteilchen zu sehen sind? Unbewusst stufen die meisten Menschen solche Trübungen als Warnsignale ein. Eine Ausnahme bilden die Natur-

Farbentwicklung

	Weißwein	Roséwein	Rotwein
Jung	Farblos	Hellrosa	Bläulich-rot
	Gelb		Violettrot
	Grüngelb	Rosig	Purpurrot
	Strohgelb	Violettrosa	Rosenrot
	Hellgolden		Kirschrot
	Grüngolden	Himbeerrosa	Rubinrot
	Goldgelb	Orange-rosé	Reinrot
	Altgold		Granatrot
	Braungelb	Lachsfarben	Ziegelrot
	Bräunlich	Korallenfarben	Orangerot
	Bernsteinfarben		Dachziegelrot
	Fuchsrot	Violett-rosé	Braunrot
Alt/Gereift	Braun	Fuchsrot	Ocker

Weinfarben
Das Spektrum der Weinfarben reicht von farblos über lachsfarben und rubinrot bis hin zu ocker.

weine (siehe Seite 165). Deshalb werden fast alle Weine heute geschönt und stabilisiert, das heißt, es werden Trubstoffe entfernt (mehr über diesen Prozess erfahren Sie ab Seite 158).

Und was hat es nun mit den Schlieren an der Glaswand auf sich? Diese klaren Tröpfchen, die innen am Glas herunterlaufen und es mit Wein benetzen, werden oft mit Tränen oder Kirchenfenstern verglichen. Sie sind ein Zeichen für die sogenannte Viskosität des Weins, weisen also darauf hin, wie „zähflüssig" er ist – auch wenn dieser Begriff bei Wein überraschen mag. Besitzt der Wein einen hohen Alkoholgehalt, ist er viskoser. Das Gleiche gilt, wenn er eine hohe Restsüße oder viel Extrakt hat, also besonders viele Inhalts- oder Geschmacksstoffe: Er ist dann viskoser als andere Weine. Die meisten Menschen sind positiv eingestimmt, wenn der Wein viskoser daherkommt.

Schaumweine bieten darüber hinaus ein besonderes visuelles Erlebnis, wenn die Kohlensäurebläschen wie an einer Perlenkette aufgereiht im Glas aufsteigen. Sie bieten tatsächlich einen Anhaltspunkt für die Qualität des Getränks: Je feiner sie sind, desto besser ist der Sekt oder Champagner.

Tipp vom Profi

Schöne Perlage: Wenn Sie gerne Schaumwein trinken, dann investieren Sie in Sektgläser mit einem sogenannten Moussierpunkt. An dieser winzigen Vertiefung steigen die Bläschen tatsächlich wie an einer Perlenkette auf. Der Grund: Kohlensäure sucht sich immer Unebenheiten im Glas.

Aber Achtung: Spülmittelrückstände verhindern das schöne Schauspiel!

Wein riechen

Welche Informationen bekommt man, wenn man die Nase ans Weinglas hält? Die Geruchsprobe gibt Aufschluss über die Reinheit des Weins beziehungsweise Weinfehler, über die Intensität und den Charakter der Aromen. In drei Schritten lässt sich das gut nachvollziehen.

1 Erster Eindruck: Sie haben den Wein eingeschenkt in einem Glas vor sich stehen. Nehmen Sie das Glas und riechen Sie daran, ohne es vorher geschwenkt zu haben. So prüfen Sie die Reinheit des Weins: Ist er in Ordnung, oder hat er einen Fehler? Der Wein sollte weder dumpf noch stechend oder muffig riechen. Es gibt verschiedene Weinfehler, die auch Ungeübte meist bereits beim ersten Schnuppern wahrnehmen. Der bekannteste ist der Korkschmecker – wenn der Wein korkt. Näheres darüber finden Sie auf Seite 29.

2 Aromenfreisetzung: Schwenken Sie das Weinglas. Damit führen Sie dem Wein Sauerstoff zu, und Aromen beginnen, an der Glaswand nach oben zu steigen. Ein kurzes Schwenken reicht. Heben Sie das Glas zur Nase und riechen Sie. Ist der Duft des Weins intensiv oder eher verhalten? Es gibt Weine, die ein besonders kräftiges und markantes Aroma freisetzen; solche aus der Rebsorte Gewürztraminer zum Beispiel. Ein italienischer Pinot Grigio wird dagegen deutlich dezenter duften.

Wie lässt sich der Charakter der Aromen beschreiben? Sind sie eher fruchtig, blumig, oder erinnern sie an Gewürze?

3 Entwicklung: Sie haben wahrscheinlich inzwischen den ersten Schluck Wein probiert. Lassen Sie sich beim Verkosten Zeit. Sie werden sehen, dass sich das Aroma verändert, je länger der Wein im Glas ist. Wärme transportiert mehr Aromen, und umgekehrt können kleine Unzulänglichkeiten im Aromenbild des Weins über eine niedrige Trinktemperatur kaschiert werden. Unter professionellen Weintestern ist es daher üblich, auch Weißweine nicht zu kühl zu verkosten. Riechen Sie ruhig auch am geleerten Weinglas: Die schwersten Duftmoleküle hängen noch immer darin.

Am Ende ist beim Riechen vor allem eines wichtig: Der Duft des Weins sollte Lust auf den ersten Schluck machen!

Wein schmecken

Nehmen Sie etwas von dem Wein, den Sie verkosten möchten, in den Mund. Nicht nur daran nippen – nehmen Sie ruhig einen ordentlichen Schluck. Behalten Sie den Wein etwas auf der Zunge. Wenn Sie mögen, ziehen Sie dabei etwas Luft ein, auch wenn dabei möglicherweise komische Geräusche entstehen und es sich ungewohnt anfühlt. Dieser Schritt erfüllt den gleichen Zweck wie das

Schwenken des Glases: Der Wein kommt mit Sauerstoff in Berührung, sodass sich intensivere Aromen entwickeln.

Behalten Sie den Wein etwas im Mund. Auch wenn vieles blitzschnell und unterbewusst passiert, benötigen Geschmacksrezeptoren und Gehirn einen Moment, um alle Informationen auszuwerten. Theoretisch ist es nicht notwendig, den Wein hinunterzuschlucken, um ihn voll und ganz erschmecken zu können. Unsere Geschmacksrezeptoren liegen schließlich vor allem auf der Zunge und in der Wangenschleimhaut, ein paar auch im Rachenbereich, aber nicht mehr in der Speiseröhre. Aber natürlich werden die meisten den Wein tatsächlich trinken wollen. Nur bei Weinproben, bei denen Sie etliche Weine konzentriert probieren möchten, ist es ratsam, den Wein wieder auszuspucken.

Die Aromen des Weins

Die meisten Menschen sprechen vor allem über den Geschmack, wenn es um Wein geht. Kein Wunder: Es wird ja nicht ständig am Weinglas geschnuppert, sondern vor allem getrunken. Allerdings hat die Nase für den Weingenuss auch fürs Schmecken enorme Bedeutung. Denn die Wahrnehmung „schmeckt nach Pfirsich" oder „erinnert an Trockenfrüchte" hat ihren Ursprung nicht auf der Zunge, sondern im Geruchszentrum.

Was der Mensch mit der Zunge schmecken kann, ist relativ begrenzt. 80 bis 90 Prozent der Informationen über den Schluck Wein im Mund bekommt man nicht übers Schmecken, sondern übers Riechen. Denn der Mund ist über den Rachen („retronasal") mit dem Geruchszentrum verbunden. Das merkt man am stärksten, wenn die Nase verstopft ist und selbst das köstlichste Essen nach nichts schmeckt.

Sie können aber auch ohne Erkältung den Selbsttest machen: Mischen Sie etwas Zucker und Zimt, halten Sie sich die Nase zu und kosten Sie. Sie werden nur süß schmecken. Sobald Sie die Nase wieder frei haben, kommt sofort die Information „Zimt" hinzu.

Wenn ein Wein also nach Pfirsich schmeckt, dann müsste es eigentlich heißen: Er riecht am Gaumen nach Pfirsich. Oder nach reifen Beeren oder Schokolade, nach Gras oder Tabak, nach Flieder oder Nüssen.

Aber wie kommt das überhaupt? Werden dem Wein künstliche Aromen zugefügt? Nein. Das Bukett des Weins, also die Gesamtheit seiner Aromen, ist natürlich entstanden. Es ist sogar verboten, Wein künstliche Aromastoffe hinzuzufügen. Aber die verschiedenen Düfte entstehen bei der Weinproduktion zu unterschiedlichen Zeitpunkten. Man unterscheidet deshalb zwischen Primär-, Sekundär- und Tertiäraromen.

→ Ein Blumenstrauß voller Düfte

Das Wort Bukett, das in der Weinsprache häufig verwendet wird, leitet sich vom französischen Wort „bouquet" ab und bedeutet „Strauß". Allerdings heißt das nicht, dass es dabei um besonders blumig duftende Weine geht. Die bildliche Weinsprache meint damit einen bunten Strauß an verschiedenen Düften – die Gesamtheit der Aromen eines Weins.

1 **Primäraromen** sind für die jeweilige Rebsorte typisch. Für Chardonnay sind das zum Beispiel Birne und Melone.

2 **Sekundäraromen** entstehen während der Gärung. Wird zum Beispiel weißer Most auf sehr niedriger Temperatur vergoren, können stark künstliche Aromen entstehen, die an Eisbonbon oder Gummibärchen erinnern.

3 **Tertiäraromen** entstehen während der Ausbauzeit und Lagerung des Weins. Wird ein Rotwein im Holzfass gelagert, nimmt er auch die Aromen des Holzes an und entwickelt sich anders als ein Wein, der im Edelstahl ausgebaut wurde. Typisch für diese Holznote sind Noten nach Karamell und Vanille sowie Röstaromen.

Wenn ein Wein bereits in die Flasche abgefüllt wurde und dann für längere Zeit lagert, verändern sich die Aromen. Es treten immer mehr Reifenoten in den Vordergrund. Bei einem Rotwein wären das zum Beispiel Noten nach Tabak, Leder und Süßholz.

Aromen benennen

Bestimmt ist es Ihnen beim Weintrinken auch schon einmal so gegangen: Das Aroma kommt Ihnen irgendwie bekannt vor – aber was ist es bloß? Es liegt Ihnen buchstäblich auf der Zunge; Sie möchten es aussprechen, kommen aber nicht darauf. Dass Aromen oder Gerüche zwar bekannt wirken, aber die Worte dafür fehlen, hat einen einfachen Grund: Sie werden im älteren Teil des menschlichen Gehirns verarbeitet, weit weg vom Sprachzentrum und den aus Evolutionssicht neueren Bereichen.

Das Gute: Es ist dem Menschen angeboren, Gerüche wahrzunehmen, jeder tut es von Kindesbeinen an. Wie beim Erlernen einer Sprache speichert das Gehirn olfaktorische Eindrücke. Je häufiger, früher und bewusster das geschieht, desto geschulter ist das Geruchsgedächtnis und desto leichter fällt es, diese Eindrücke auch zu benennen.

In Worte fassen
Mit den richtigen Vokabeln lassen sich Aromen von Wein treffend benennen.

Da das Riechzentrum neben dem Emotionszentrum liegt, speichert der Mensch Gerüche häufig in Verbindung mit Erlebnissen ab – positiven wie negativen. Deshalb assoziiert man mit Düften häufig Erinnerungen: „Das riecht nach Omas Apfelkuchen!" Tatsächlich riecht es nach Zimt, mit dem Oma immer den Apfelkuchen zubereitet hat.

66 Ein Duft kann die schönsten Augenblicke des Lebens wieder wachrufen.

Karl Lagerfeld

Wir alle sind von Millionen von Duftstoffen umgeben. Düfte setzen sich in der Regel aus verschiedenen Molekülen zusammen, wie Buchstaben, die ein Wort ergeben. Der durchschnittliche, untrainierte Erwachsene kann über 10 000 verschiedene Duftmuster speichern. Berufsgruppen, die permanent ihre Nase im Einsatz haben und als Werkzeug benutzen, so wie Sommeliers oder Parfümeure, können bis zu 30 000 Muster unterscheiden. Das zeigt: Aromen zu benennen ist Trainingssache – auch beim Wein.

Dafür ist es hilfreich, die wahrgenommenen Düfte erst einmal grob in Kategorien oder „Aromenschubladen" einzuteilen und von da ausgehend immer weiter zu verfeinern. Üblich sind die folgenden Hauptkategorien:

1. **fruchtige Aromen** wie Pfirsich, Apfel, Zitrusfrüchte
2. **florale Aromen** wie Rose, Veilchen, Holunderblüte
3. **vegetabile Aromen** wie Kohl, Spargel, Gras
4. **würzige Aromen** wie Pfeffer, Muskat, Gewürznelke
5. **sonstige Aromen** wie Gummi, Teer, Grafit, animalische Noten

Keine Sorge, wenn Sie Duft und Geschmack des Weins in Ihrem Glas nicht bis ins letzte Detail erfassen. Das hat unter Umständen nichts mit Ihrer Fähigkeit zu tun, die Aromen zu differenzieren und zu benennen, sondern liegt daran, dass die wenigsten Weine wirklich ganz klar erkennbare Aromen preisgeben. Bei den meisten lässt sich aber zumindest die Richtung erkennen, die durch Weinart und Rebsorte vorgegeben wird (Näheres über den Aromencharakter der einzelnen Rebsorten erfahren Sie ab Seite 176). Je höher die Weinqualität, desto differenzierter werden auch die Aromatik und der Charakter des Weins.

Süße, Säure und Weinstruktur

Auch wenn für die Wahrnehmung der Aromen eines Weins die Nase verantwortlich ist, tragen Zunge und Gaumen ebenfalls zu den Geschmackseindrücken bei. Mit den Geschmacksrezeptoren (oder Geschmacksknospen) können wir sechs Grundgeschmäcker wahrnehmen:

1. **süß**
2. **sauer**
3. **salzig**
4. **bitter**
5. **Umami**, ein herzhafter Geschmack, der vor allem in proteinreichen Lebensmitteln vorkommt.
6. Nach neuestem Stand der Wissenschaft auch **fettig** (es gibt Geschmacksknospen, die explizit Fett wahrnehmen).

Beim Weinverkosten sind davon vor allem süß, sauer und bitter relevant. In Weißwein sind in erster Linie Süße und Säure zu schmecken. Wenn diese Geschmackseindrücke ausgewogen erscheinen, spricht man davon, dass der Wein Struktur besitzt. Und das sollte er. Stellen Sie sich einen intensiven, aromatischen Weißwein vor, der eine erhebliche Süße aufweist, aber nur sehr wenig Säure. Er wird dadurch plump erscheinen – eben ohne Struktur. Ein fruchtiger Riesling kann eine relativ hohe Restsüße haben. Das heißt, nicht der gesamte Zucker ist vergoren, sondern er ist als Restsüße zu schmecken. Sie fällt aber nicht unangenehm auf, weil die rassige Säure des Rieslings dazu einen angenehmen Gegenpol setzt – der Wein hat eine ausgewogene, angenehme Struktur. Man könnte auch sagen, die Säure ist gewissermaßen das Rückgrat des Weißweins.

→ Gerbstoffe

Rote Trauben enthalten in der Schale und in den Kernen Gerbstoffe, die auch als Tannine oder Phenole bezeichnet werden. Je kleiner die Beere und je dicker die Schale ist, desto mehr Gerbstoff enthalten die Trauben. Bei der Cabernet-Sauvignon-Traube steckt beispielsweise sehr viel Gerbstoff (Tannin) in der Beerenhaut, bei der Trollinger-Traube dagegen nur sehr wenig. Deshalb unterscheiden sich Rotweine auch in ihrem Gerbstoffgehalt. Wie man die Gerbstoffe in einem

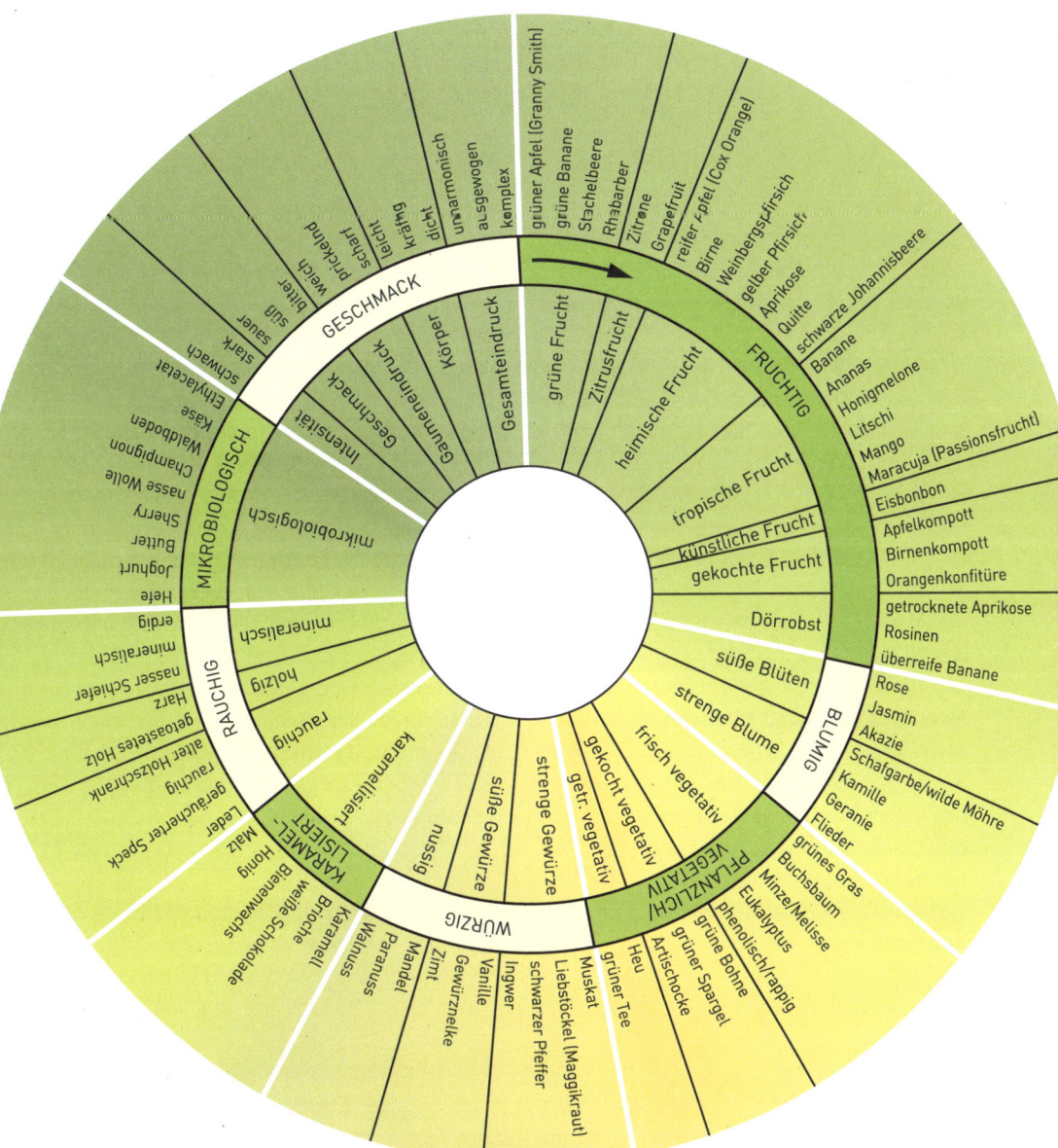

Aromen deutscher Weißweine

Das Aromarad des Deutschen Weininstituts ist in acht Segmente aufgeteilt, die im inneren Kreis in 22 untergeordnete Geruchs- und Geschmacksnoten aufgegliedert sind. Mit den Begriffen des inneren Kreises treffen Sie eine Vorentscheidung, die Sie anhand der 75 Geruchs- und Geschmacksnuancen des äußeren Kreises genauer beschreiben können.

Rotwein wahrnimmt, hängt von weiteren Faktoren ab. Zum Beispiel vom Jahrgangsverlauf – wurden die Trauben in einem reifen Zustand gelesen? Er hängt auch von der Verarbeitung der Trauben ab – der Ausbau in einem Holzfass bringt neue Tannine in den Wein. Und schließlich spielt die persönliche Erfahrung mit Gerbstoffen eine Rolle, denn unerfahrene Weintrinker mögen in der Regel keine gerbstoffbetonten Weine.

Bei Rotwein kommen neben Süße und Säure noch die herb-bitteren Noten der Gerbstoffe hinzu, die sich unterschiedlich kräftig bemerkbar machen. Seine Balance und Struktur ruhen daher auf drei Säulen, die auch hier ausgewogen sein sollten. Ein Rotwein mit ausgeprägten Gerbstoffen und wenig Frucht beziehungsweise Süße schmeckt hart und eindimensional. Kommt noch eine ordentliche Portion Säure hinzu, wird es ganz unharmonisch. Stehen dagegen Süße, Säure sowie die Herbheit der Gerbstoffe bei einem Rotwein in harmonischem Verhältnis zueinander, so schmeckt der Wein rund und ausgewogen.

Übrigens ist das Schmecken mit dem Hinunterschlucken (oder Ausspucken) des Weins noch nicht zu Ende: Der Nachgeschmack, den man danach wahrnehmen kann, bezeichnet man als Nachhall, Abgang oder auch Finale. Er kann kurz oder besonders lang sein, angenehm oder gerade nicht.

Auch der Abgang ist ein Qualitätskriterium, auch wenn ihm die meisten nur wenig Bedeutung beimessen. Aber ist es nicht etwas Besonderes, wenn ein Wein so angenehm nachschmeckt, dass er Appetit auf den nächsten Schluck macht?

Wein spüren

Selbst der Tastsinn ist beim Weintrinken im Einsatz. Nicht nur, weil man das Weinglas in der Hand spürt – auch der Mund ist ein Tastorgan. Was lässt sich also erspüren?

▶ **Textur** beziehungsweise Viskosität: Es gibt besonders cremige Weine mit seidiger Textur, die sich angenehm im Mund anfühlen. Das hängt in der Regel mit der Säure im Wein zusammen. Besonders kompakte Weine mit milder Säure schmecken cremig.

▶ **Temperatur:** Je besser ein Wein temperiert ist, desto besser schmeckt er (mehr darüber erfahren Sie ab Seite 60).

▶ **Kohlensäure:** Die Kohlensäurebläschen in Schaumweinen haben keinen Geschmack, aber sie prickeln und können je nach Feinheit als angenehm oder unangenehm empfunden werden.

▶ **Alkohol:** Weist ein Wein viel Alkohol auf, so kann er im Mund geradezu brennen – der Wein wirkt brandig.

▶ **Adstringenz:** Die Gerbstoffe im Rotwein sind nicht nur als herbe Note am Gaumen zu schmecken, sondern sie sind auch spürbar. Ein besonders gerbstoffreicher Rotwein hat eine adstringierende

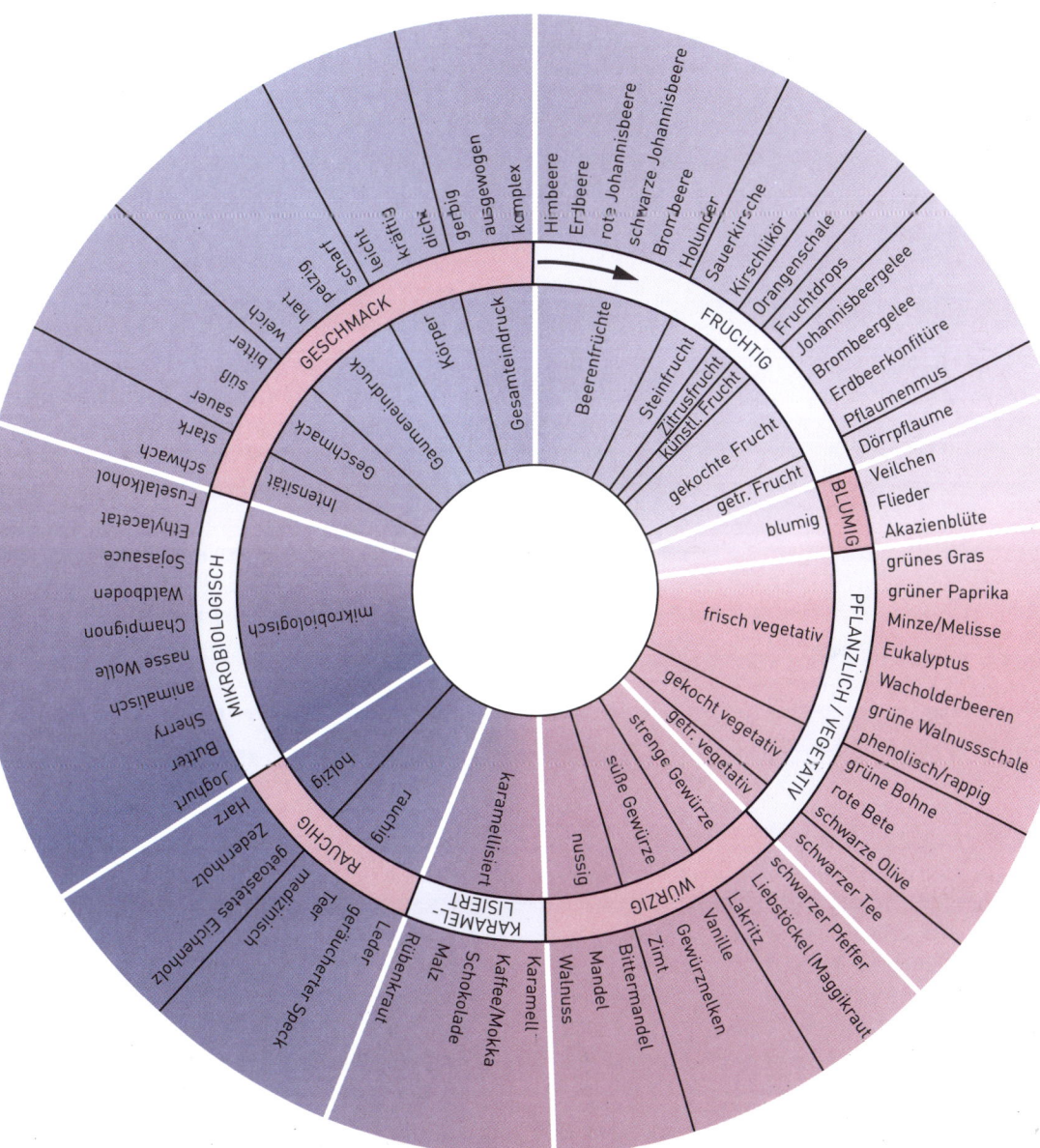

Aromen deutscher Rotweine

Das Aromarad des Deutschen Weininstituts ist in acht Segmente aufgeteilt, die im inneren Kreis in 22 untergeordnete Geruchs- und Geschmacksnoten aufgegliedert sind. Mit den Begriffen des inneren Kreises treffen Sie eine Vorentscheidung, die Sie anhand der 75 Geruchs- und Geschmacksnuancen des äußeren Kreises genauer beschreiben können.

Struktur des Rotweines

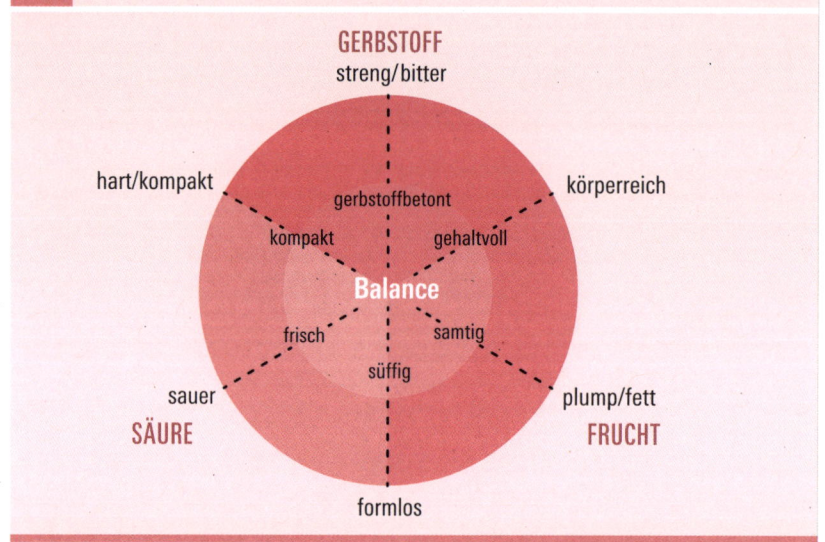

Wirkung, „er zieht einem den Mund zusammen". Das liegt daran, dass Eiweiße im Speichel mit den Gerbstoffen reagieren und diese Reaktion stoppt den Speichelfluss. Spürbar wird das als trockenes Mundgefühl.

Der Gesamteindruck

Neben den Begriffen für Farben, Aromen oder Mundgefühl des Weins gibt es noch ein paar Vokabeln, mit denen sich der Gesamteindruck wiedergeben lässt.

▸ **Körper:** Was man in der Weinwelt als „körperreichen" Wein bezeichnet, lässt sich auch anders beschreiben: schwer, wuchtig, intensiv, kräftig – oder im Gegenteil leicht, mittelschwer. Der Körper eines Weins setzt sich zusammen aus der Intensität seiner Aromen, seinem Alkoholgehalt und der Intensität von Frucht und Süße. Beim Rotwein kommt noch der Gehalt an Gerbstoffen hinzu.

▸ **Typizität:** Das bedeutet, wie stark man aus dem Wein seine Rebsorte und/oder Herkunft herausschmeckt – wie typisch er ist.

▸ **Komplexität/Vielschichtigkeit:** Wie breit gefächert sind die Aromen und Dimensionen des Weins? Es ist ein Unterschied, ob Sie in einem Wein lediglich eine diffuse Aromenrichtung wahrnehmen können oder eben ein breites Aromenspektrum, das sich während des Weingenusses weiterentwickeln und verändern kann.

▸ **Balance:** Wie ausgewogen und harmonisch erscheint der Wein, wenn man alle Sinneseindrücke (oder sensorische Eigenschaften) zusammennimmt?

Die Sinne trainieren

Jedes Mal, wenn Sie bewusst und mit Ruhe und Zeit Weine probieren, bekommen Sie ein bisschen mehr Routine. Vermutlich werden Sie anfangs ein relativ grobes Raster an die

Struktur des Weißweines

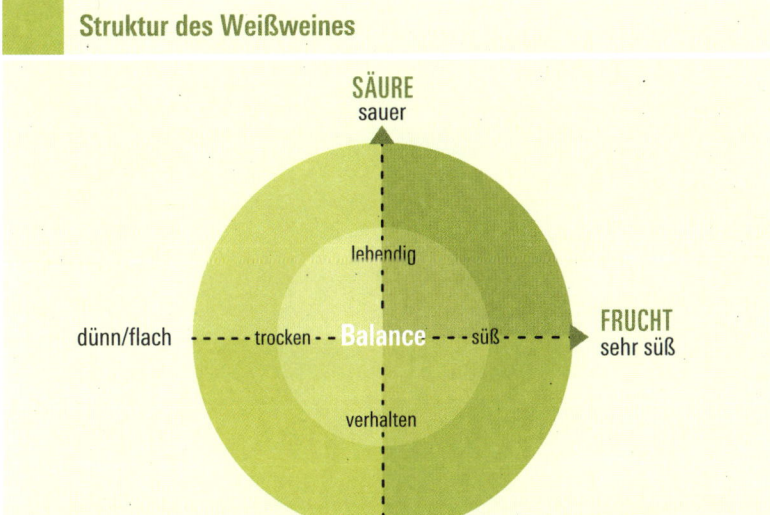

verkosteten Weine anlegen: „schmeckt mir" oder „schmeckt mir nicht". Aber nach einer Weile können Sie schon genauer sagen, warum Ihnen der eine Wein besser als ein anderer gefällt.

Das geht umso leichter, je bewusster Sie Ihre Sinne trainieren. Laufen Sie, so oft es geht, mit „offener Nase" durch die Welt. Registrieren Sie bewusst Gerüche, die Ihnen über den Tag hinweg in die Nase steigen. Welche markanten Düfte begegnen Ihnen auf dem Weg zur Arbeit? Welche Düfte verbinden Sie mit bestimmten Jahreszeiten? Probieren Sie beim Kochen einmal neue Gewürze aus! Wagen Sie sich an neue Rezepte, unbekannte Zutaten oder exotische Länderküchen.

Eine wunderbare Möglichkeit ist auch ein selbst gemachtes Duft-Rätselspiel, mit dem Sie Ihre eigene Nase und die von Familie und Freunden testen können: Sammeln Sie ein-

Urlaubswein – warum schmeckt der aus dem Urlaub mitgebrachte Wein zu Hause eigentlich oft so anders als am Urlaubsort, wo er Sie so begeistert hat? Das kann mehrere Gründe haben. Zum einen nimmt man in einer fremden Umgebung und außerhalb des Alltags Sinneseindrücke stärker wahr. Hinzu kommen ungewohnte Lichtverhältnisse und Umgebungsdüfte. All das wirkt ganz anders auf die Sinne als zu Hause.

Hinzu kommt, dass die oft hohen Temperaturen beim Transport dem Wein und seinem Aroma schaden können.

Treffpunkt Weinmesse
Die ProWein in Düsseldorf bietet alljährlich Gelegenheit, neue Weine zu probieren und sich mit Kennern der Branche auszutauschen.

fach kleine Schraubgläser, die Sie mit Papier oder Alufolie umwickeln, sodass man nicht sieht, was darin ist. Legen Sie in jedes Glas ein Kraut oder ein Gewürz. Dann kann der Schnüffelparcours beginnen. Auch Kinder lieben dieses Spiel – noch mehr, wenn Sie jeweils zwei Gläschen mit dem gleichen Inhalt präparieren und ein Duft-Memory daraus machen.

Je mehr Sie auf diese Weise Ihre Sinne trainieren, desto leichter wird es Ihnen fallen, Weinaromen wiederzuerkennen und zu benennen. Sie können auch beim Spazierengehen oder im Café probieren, die sie umgebenden Gerüche bewusst wahrzunehmen. Wussten Sie, dass Düfteraten das beste Gehirntraining ist? Es soll die grauen Zellen besser fit halten als Gedächtnisspiele oder Sudokus, da beim Riechen viel mehr Gehirnareale angesprochen werden. Viel Spaß dabei!

Weinnotizen anfertigen

Weinnotizen helfen dabei, sich an verkostete Weine zu erinnern. Wenn man mit Formularen oder Zetteln mit vorgegebenen Stichpunkten arbeitet, eignen sie sich auch als Gedächtnisstütze für das, worauf man beim Verkosten achten sollte. Sie bieten eine Struktur, an der man sich gerade anfangs entlanghangeln kann. Je regelmäßiger man das tut, desto leichter fällt es, überhaupt Weine zu beschreiben. Nach und nach entwickelt sich dann ein „Weingedächtnis".

Das externe Weingedächtnis: Apps

Im heutigen Internet- und App-Zeitalter gibt es über die eigenen Notizen hinaus hilfreiche Möglichkeiten, die verkosteten Weine zu dokumentieren: Apps. Die Programme, die auf einem Smartphone oder Tablet installiert werden können, sind einfach zu nutzen.

Weinnotizen

Name des Weins, Jahrgang, Herkunft:

Weinfarbe/Aussehen:
☐ **Weißwein** (siehe Tabelle Seite 40):
☐ **Rotwein** (siehe Tabelle Seite 40):
☐ klar   ☐ brillant   ☐ strahlend   ☐ matt trüb

Geruch:
☐ floral   ☐ fruchtig   ☐ würzig   ☐ vegetabil   ☐ sonstiger

Geschmack:

Süße/Säure:

Gerbstoff:

Nachhall:

Körper:
☐ leicht   ☐ mittelkräftig   ☐ kräftig

Gesamteindruck:
☐ harmonisch   ☐ unharmonisch
☐ einfacher Wein   ☐ hochwertiger Wein
☐ jetzt trinken   ☐ liegen lassen

Eigene Bewertungspunkte, z. B. Textur (wirkt der Wein hart oder soft, angenehm oder unangenehm und wie ist die Viskosität?)

Fotografieren Sie einfach mit dem Gerät das Weinetikett, und schon erhalten Sie Angaben über den Wein. Das funktioniert nicht nur über QR-Codes, denn solche Codes trägt bei Weitem nicht jede Weinflasche. Nein, die Apps gleichen das Foto mit Datenbanken ab, in denen bereits unzählige Weinetiketten gespeichert sind.

Tipp vom Profi

Mit Rebsortenweinen beginnen: Wenn Sie den Aromen von Wein auf den Grund gehen möchten, wählen Sie zu Beginn am besten Weine aus, die in erster Linie mit ihrer Rebsorte gekennzeichnet sind. Das macht das Erkennen von Aromen etwas einfacher, vor allem wenn Sie vergleichen. Wählen Sie eine Rebsorte aus zwei verschiedenen Herkunftsgebieten.

Bei Weißwein eignen sich dazu ein Sauvignon Blanc aus dem französischen Loiretal und ein Sauvignon Blanc aus Marlborough, Neuseeland. Bei Rotweinen eignet sich ein Merlot auf dem Süden Frankreichs hervorragend, um ihn mit einem Rotwein aus der Neuen Welt, zum Beispiel aus Chile, zu vergleichen.

Zu jedem Wein finden Sie so Preisangaben, aber auch Bezugsmöglichkeiten. Die Preisangaben stimmen nicht immer ganz genau, und auch die allgemeinen Angaben zum Wein sind nicht in jedem Fall hundertprozentig korrekt, aber Sie haben die Möglichkeit, diese Angaben zu korrigieren. Darüber hinaus können Sie Ihre eigenen Notizen zu dem Wein in der App eingeben, und sie werden unter Ihrem Profil gespeichert. Sie entscheiden, ob Sie diese Notizen mit anderen Usern teilen oder sie privat halten möchten.

Sie können sich auf Ihrem Mobilgerät natürlich auch einen Ordner mit den von Ihnen fotografierten Etiketten anlegen. So haben Sie beim Einkauf immer alle wichtigen Informationen über Namen des Weines und Erzeuger griffbereit.

Die Weinverkostung zu Hause

Haben Sie Lust bekommen, gelegentlich Weine zu probieren und zu vergleichen, vielleicht sogar mit anderen zusammen? Wenn Sie planen, mehr als nur ein, zwei Weine zu probieren und konzentriert miteinander zu vergleichen, dann lohnt es sich, den Rahmenbedingungen ein bisschen Aufmerksamkeit zu schenken – umso mehr, wenn Sie dazu auch noch Gäste einladen. Zum Beispiel der Tageszeit: Überlegen Sie doch einmal, vormittags Wein zu verkosten. Das ist zwar eine eher unübliche Tageszeit für das Weintrinken, aber unsere Sinne sind dann deutlich wacher und sensibler als am Abend.

Kaufen Sie die Weine, die Sie probieren möchten, rechtzeitig vorher ein. Mindestens zwei Tage sollte der Wein Zeit haben, sich zu erholen. Man mag es kaum glauben, aber der Transportweg stresst den Wein so sehr, dass er wenigstens einen Tag zum Akklimatisieren braucht. Sind Weißweine darunter, dann kühlen Sie sie spätestens einen Tag vorher auf Serviertemperatur (siehe Seite 61).

Der Raum, in dem Sie den Wein verkosten, sollte möglichst hell sein. Das schafft eine neutrale Atmosphäre, und Sie können die Weinfarbe besser beurteilen. Genauso wichtig ist eine geruchsneutrale Umgebung. Achten Sie also darauf, dass nicht nebenan oder gar im gleichen Raum gleichzeitig gekocht wird. Verzichten Sie auch auf Parfüm und Raumsprays. Fernseher oder Radio sollten Sie ebenfalls ausschalten, damit Sie sich ohne Ablenkung auf die Weine konzentrieren können und nicht vor Reizüberflutung nur noch wenig wahrnehmen.

Wenn Sie Weine vergleichen möchten, dann verwenden Sie am besten jeweils zwei identische Gläser für die Proben, denn in unterschiedlichen Gläsern entwickeln sich die Aromen unterschiedlich (mehr über Weingläser erfahren Sie ab Seite 68). Die beiden Verkostungsgläser können Sie die gesamte Probe über benutzen. Da Sie sich sicherlich eine Verkostungsreihenfolge ausgedacht haben und in der Regel von Weißwein zu Rotwein und von leicht zu schwer verkostet wird, brauchen Sie zwischendurch noch nicht einmal das Glas mit Wasser auszuspülen. Das Glas ist bestens auf den Wein „eingestimmt oder aviniert", sodass der nächste Wein nicht von den Aromen des vorherigen beeinflusst wird. Schenken Sie nicht zu viel in die Gläser ein, damit Sie dem Wein durch Schwenken Sauerstoff zuführen können.

Damit Zunge, Nase und Gaumen auch beim dritten und vierten Wein noch aufnahmefähig sind, brauchen Sie außerdem etwas, womit Sie den Geschmack der Probeschlucke neutralisieren können: Wasser sollte daher immer auf dem Tisch stehen, und zwar am besten stilles, zur Not auch solches mit wenig Kohlensäure. Es darf außerdem keinen zu ausgeprägten Eigengeschmack haben (Näheres zum Thema Wasser finden Sie ab Seite 70). Außerdem wird zum Neutralisieren üblicherweise Brot gereicht, und zwar Weißbrot – am besten Baguette. Sauerteigbrote oder gewürzte Sorten eignen sich nicht.

Mehr als acht Weine sollten Sie nicht verkosten. Für den Anfang reichen bereits vier völlig aus – zwei Weißweine und zwei Rotweine. Zuerst wird der Weißwein verkostet, dann eventuell ein Roséwein, danach die Rotweine und zum Schluss die Süßweine, wenn sie mit eingeplant sind. Innerhalb der Weine verkosten Sie am besten von trocken zu süß, in Bezug auf Körper und Alkoholgehalt von leicht zu kräftig, in Bezug auf Jahrgang von jung zu alt und in Bezug auf Qualität von einfach zu hochwertig. Vor allem die Schwere des Weines ist entscheidend. Wenn Sie nach einem kräftigen Bordeaux einen leichten Dornfelder probieren,

Checkliste

Weinverkostung

Eine Weinverkostung will gut geplant sein. Mithilfe dieser Checkliste können Sie Punkt für Punkt durchgehen, welche Vorbereitungen mit welchem Vorlauf getroffen werden sollten. Am besten stellen Sie die Verkostung unter ein Motto und servieren beispielsweise nur Weine aus einem bestimmten Anbaugebiet. Das sollte auch ihre Beschaffung etwas einfacher gestalten.

Mindestens 1 Woche vorher:
☐ Einladungen verschicken oder aussprechen

Mindestens 3 Tage vorher:
☐ Weine einkaufen
☐ Wasser einkaufen

Mindestens 1 Tag vorher:
☐ Weißweine auf Serviertemperatur kühlen

Am Tag der Weinverkostung:
☐ Raum lüften
☐ Brot (Baguette) kaufen

1–2 Stunden vorher:
☐ Ggf. Weine öffnen und lüften (siehe Seite 65)

Unmittelbar vorher:
☐ Weingläser avinieren, um eventuelle Fremdgerüche zu entfernen. Dazu einen Schluck des ersten Weins in die Gläser geben und ausschwenken. Sie sind so bestens präpariert.

Vor Beginn der Verkostung bereitstellen:
☐ Weingläser (2 pro Gast in gleicher Größe)
☐ Wassergläser (1 pro Gast)
☐ Stilles Wasser zum Neutralisieren
☐ Brot zum Neutralisieren
☐ Korkenzieher
☐ Kühlmanschetten oder Kühler für Weißwein (optional)
☐ Servietten
☐ Teller oder Behälter für Abfall
☐ Restweinbehältnis (Spuckbehälter)
☐ Notizblock oder Formulare für Weinnotizen
☐ Stifte
☐ Weiße Tischdecke oder weißes Papier zur Beurteilung der Weinfarbe

wird ihr Gaumen bereits derart eingenommen sein, dass Sie die Aromen nicht in allen Facetten wahrnehmen können.

Für viele stellt sich außerdem die Frage: Spucken oder schlucken? Es kommt immer darauf an, zu welcher Zeit und wie viele Weine Sie verkosten und mit welchem Anspruch. Je mehr Wein Sie trinken, desto stärker werden die Sinne beeinträchtigt. Um das zu vermeiden, spucken Sie den Wein während der Verkostung aus.

❝ Natürlich kann man über Sensorik jede Menge Aussagen treffen, aber was ein einzelner Mensch schmeckt, ist immer eine sehr subjektive Angelegenheit. Über Geschmack lässt sich eben nicht streiten! Deshalb gibt es auch bei Weinbeschreibungen kein Richtig oder Falsch. Manches, was echte oder vermeintliche Experten über Weine sagen, ist für normale Weintrinker schlicht nicht nachzuvollziehen, so abgehoben und überschwänglich wirken diese Beschreibungen. Wichtig ist einfach, dass Sie Ihre Sinne bewusst einsetzen, um Ihre Weinfavoriten zu finden. Wein zu genießen ist weder eine Wissenschaft, noch erfordert es besondere Fähigkeiten oder Voraussetzungen. Aber ein paar Begriffe und eine gewisse Struktur können dabei helfen, die eigenen Sinneseindrücke in Worte zu fassen. So ist es leichter, sich in der so vielfältigen Weinwelt zu orientieren.

Von Lagern bis Öffnen – die technische Seite

Sie können viel Geld für Zubehör rund um und für den Weingenuss ausgeben. Nicht alles ist wirklich sinnvoll.

70 Prozent aller Weine werden bereits innerhalb von drei Stunden nach dem Einkauf getrunken. Demnach kaufen die wenigsten Wein auf Vorrat ein. Wer doch die eine oder andere Flasche lagern und sich nach und nach einen kleinen Weinbestand aufbauen möchte, hat nicht nur Freude am Sammeln, sondern auch einige Vorteile. Einerseits wird der Wein vom Transport nicht beeinträchtigt, andererseits können Sie mit einem kleinen Vorrat gezielt Weine passend zum Essen auswählen. Sie können aber auch die Entwicklung eines Weines verfolgen, wenn Sie von ein und demselben Wein gleich mehrere Flaschen besorgt haben. Und bestimmte Weinqualitäten gibt es vielleicht nur in speziellen Geschäften, die nicht direkt auf Ihrem Einkaufsweg liegen. Dann ist ein Einkauf auf Vorrat nicht nur praktisch, sondern spart auch Zeit.

Der eigene Weinvorrat

Welche Weine Sie bevorraten, richtet sich nach Ihren persönlichen Vorlieben. Nehmen Sie sich etwas Zeit und überlegen Sie, worauf es Ihnen ankommt. Beantworten Sie sich selbst die folgenden Fragen:

▸ **Wie oft in der Woche** oder im Monat trinken Sie Wein?

▸ **Bevorzugen Sie** eher Weißwein oder Rotwein?

▸ **Haben Sie oft Gäste,** die Sie mit Wein bewirten möchten?

▸ **Oder möchten Sie** eher die Entwicklung eines Weins über mehrere Jahre hinweg verfolgen?

Wenn Sie sich darüber Klarheit verschafft haben, lässt sich leicht ein „Jahresverbrauch" errechnen und damit auch die Mengen der jeweiligen Weinart ermitteln. Das klingt vielleicht etwas analytisch und so gar nicht romantisch. Doch wenn Sie erst einmal mit der Bevorratung von Wein angefangen haben, dauert es nicht lange, bis Sie mehr Wein vorrätig haben als Sie verbrauchen.

Beachten Sie, dass man die meisten Weiß- und Roséweine aus dem aktuellen Jahrgang genießen sollte. Davon sollten Sie nicht zu viel bevorraten und stattdessen je nach Anlass „frisch" einkaufen. Wenn Sie gerne Feste feiern und Schaumwein mögen, sind ein paar Flaschen als Vorrat immer empfehlenswert.

Rotwein kann je nach Herkunft, Jahrgang, Rebsorte/n und Machart in der Regel länger lagern. Richten Sie sich eine Ecke ein, wo Sie den Roten lagern und mehrere Jahre alt werden lassen können. So vermeiden Sie es, bei jeder sich bietenden Gelegenheit gerade zu diesem Wein zu greifen. Man kann auch ganz gezielt einen Wein „vergessen". Wenn Sie sehr hochwertige Weine zum Reifen einlagern, sehen Sie sich einmal nach großformatigen Flaschen um. Wie wäre es zum Beispiel mit einer Magnumflasche (1,5 Liter) oder einer Doppelmagnum (3 Liter)? Wein reift in großen Flaschen viel langsamer und gleichmäßiger.

Die richtige Lagerung

Wein ist ein empfindliches Getränk. Wird er falsch gelagert, so kann sich der sorgsam gehütete Schatz beim Öffnen einer Flasche als große Enttäuschung herausstellen. Bei Falschlagerung kann der Wein sehr schnell altern und dadurch oxidieren. Das bedeutet, dass der Wein mit zu viel Sauerstoff in Kontakt gekommen ist. Das verändert die Farbe, und was noch viel wichtiger ist, leider auch den Geruch und Geschmack des Weins. In der Regel erinnert der Geruch an Sojasauce oder Sherry, geschmacklich wird er jegliche Frische verloren haben und ausgezehrt schmecken.

Für eine gute Weinlagerung braucht man daher ein paar passende Rahmenbedingungen:

▶ **Dunkel lagern:** Es sollte so wenig Licht wie möglich an den Wein gelangen, weil auch UV-Strahlen den Wein schneller altern lassen. Schaffen Sie Platz unter einem Treppenvorsprung, unter dem Bett, in einem Schrank oder im Keller.

▶ **Konstante Temperatur:** Die ideale Temperatur liegt zwischen 10 °C und 15 °C. Wein verträgt keine extremen Temperaturunterschiede. Zu viel Hitze kann den Korken aus der Flasche treiben oder den Schraubverschluss strapazieren, sodass der Wein ausläuft. Bei zu viel Kälte kann sich Weinstein bilden, was weder ein Fehler ist noch eine Beeinträchtigung der Qualität bedeutet. Auch Phenole können sich abbauen. Der Korken kann sich zusammenziehen und das macht die Flasche undicht – der Wein läuft aus und oxidiert.

▶ **Keine Erschütterungen:** Wein weder neben einen Trockner noch neben die Waschmaschine stellen. Eine zu trockene Luft führt zum Austrocknen des Korkens und zu viel Erschütterung beschleunigt die Reife des Weins.

▶ **Luftfeuchtigkeit:** Ideal ist eine Luftfeuchtigkeit von 75 Prozent, was unter normalen Umständen schwer zu errreichen ist. Bei Weinflaschen mit einem Naturkorken, die zu trocken gelagert werden, kann der Korken seine Dichte verlieren. Eine Oxidation des Weins ist dann die Folge.

- **Liegend lagern:** Das gilt nur für Weine, die mit einem Naturkorken verschlossen sind und länger als zwei Jahre gelagert werden. Flaschen mit Schraubverschluss, Kronkorken, Kunststoffkorken oder Glastopfen können Sie stehend lagern.
- **Nicht im haushaltsüblichen Kühlschrank lagern:** Für ein paar Tage oder Wochen ist diese Art der Lagerung kein Problem. Normale Kühlschränke vibrieren zu stark und die Temperatur von 4 °C bis 5 °C ist viel zu niedrig.
- **Langfristige Lagerung:** Die Weinflaschen aus dem Karton nehmen. Die Kartonage hat möglicherweise einen muffigen Geruch, der auf Dauer auf den Wein übergehen kann.

- **Gerüche meiden:** Wein möglichst nicht in der Nähe von extremen und strengen Gerüchen lagern – sie gelangen ebenfalls in den Wein.

Die Serviertemperatur

Weine schmecken bei bestimmten Temperaturen am besten. Die optimale Serviertemperatur unterstützt den Charakter des jeweiligen Weintyps. Dabei sind ein paar wesentliche Unterschiede zu beachten:

- **Höhere Temperaturen** betonen die Süße eines Weins. Deshalb werden Süßweine gut gekühlt serviert, da sie sonst zu süß schmecken.
- **Wird Rotwein zu warm** ausgeschenkt, betont dies den Alkohol. Das kann dann sehr brandig und unangenehm sein.

Weinkühlschränke sind sowohl in der Anschaffung als auch im Stromverbrauch sehr kostspielig. Das Angebot der Hersteller ist riesengroß. Achten Sie beim Kauf eines Gerätes nicht nur auf den Preis und das Design, sondern auch auf eine gute Isolierung und einen niedrigen Stromverbrauch. Nichtsdestotrotz sind diese Geräte ideal für die Lagerung von Wein. Weinkühlschränke gibt es in verschiedenen Größen und in unterschiedlicher Ausstattung. Grundsätzlich haben Sie die Wahl zwischen Weinklimaschränken mit einer Temperaturzone und Weintemperierschränken mit mehreren Temperaturzonen. Diese speziellen Kühlschränke vibrieren kaum und bieten eine angemessene Luftfeuchtigkeit. Und die Temperaturen lassen sich nach Wunsch passend zum Wein einstellen.

Optimale Serviertemperatur

Weinstil und Beispiel	Servier-temperatur
Schaumweine (Champagner, Sekt)	5–6 °C
Süßwein (Sauternes, Beerenauslese)	6–8 °C
Verstärkte Weine, weiß (Trockener Sherry Fino, weißer Portwein)	6–8 °C
Leichte Weiß- und Rosé-weine (Gutsweine, Blanc de Noir)	6–8 °C
Verstärkte Weine, braun (Sherry Amontillado & Pedro Ximénez, Oloroso)	8–10 °C
Kräftige Weiß- und Rosé-weine, aromatische Weiß-weine (Chardonnay im Holz ausgebaut, Rosé aus Südfrankreich)	9–13 °C
Leichte Rotweine (Pinot Noir, Lemberger)	13–15 °C
Verstärkte Weine, rot (Tawny Port, Ruby)	14–16 °C
Mittelkräftige bis kräftige Rotweine (Rioja, Bordeaux, Chianti)	16–18 °C
Hochwertige verstärkte Weine, rot (Late Bottled Vintage & Vintage Port)	16–18 °C

Früher galt generell Zimmertemperatur als ideal für Rotweine. Das gilt nicht mehr, weil es mittlerweile unterschiedliche Rotweintypen gibt. Früher herrschte tatsächlich eine Raumtemperatur von etwa 18 °C, heutzutage liegt sie meistens über 22 °C – das ist viel zu warm für Rotwein.

▶ **Wird ein gerbstoffreicher Wein** zu kühl getrunken, werden seine Fruchtaromen gedeckt, und die Gerbstoffe wirken besonders hart.

▶ **Ein leichter gerbstoffarmer** Rotwein profitiert von einer leichten Kühlung – so schmeckt er viel erfrischender.

▶ **Ein leichter Weißwein** benötigt eine gute Kühlung, sonst schmeckt er plump, und es fehlt ihm jegliche Frische.

▶ **Bei höherer Temperatur** verdunsten flüchtige Inhaltsstoffe schneller. Das ist gut zu wissen, wenn Sie einen kräftigeren Weißwein haben, der im Barrique ausgebaut wurde. Er entfaltet sein Bukett erst optimal, wenn er etwas Temperatur bekommt (etwa 14 °C).

▶ **Haben Sie einen einfachen,** gar dezent fehlerhaften Wein, dann kühlen Sie den Tropfen ordentlich herunter – das verschleiert die kleinen Fehler.

Doch wie erreicht man die optimale Serviertemperatur, wenn sie sich je nach Weinart so sehr unterscheidet? Das scheint zunächst schwieriger zu sein als es ist. Ein ganz normaler Kühlschrank hat in der Regel eine Temperatur von maximal 5 °C bis 6 °C. Diese Temperatur ist perfekt für Schaumweine, leichte Weiß- und Roséweine. Im haushaltsüblichen Kühlschrank dauert es drei bis vier Stunden, bis Weißwein Kühlschranktemperatur erreicht hat. Möchten Sie einen Weißwein servieren, der nicht zu kühl getrunken werden sollte, nehmen Sie ihn einfach etwas eher aus dem Kühlschrank. Oder schenken Sie sich zunächst nur einen kleinen Schluck ein.

Stellen Sie die Flasche nicht wieder kalt, bei Zimmertemperatur wärmt sich der Wein allmählich auf.

Rotwein dagegen, der leicht gekühlt getrunken werden sollte, stellen Sie am besten kurz in den Kühlschrank. Oder Sie ziehen eine Kühlmanschette über die Weinflasche. Die Tabelle auf Seite 61 informiert Sie über die optimale Serviertemperatur verschiedener Weine.

Nützliches Weinzubehör

Passendes Zubehör rund um den Wein gibt es in Hülle und Fülle zu unterschiedlichen Preisen und in vielen Materialien. Die wenigsten davon sind wirklich nötig.

1 Weinregale

Wer Wein optimal lagern möchte, fährt am besten mit einem für seine Zwecke passendes Weinregal. Im Handel gibt es verschiedene Weinregale und Elemente in diversen Designs und zu erschwinglichen Preisen. In allen lässt sich Wein platzsparend in den eigenen vier Wänden aufbewahren. Die Regalsysteme für Weinflaschen gibt es aus Holz, Metall, Ton oder auch stapelbare aus Kunststoff. Wichtig ist bei allen Systemen, dass sich der Wein erschütterungsfrei und waagerecht aufbewahren lässt.

2 Kellnermesser

Das gängigste und praktischste Gerät zum Öffnen von Weinflaschen ist das Kellnermesser. Es hat ein Messer zum Entfernen der Kapsel, also den Verschluss der Weinflasche. Des Weiteren verfügt es über eine stabile und teflonbeschichtete Spirale und die besseren haben einen Doppelhebel zum Entfernen besonders langer Korken. Der Umgang damit ist sehr einfach. Zuerst entfernen Sie mit dem ausklappbaren Messer die Kapsel unterhalb der dickeren Wulst am Flaschenhals. Der Wein sollte beim Ausschenken nicht mit der Kapsel in Berührung kommen –

Elegant eingeschenkt
Ein Tropfenstopper bewahrt Holz und Tischdecke vor unerwünschten Rotweinflecken.

aus hygienischen Gründen und wegen möglicher Geschmacksveränderungen. Die Spirale oder Spindel des Kellnermessers am besten im 45-Grad-Winkel in der Mitte des Korkens ansetzen und nicht vollständig in den Korken eindrehen. Führen oder halten Sie den Korken beim Herausziehen mit der Hand, damit er nicht abbricht.

3 Tropfenstopper

Dieses Utensil ist vor allem zum Ausschenken von Rotwein empfehlenswert. Die kreisrunden, dünnen und biegsamen Blättchen sind „lebensmittelecht" und pflegeleicht. Sie können leicht abgewaschen werden und nehmen wenig Platz ein. Durch Aufrollen des Blättchens können Sie es einfach in den Flaschenhals einführen. Damit lässt sich der Wein tropfenfrei und ohne Rotweinflecken auf der Tischdecke einschenken. Alternativ lässt sich aus einer Serviette ein Kragen um den Flaschenhals binden.

4 Kühlmanschetten

Unerwarteter Besuch steht vor der Tür und der Wein ist nicht gekühlt? Kein Problem! Sogenannte Kühlmanschetten aus dem Tiefkühlfach sind die Lösung. Am besten halten Sie für alle Fälle gleich mehrere Manschetten im Tiefkühlfach bereit. Für die schnelle Kühlung sorgt ein Gel in den Kammern der Manschette. Die eiskalte Manschette einfach wie einen Mantel über die Flasche stülpen, so dass sie möglichst eng an der Oberfläche der Flasche aufliegt. So können Sie den Wein innerhalb von 20 Minuten auf Kühlschranktemperatur herunterkühlen.

5 Weinkühler

Es gibt aktive und passive Weinkühler. Zu den aktiven Kühlern gehört die Kühlmanschette und zu den passiven Tongefäße und Kühler aus Edelstahl oder Acryl. Tongefäße vor dem Einsatz in kaltes Wasser tauchen. Die Kühlung erfolgt dann durch einen physikalischen Effekt, bei dem das Wasser wieder verdunstet.

Edelstahl- oder Acrylkühler sollten doppelwandig sein, sie halten durch ihre Thermoeigenschaften den Wein länger kühl. Ein Eiskühler mit etwas Eis und kaltem Wasser erfüllt auch seinen Zweck, um Sekt, Weißwein oder einen Rosé kühl zu halten. Doch Vorsicht, bei zu viel Eis kann der Wein zu kalt geraten und Wasser tropft von der Flasche, dann wird zum Nachschenken noch ein Handtuch oder eine Serviette benötigt.

6 Karaffe zum Belüften

Diese Karaffen sollten bauchig sein, sodass sie dem Wein viel Platz zum Atmen geben. Achten sie bei der Wahl auf eine Form, die nach der Benutzung leicht gereinigt werden kann. Es gibt bauchige Karaffen, in die der Inhalt einer Magnumflache passt. Diese haben den Vorteil, einer 0,75-Liter-Flasche Wein besonders viel Platz zu geben.

7 Karaffe zum Dekantieren

Die Karaffen zum Dekantieren älterer Rotweine sind schmaler und schlanker in der Form. Die älteren Weine sind mitunter fragil und sollten nicht zu viel Platz bekommen. Der Sauerstoffkontakt sollte so gering wie möglich sein, damit der Wein nicht zu rasch oxidiert. Am bekanntesten ist die Bordeaux-Ente.

8 Karaffenständer

Die Anschaffung eines Karaffenständers ist sinnvoll. Nach der Reinigung kann die Karaffe kopfüber auf den Ständer gestülpt werden und kann von innen und außen gut abtrocknen.

9 Lebensmittelgas

Wer häufiger angebrochene Weinflaschen frisch halten möchte, besorgt sich ein lebensmittelechtes Gas in der Dose. Die Dosen sind sehr leicht, weil das Gas kein Gewicht hat. Das Gas sprühen Sie einfach in den Flaschenhals hinein. Es verdrängt den Sauerstoff aus der Flasche, legt sich wie ein Film auf den Wein und verhindert eine schnelle Oxidation.

10 Bügelverschluss für Sektflaschen

Für Sektflaschen gibt es spezielle Verschlüsse, die auf geöffnete Sektflasche passen. Durch eine Art Bügel sitzt der Verschluss sicher und fest auf dem Flaschenhals, sodass der Sekt ohne Sauerstoffkontakt dicht verschlossen ist.

Wein dekantieren

Bei Rotweinen, die älter als fünf bis sieben Jahre alt sind, bildet sich mit der Zeit ein sogenanntes Depot. Es besteht aus abgebauten Farbstoffen und anderen Inhaltsstoffen des Weins. Wird eine Rotweinflasche nach langer Lagerung vor dem Öffnen zu viel bewegt, vermischt sich das Depot mit dem Wein. Das macht ihn trübe und kann seinen Geschmack beeinträchtigen, indem er Bitternoten annimmt.

Das Öffnen einer Weinflasche mit Depot sollten Sie ein wenig planen und zuvor über-

Gekonnt dekantieren
Beim Umfüllen älterer Weine in eine Karaffe sollen abgebaute Farbstoffe in der Flasche verbleiben. Kerzenlicht hilft dabei, das sogenannte Depot zu erkennen.

legen, wie Sie bei der Öffnung der Flasche am besten vorgehen. Wenn Sie eine Flasche, die liegend gelagert wurde, stehend öffnen wollen, stellen Sie die Flasche wenigstens einen Tag vorher aufrecht hin, damit sich das Depot am Flaschenboden absetzen kann. Eine andere Möglichkeit ist, die liegend gelagerte Flasche vorsichtig aus dem Regal zu nehmen und in der liegenden Position zu belassen und anschließend in einen Flaschenkorb zu legen. Allerdings erfordert es viel Geschick, eine Weinflasche in liegender Position perfekt zu entkorken.

Bevor es losgeht, halten Sie neben einer Karaffe noch weitere Utensilien wie eine Kerze, Streichhölzer und eine Serviette bereit. Auf manchen Flaschen hat sich während der Lagerung ein Belag (Staub oder Schimmel) gebildet. Wischen Sie den Belag mit der Serviette einfach ab, damit der Wein beim Ausschenken nicht über den Belag fließt. Öffnen Sie die Flache mit einem Kellnermesser und zünden Sie die Kerze an. Gießen Sie nun einen ersten kleinen Schluck Wein in die Karaffe, um sie damit auszuspülen – im Fachjargon heißt dieser Vorgang „avinieren". Danach gießen Sie diesen Schluck wieder ab. Erst jetzt gießen Sie den Wein vor dem Kerzenlicht ganz langsam in die Karaffe. Das Kerzenlicht sollte hinter dem Flaschenhals leuchten und Ihnen anzeigen, wann der sogenannte „Trubfaden" mit dem Depot anfängt. Sobald dieser zu sehen ist, die Flasche absetzen. Durch diese Vorgehensweise haben Sie das Depot vom Wein getrennt. Falls Sie gerade ein Schmorgericht zubereiten, verwenden Sie das Depot zum Abschmecken der Sauce.

Wein belüften

Ganz anders geht man mit jungen Rotweinen um, die eigentlich noch lagern könnten oder gar müssten. Mit dem Belüften des Weins soll eine durch Sauerstoffkontakt beschleunigte Art der Reife herbeigeführt werden. Häufig spricht man davon, den Wein „atmen zu lassen". Die Karaffen dafür sind bauchig und geben dem Wein viel Raum zur Entfaltung. Öffnen Sie die Flasche und gießen Sie den Wein schwungvoll in die Karaffe, damit während des Eingießens viel Sauerstoff an den Wein gelangt. Denken Sie daran, zuvor die Karaffe erst einmal zu avinieren. Es schadet nicht, wenn Sie den Wein dann für eine Weile stehen lassen, bevor Sie ihn genießen. Je jünger der Wein, desto mehr Zeit sollte man ihm zum Atmen geben.

→ Die Karaffe avinieren

Bevor Sie den Wein in eine Karaffe umfüllen, lohnt es sich, die Karaffe zu avinieren. Das bedeutet, einen kleinen Schluck Wein in die Karaffe geben und das Gefäß damit ausschwenken. So spülen Sie kleinste Staubpartikel oder Spülmittelrückstände heraus. Danach schütten Sie diesen Schluck weg. Es ist in jedem Fall besser, einen kleinen Schluck Wein als Wasser dafür zu benutzen. Denn Glas hat kleine Poren, in denen sich das Wasser absetzt. Mit Wasser würde man den Wein minimal „verwässern". Um das zu vermeiden, sollten Sie einen Schluck von dem kostbaren Wein „opfern". Das gilt auch für Weingläser. Avinieren Sie die Gläser, bevor Sie den Wein daraus genießen.

Angebrochenen Wein frisch halten

Nach dem Öffnen einer Weinflasche kommt Sauerstoff an den Wein, welcher den Wein geschmacklich verändert. Diesen sogenannten Oxidationsprozess kann man nicht aufhalten, aber etwas verzögern. Um den Wein auch noch am nächsten Tag genießen zu können, reicht es, die Weinflasche entweder mit dem Korken oder dem Schraubverschluss wieder zu verschließen und die Flasche in den Kühlschrank zu stellen. Das gilt auch für angebrochene Rotweinflaschen. Zwei zusätzliche Hilfsmittel zum Frischhalten finden Sie auf Seite 64.

Wie lange hält sich Wein nach dem Öffnen der Flasche? Je hochwertiger der Wein, desto länger erhält er seine Qualität nach dem Öffnen. Die meisten Weine sollten jedoch innerhalb von zwei Tagen nach dem Öffnen verbraucht werden, weil sie nach und nach ihre Frische und zarten Fruchtaromen verlieren. Dumpfe Oxidationsnoten lassen den Wein mit jedem Tag immer langweiliger schmecken. Ein oxidativ ausgebauter Sherry (Oloroso) oder Portwein (Tawny) kann man bis zu vier Wochen stehen lassen. Das gilt jedoch nicht für jeden Sherry oder Portwein.

Weingläser

Wie beim Weinzubehör haben Sie auch bei der Wahl eines Weinglases die Qual der Wahl. Die Hersteller haben eine große Vielfalt in ihren Sortimenten. Gläser sind in bestimmten Designs geformt und haben je nach Weinart und Rebsorte eine funktionelle Form und Größe. Für Wein gibt es Kristallgläser, bunte, dünn- und dickwandige Gläser, mundgeblasene, Gläser mit und ohne Stiel sowie für

bestimmte Rebsorten und viele andere mehr. Je nach Budget und Platz im Schrank gibt es kaum Grenzen.

Es spricht nichts dagegen, normale Weingläser in der Geschirrspülmaschine zu reinigen. Bei dauerhaft zu heißen Temperaturen werden die Gläser jedoch porös und zerbrechen schneller. Im Idealfall sollten Weingläser nicht über 55 °C gespült werden. In manchen Gegenden ist das Wasser sehr kalkhaltig. Dies kann Weingläser stumpf wirken lassen und manchmal sogar mit einem grauen Schleier belegen. Entkalken Sie daher Ihre Geschirrspülmaschine regelmäßig. Hilfreich ist auch, dem Spülgang etwas Essigessenz zuzugeben. Wenn die Kalkspuren bereits so stark sind, dass auch ein Entkalken der Maschine keine Wirkung mehr zeigt, legen Sie die stumpfen Gläser in eine Essigessenzlösung. Auch ein Spritzer Zitronenreiniger hilft die Grauschleier zu beseitigen. Am Ende des Spülgangs die Klappe der Maschine sofort öffnen, sodass der Wasserdampf abziehen kann und sich nicht auf die Gläser setzt und weitere Kalkstellen bildet.

Nach dem Abspülen polieren Sie die Weingläser mit einem sauberen Geschirrhandtuch, das ohne Weichspüler gewaschen wurde. Gläser mit hässlichen Wasserflecken werden über Wasserdampf wieder schön klar. Dafür Wasser im Wasserkocher erhitzen, die Gläser vorsichtig über den Wasserdampf halten und mit einem Tuch polieren.

Zum Reinigen von Karaffen gibt es vielerlei Bürsten, die nach Angaben der Hersteller in alle Ecken und Winkel des Gefäßes gelangen. Ein anderes Hilfsmittel wirkt immer: Zahnersatzreiniger. Eine Tablette davon in die Karaffe geben und die Beläge sind im Handumdrehen beseitigt – doch das ist Geschmackssache. Danach die Karaffe mit klarem Wasser ausspülen und vor Gebrauch avinieren (siehe Seite 66).

Das richtige Glas für den Wein

Neutrale, durchsichtige Gläser sind zur sensorischen Erfassung ideal. Dünnwandige Gläser mit schlankem Stiel, die maschinell hergestellt wurden, liegen gut in der Hand.

Gute Gläser bekommen Sie im Fachhandel bereits für rund 5,00 Euro pro Stück. Die mundgeblasenen, extrem dünnwandigen Exemplare sind deutlich teurer und kosten über 20 Euro. Sie sind zwar schön anzusehen und erfüllen ihren Zweck, sind aber extrem empfindlich. Sie dürfen nicht in der Spülmaschine gereinigt werden und auch beim Polieren des Glases ist Vorsicht geboten.

1 Sektglas

Die Kelche eines Sektglases können im unteren Bereich leicht gerundet sein und sich nach oben hin verjüngen oder gerade verlaufen. Entscheidend ist, dass sie nach oben hin weder eine Art Glaslippe noch eine Kelchform haben, da dadurch das Aroma schneller verfliegt und weniger perlt. Sekt- oder Champagnerschalen machen zwar optisch viel her, sind aber aufgrund ihrer großen Oberfläche völlig ungeeignet. Das Sektglas wird nur zu drei Viertel voll gefüllt und am Stiel angefasst, damit sich der Inhalt nicht erwärmt.

2 Weißweinglas

Für leichte bis mittelkräftige Weiß- und Roséweine ist ein universelles Glas mit einem langen Stiel gut geeignet. Es hat im unteren Bereich eine leicht bauchige Form, verjüngt sich etwas nach oben hin und bündelt das Aroma beim Riechen des Weins optimal.

3 Rotweinglas

Rotweine sind voller und kräftiger als Weißweine. Damit sich ihr intensives Aroma entfalten kann, werden sie in größeren Gläsern serviert. Universelle Rotweingläser sind für die meisten roten Tropfen gut geeignet. Kräftige Weißweine, die im Holzfass gelagert wurden, benötigen zur Entfaltung des Aromas ebenfalls mehr Platz. Diese Weine können Sie auch aus diesen Gläsern genießen.

4 Sherryglas

Die Gläser für Sherry, Portweine und Süßweine sind etwas kleiner als Weißweingläser, da man davon aufgrund des höheren Alkoholgehalts kleinere Mengen, also höchstens fünf Zentiliter, ausschenkt. Der Glaskelch, der sich nach oben hin verjüngt, lässt das Aroma besser in die Nase steigen.

5 Bordeauxglas

Für jede Weinart und speziell für Rebsorten oder Herkunftsgebiete gibt es besonders geformte Gläser – das Bordeauxglas oder das

Gläserkunde

Sherryglas
meist etwas kleiner als herkömmliche Weingläser und mit einer tulpenähnlichen Form.

Standard-Weißweinglas

Rieslingglas
für leichte, aromatische Weißweine.

Burgunderglas
für aromatische, fruchtbetonte Rotweine.

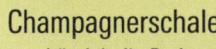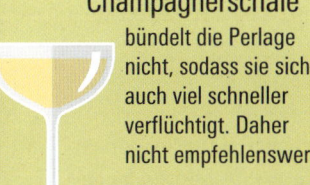

Champagnerschale
bündelt die Perlage nicht, sodass sie sich auch viel schneller verflüchtigt. Daher nicht empfehlenswert.

Champagner-tulpe

Bordeauxglas
für kräftige und tanninbetonte Rotweine.

Standard-Rotweinglas

Sektglas
erinnert zunächst an die hohe, schlanke Form der Champagner-flöte, wird nach oben aber wieder etwas schmäler.

Ein gutes Paar
Für reuelosen Genuss sollte immer auch Wasser zum Wein gestellt werden.

Burgunderglas zum Beispiel. Die Anschaffung dieser Gläser lohnt sich erst, wenn Sie bereits einen derart spezialisierten Weingusto haben und bereit sind, den höheren Preis dafür zu zahlen.

6 Burgunderglas

Feine Burgunder benötigen zur Entfaltung ihrer subtileren Aromen ebenfalls viel Platz und damit eine Glasform, die sich nach oben hin verjüngt. Deshalb sind typische Burgundergläser unten bauchig. Bei manchen Burgundergläsern ziert eine dezente „Lippe" den Glasrand. Damit wird der Wein direkt auf die Zungenspitze geführt, wo die Frucht des Weins zuerst wahrgenommen wird.

Wasser zum Weingenuss

Einerseits soll Wein in Maßen die Gesundheit erhalten, andererseits hat sein Alkoholgehalt Einfluss auf Verträglichkeit und Wohlbefinden. Das hängt natürlich mit der Menge an Wein zusammen, die man sich genehmigt. Wer neben dem Wein ausreichend Mineralwasser trinkt, füllt den Körper mit Mineralien und Spurenelementen auf, die ihm

durch den Alkohol entzogen werden. Durch den Alkohol wird vor allem Kalium ausgeschieden. Auch andere Mineralien wie Magnesium werden über die Harnwege ausgeschwemmt, was sich am nächsten Tag in einem Kater oder nachts in Wadenkrämpfen äußern kann. Doch welches Verhältnis von Wein und Wasser ist das richtige Maß?

❝ **Eine alte Faustregel lautet: Zu einem Glas leichten Weißwein zwei gleich große Gläser Mineralwasser und zu einem Glas kräftigen Rotwein drei Gläser Wasser vor dem Weingenuss trinken!**

Und welches Mineralwasser harmoniert am besten mit Wein? Stilles oder leicht kohlensäurehaltiges Mineralwasser mit geringem Eigengeschmack und nicht zu kalt ist perfekt. Zu viel Kohlensäure verstärkt die Säure in Weißwein und passt daher besser zu säurearmen Weinen. Besonders unvorteilhaft ist sie zum Beispiel in Verbindung mit Riesling. Viel Kohlensäure befördert den Alkohol direkt ins Blut, so entfaltet der Alkohol schneller seine Wirkung. Kohlensäure verstärkt außerdem die adstringierende Wirkung gerbstoffreicher Rotweine am Gaumen.

Was bewirkt Mineralwasser mit einem starken Eigengeschmack? Es gibt Wässer, die durch ihren Gehalt an Mineralien jedem Weintrinker sicherlich guttun. In Verbindung mit Wein verändern sie allerdings deren Geschmack oder überlagern ihn sogar. Stark mineralhaltiges Wasser kann die Gerbstoffe (Tannine) in Rotwein betonen und ihn bitter schmecken lassen, zudem nimmt es dem Wein die Süße und den Schmelz.

Auch Leitungswasser kann man zu Wein trinken. In Deutschland wird die Qualität des Wassers streng überwacht. Es ist hygienisch einwandfrei und schmeckt je nach Wasserwerk sehr unterschiedlich.

Die Kombination von Wein und Speisen

Wein und Speisen gehören zusammen seit Wein hergestellt wird. Doch worüber soll man sich zuerst Gedanken machen, über den Wein oder das Essen?

Doch wie erreicht man ein harmonisches Miteinander? Das gelingt am besten, wenn sich Wein und Gericht ähneln. Heute hat das Kombinieren von Wein und Speisen nicht mehr ganz den Stellenwert wie früher. Es heißt: Erlaubt ist, was gefällt. Es gibt keine festen Regeln, höchstens Empfehlungen. Was dem einen gefällt, muss den anderen noch lange nicht entzücken. Folgen Sie im Zweifel Ihrem Geschmack und Ihren Vorlieben. Ideale Kombinationen haben den Vorteil, sowohl aus der Speise als auch aus dem Wein ein Optimum an Geschmackserlebnis herauszuholen. Wein und Speisen zu kombinieren ist ein Kulturgut, mit dem es sich zu befassen lohnt. Vielleicht entdecken Sie dabei ganz neue Facetten und Ausgefallenes. Ab Seite 78 finden Sie Rezepte zum Ausprobieren und passende Weinempfehlungen. Lassen Sie sich von den Beispielen inspirieren, bevor Sie sich an eigene Kreationen heranwagen.

Bauchgefühl oder analytisches Vorgehen?

Wie suchen Sie den Wein zu einer Speise aus? Hören Sie auf das Bauchgefühl? Vertrauen Sie auf Altbewährtes? Oder probieren Sie ab und zu Neues aus? Auch wenn es keine festen Regeln mehr für gelungene Kombinationen gibt, ein paar Grundsätze gibt es schon:

▸ **einfache** vor hochwertiger Qualität
▸ **junger Jahrgang** vor älterem
▸ **leichter Wein** vor gehaltvollem, körperreichem Wein
▸ **einfacher Wein** zu einfachen Speisen
▸ **Weißwein** vor Rotwein
▸ **Süßweine** nach trockenen Weinen
▸ **keinen Extra-Wein** zur Suppe innerhalb einer Menüfolge

Es gibt nicht nur den einen Wein, der zu einer Speise optimal passt. Finden Sie durch Experimentieren peu à peu heraus, welche Wein-Speisen-Kombinationen Ihnen gefallen. Schließlich hat jede Zubereitungsart, jede Zutat und die Intensität der Gewürze Einfluss auf den Geschmack eines Gerichts. Und daraus ergeben sich die ersten Hinweise, welcher Wein ausgewählt werden kann.

So verlangen kalte Gerichte nach einem gekühlten Weißwein und ein kräftiger Braten nach einem Rotwein. Mild-würzige Speisen oder solche mit mediterranen Kräutern wie Thymian oder Rosmarin harmonieren gut mit einem leichten Wein. Sehr würzige Gerichte brauchen einen Wein mit einem intensiveren Geschmack und Körper als Begleiter.

Pikante Gerichte benötigen Frucht als Gegenpol, damit der Wein geschmacklich nicht untergeht. Extreme Schärfe kann gar kein Wein auffangen. In der orientalischen Küche werden intensive und markante Gewürze wie Kreuzkümmel und Koriander benutzt. Hier richtet sich der Wein nach den Aromen der Speisen, oder Sie setzen mit dem Wein einen Gegenpol.

Wie Wein und Speisen sich beeinflussen

Entscheidend für die Wahl eines passenden Weins zu einer Speise ist immer die stärkste oder intensivste Komponente eines Gerichts! Oft ist das die Sauce. Wein und Gericht sind gleichberechtigte Partner. Der Wein soll den Geschmack einer Speise unterstreichen, er darf ihn aber keineswegs überdecken. Durch die Wein- und Speisenfolge sollen Aroma und Geschmack, Gehalt und Fülle eine Steigerung erfahren. Die beiden folgenden Übersichten zeigen, wie Wein und Speisen zusammenkommen oder eben nicht.

Harmonie und Spannungsbogen

Durch die perfekte Kombination ergänzen sich Wein und Speise. Stimmt eine Kombination, dann führt das geschmacklich nicht nur zu einer idealen Verbindung, sondern auch zu einem sensorischen Spannungsbogen. Der Gaumen jubelt, denn er spürt ein nachhaltiges Geschmackserlebnis. Die perfekte Verbindung aus Wein und Speise ist wie eine Formel, in der beide zusammen betrachtet

Was sich verstärkt

süß & süß: Der Wein sollte wenigstens so süß, besser süßer als das Dessert sein, sonst wird er geschmacklich verlieren.

optimal: eine Tarte Tatin und eine Riesling-Auslese.

salzig & sauer: Salzige Speise und säurebetonter Wein harmonieren nicht. Ein säurebetonter Wein würde mit Käse noch saurer schmecken.

optimal: ein Stück Roquefort und ein Süßwein.

sauer & sauer: Säure in der Speise und ein säurebetonter Wein harmonieren nicht. Ein säurebetonter Wein wie der Riesling verstärkt in Kombination mit einem Salat und Vinaigrette die Säurewirkung.

optimal: Salat mit Vinaigrette und ein säurearmer Chardonnay aus der Neuen Welt.

sauer & herb: Säure in der Speise und ein gerbstoffbetonter Wein harmonieren nicht. Sauer eingelegtes Fleisch passt nicht zu einem kräftigen Bordeaux.

optimal: fruchtiger Weißwein, restsüße Scheurebe oder fruchtbetonter Rotwein wie Trollinger oder Portugieser.

herb & herb: Ein Gericht mit herben Noten und ein gerbstoffbetonter Wein harmonieren nicht. Ein Chicorée-Radicchio-Salat passt nicht zu einem gerbstoffreichen Rotwein aus dem Rhônetal.

optimal: ein säurearmer, fruchtbetonter Weißwein.

nicht zwei, sondern drei ergeben. Das stellt eine eigene Dimension dar, die weder der Wein noch die Speise für sich alleine je erreichen kann.

Harmonie durch regionale Verwandtschaft

Es gibt Gerichte, die typisch für ein Land oder eine Region sind. Eine perfekte Harmonie zwischen Gericht und Wein erreichen Sie dann über die regionale Verwandtschaft. Ein Beispiel: Coq au Vin ist ein klassisches Schmorgericht aus der Bourgogne, das man mit Weißwein oder Rotwein zubereiten kann.

Ein Wein, ebenfalls aus der Bourgogne, harmoniert gut mit diesem Geflügelgericht. Die Bourgogne ist ein Anbaugebiet in Ostfrankreich und zwei Rebsorten sind dort die Hauptdarsteller – die weiße Rebsorte Chardonnay und die rote Rebsorte Pinot Noir. Wenn Sie Coq au Vin mit Weißwein zubereiten, dann passt ein mittelkräftiger Chardonnay aus der Bourgogne dazu. Mit Rotwein zubereitet, harmoniert das Gericht mit einem Pinot Noir sehr gut.

Die Kombination lässt sich auch variieren. Sie wissen etwas über die Herkunft eines Gerichts und kennen Weine aus dieser Region?

WAS GUT MITEINANDER HARMONIERT

1 salzig & süß
Eine salzige Speise und ein süßer Wein passen perfekt zusammen, so schmeckt ein Wein mit hoher Restsüße hervorragend zu einem salzigen Käse.

2 süß & herb
Eine geschmacksintensive, süßliche Sauce eines Schmorgerichts harmoniert bestens mit einem gerbstoffbetonten, kräftigen Rotwein.

3 sauer & süß
Eine süß-saure Speise und ein fruchtiger Wein passen sehr gut zusammen, wie zum Beispiel ein asiatisches Gericht und ein fruchtiger Riesling.

4 salzig & herb
Eine salzige Speise und ein gerbstoffbetonter Wein beleben sich gegenseitig. Bei einem sehr hohen Gerbstoffgehalt muss das Essen für eine harmonische Kombination zudem fettreich sein.

Dann können Sie vergleichbare Weine aus einem anderen Herkunftsgebiet mit ähnlichem Charakter zum Gericht reichen. Chardonnay ist ein Wein aus der Burgunderfamilie – der Grauburgunder gehört ebenfalls dazu. Grauburgunder ist wie Chardonnay ein sehr guter Speisenbegleiter und harmoniert deshalb hervorragend zu Coq au Vin mit Weißwein. Mit ein paar sicheren Kenntnissen über die regionale Herkunft von Wein und Gericht lassen sich beide harmonisch miteinander vereinen. Mehr über die klassischen Regionen mit ihren Weinen und Rebsorten erfahren Sie ab Seite 188.

Harmonie durch übereinstimmende Aromen

Hierbei ist vorausgesetzt, dass Sie sowohl die Aromen der Speise als auch die des Weins kennen. Wer das Gericht selbst zubereitet, hat natürlich auch Einfluss auf die Aromen.

▸ **Die Rebsorte Cabernet Sauvignon** (siehe Seite 182) hat häufig ein sehr markantes Aroma nach roter Paprika. Das Aroma können Sie für eine Speise wieder aufgreifen, zum Beispiel bei gefüllten roten Paprikaschoten mit einer würzig-pikanten Hackfleischfüllung.

▸ **Ein im Holz ausgebauter, gereifter Chardonnay,** der eine angenehm cremige Textur und buttrige Aromen zeigt, lässt sich sehr gut mit einer leichten Rahmsauce kombinieren – egal, ob in Verbindung mit einem Pastagericht, Risotto oder Fischgericht.

▸ **Rotweine aus Südfrankreich** haben sehr häufig einen sehr typischen Garrigue-Ton. Sie duften nach Rosmarin und Thymian – perfekt für Schmorgerichte mit diesen mediterranen Kräutern.

▸ **Ein reifer, süßer Riesling,** beispielsweise eine Auslese oder Beerenauslese, hat Noten von getrockneten Aprikosen und Honig – ein herrlicher Begleiter für eine Aprikosen-Tarte.

Harmonie über die Eigenschaften von Wein und Speise

Sie haben eine Idee, was Sie kochen möchten und werfen einen Blick auf die Zutaten. So erkennen Sie schnell, ob es ein leichtes oder ein gehaltvolles Gericht ist. Wenn Sie viele verschiedene Zutaten und Arbeitsschritte zur Zubereitung benötigen, dann wird es wahrscheinlich ein Gericht mit komplexeren Aromen sein, als bei einem Drei-Zutaten-Gericht. Diese Eigenschaft kann man auch auf die Wahl des Weins übertragen.

❶ Wertigkeit: Kombinieren Sie ein hochwertiges Gericht aus erlesenen Zutaten mit einem entsprechend hochwertigen Wein, zum Beispiel Austern mit einem Chablis 1er Cru oder Champagne.

❷ Schwere: Kombinieren Sie ein leichtes Sommergericht mit einem leichten Sommerwein, der wenig Alkohol enthält, zum Beispiel eine kalte Rahm-Gurken-Suppe mit Hüttenkäse und frischen Kräutern mit einem leichten und frischen Weißburgunder. Ein ge-

haltvolles Fleischgericht verträgt einen körperreichen Rotwein, zum Beispiel ein Amarone aus dem Veneto. Intensive Schmorgerichte kommen eher in der kalten Jahreszeit auf den Tisch, weil unsere Stimmung nach wärmendem Essen und wärmendem Wein, der auch körperreicher sein darf, verlangt.

❸ Temperatur: Kombinieren Sie zu einer kalten Speise einen gekühlten Wein. Zu Sushi passt ein feiner, mineralischer Weißwein, zum Beispiel ein würzig-trockener Silvaner aus Franken oder Rheinhessen. Eine deftige und zimmerwarme Landpastete verträgt dagegen einen dezent gekühlten Rotwein.

Spannung durch Gegensätze und Kontraste

Diese Kombinationsmöglichkeit setzt nicht nur detaillierte Kenntnisse über die Zubereitungsart der Speise voraus, sondern auch ein ziemlich klares Aromenbild des Weins. Hier ist Maßarbeit basierend auf Erfahrungen angesagt. Wenn diese Art der Kombination gelingt, ist sie eine der intensivsten und reizvollsten.

▸ **Kombinieren Sie** ein erdig-würziges Wildgericht mit Pilzen mit einem fruchtigen und wertigen Spätburgunder.

▸ **Kombinieren Sie** ein dezent pikantes asiatisches Gericht mit Ingwer und Zitronengras mit einem fruchtigen Gewürztraminer. Dies löst eine wahre Geschmacksexplosion aus.

▶ **Stellen Sie sich** eine Schokolade mit nahezu 100 Prozent Kakaoanteil vor. Sie enthält sehr viele Phenole, ist trocken und herb. Wenn Sie diese Schokolade mit Lardo-Speck umwickeln, dann brechen Sie damit die Trockenheit der Schokolade. Außerdem steigert der Speck durch seinen Fettgehalt den Geschmack der Schokolade. Trinken Sie dazu einen extrem süßen Wein, einen Pedro Ximénez Sherry. Er setzt den Kontrast zur herben und trockenen Schokolade – das Geschmackserlebnis wird Sie begeistern.

❝❝ **Der Schlüssel für** ideale Verbindungen ist das Selbstkochen, Ausprobieren und Experimentieren. Probieren Sie ruhig einmal zwei verschiedene Weine zu ein und demselben Essen aus und finden Sie heraus, welcher Ihnen besser zum Essen gefallen hat. Suchen Sie ganz bewusst verschiedene Weine aus, um die Unterschiede deutlich erschmecken zu können. Sie werden feststellen, dass es Weine gibt, die solo probiert gar nicht schmecken, aber in Verbindung mit einer Speise auf einmal ganz anders zur Geltung kommen. Beim Selbstkochen kennen Sie die Zutaten und können den Wein darauf abstimmen. Wenn Sie nach einem Rezept kochen, dann bestimmen immer noch Sie selbst, wie viel Currypulver oder Kapern Sie dem Essen tatsächlich zugeben möchten und verleihen damit dem Gericht Ihre persönliche Note. Je mehr Sie sich „trauen", desto mehr Spannung kommt in die Speise. Genauso funktioniert es mit den Weinen.

Nicht immer passt Wein

Manche Gerichte eignen sich geschmacklich nicht so gut, um sie mit Wein zu verbinden, selbst dann nicht, wenn man mit viel Fingerspitzengefühl und einiger Erfahrung vielleicht doch einen passenden Wein findet. Das kann aber auch schiefgehen, sodass der Wein wie auch das Essen an Geschmack verlieren oder sich gar so verändern, dass sie bitter oder metallisch schmecken.

▶ **Scharfes Essen:** Ein pikantes Essen mit einer dezenten Schärfe lässt sich gut mit Fruchtaroma auffangen. Aromatische Weine mit Restsüße sind dann die besten Partner. Wenn allerdings das Essen brennend scharf ist, passt kein Wein mehr dazu. So fruchtig er auch sein mag, er geht geschmacklich einfach unter. Dann hilft nur ein Glas Milch oder ein Löffel Mascarpone, deren Fett bindet die Schärfe und mildert den Schmerz ab.

▶ **Viel Säure durch Essig, Tomaten und Obst:** Säure und Säure addieren sich, aus diesem Grund ist es schwierig, einen passenden Wein zu diesen Zutaten zu finden. Wenn es doch einen Wein dazu geben soll, dann unbedingt einen säurearmen aussuchen.

▶ **Artischocke und Spinat:** Die beiden haben die Tendenz, den Wein bitter und metallisch schmecken zu lassen. Wenn Sie einen sehr säurearmen, cremigen Wein finden, dann bleibt Ihnen die Bitternote vielleicht erspart. Wenn Sie jedoch Artischocken in reichlich Salzwasser mit etwas Zitronensaft garen, werden die Bitterstoffe entzogen. Dann passt auch Wein dazu.

▶ **Rustikales wie Rettich, rohe Zwiebeln und Radieschen:** Diese Gemüsesorten kommen recht herb, dominant und kräftig daher. Deshalb am besten keinen Wein dazu trinken.

▶ **Schokolade:** Die Kombination von Schokolade und Wein war lange ein Tabu, doch das hat sich ein bisschen geändert. Es kommt darauf an, welche Schokolade Sie gerne essen. Viele Schokoladensorten haben einen geringen Kakaogehalt und sind besonders süß. Das heißt, dass auch der Wein dazu mild und sehr süß sein muss. Je höher der Kakaoanteil der Schokolade, desto größer ist die Herausforderung, einen passenden Wein zu finden. Hinzu kommt, dass Kakao mehr Geschmackskomponenten als der Wein hat. Demnach muss ein Wein zur Schokolade viel Power haben, um sich neben ihr behaupten zu können. Meistens sind dann verstärkte Weine wie Portwein oder Sherry adäquate Partner.

▶ **Eier:** Der Geschmack von gekochten oder pochierten Eiern passt gar nicht zu Wein, weder zur Säure und zur Frucht von Weißwein noch zu den Gerbstoffen (Tanninen) in Rotwein. Konsistenz und Geschmack der Eier nehmen zu viel Raum ein und lassen Wein nur fade oder bitter schmecken.

Artischocken, zubereitet wie diese, haben ihre bitteren Noten verloren und lassen sich hervorragend mit einem würzigen Rosé, zum Beispiel aus der Provence, kombinieren. Ein Rosé aus dem Süden Frankreichs ergänzt wunderbar die Estragonnoten in dieser angenehm leichten Vorspeise.

Artischocken mit Schalotten-Estragonsenf-Vinaigrette

FÜR DIE ARTISCHOCKEN:

4 große Artischocken

8 Zitronenscheiben, Salz

FÜR DIE VINAIGRETTE:

2 Schalotten

2 EL Rotweinessig

Salz

frisch gemahlener schwarzer Pfeffer

1 TL Estragonsenf

2 EL saure Sahne

3 EL Sahne

8 EL gutes Olivenöl

AUSSERDEM:

Küchengarn

Für 4 Portionen:

Nährwerte pro Portion: 250 kcal, 24 g F, 3 g KH, 6 g B, 2 g E

1 Für die Artischocken reichlich Wasser in einem großen Topf aufkochen. Inzwischen oben und unten die Enden der Artischocken abschneiden. Auf die Schnittstellen jeweils 1 Zitronenscheibe legen und mit Küchengarn festbinden. Das Wasser salzen, die Artischocken zugeben und je nach Größe ca. 30 Minuten garen. Sie sind fertig, wenn sich die Artischockenblättchen leicht ablösen lassen.

2 Für die Vinaigrette die Schalotten schälen und in feine Würfel schneiden. Den Essig mit Salz, Pfeffer, Senf, saurer Sahne und Sahne in einer kleinen Schüssel verrühren. Das Olivenöl unterschlagen. Die Schalottenwürfel zugeben und unterrühren.

3 Die Artischocken mit einem Schaumlöffel herausheben, kurz abkühlen lassen, das Küchengarn entfernen und die Artischocken mit der Vinaigrette servieren.

4 Die äußeren Blätter von oben nach unten abzupfen und in die Vinaigrette tauchen. Das weiche Fleisch mit den Zähnen von den Blättern lösen. Am Boden angelangt, das sogenannte Heu mit einem Teelöffel entfernen und den Artischockenboden genießen.

Ein knackig-frischer Kohlrabi schmeckt ab Mai besonders gut. In Kombination mit leicht säuerlichen Äpfeln und Gorgonzola ist er eine perfekte Vorspeise, die einen leichten Weißweinpartner mit verhaltener Säure benötigt. Ein guter Begleiter ist beispielweise ein Lugana vom südlichen Gardasee.

Kohlrabi-Apfel-Carpaccio mit Gorgonzola

2 – 3	Kohlrabi (je nach Größe)
	Salz
	frisch gemahlener schwarzer Pfeffer
4 EL	Himbeeressig
8 EL	Traubenkernöl
2	Äpfel (z. B. Granny Smith)
200 g	Gorgonzola
	Fleur de Sel

Für 4 Portionen:
Nährwerte pro Portion: 438 kcal, 35 g F, 16 g KH, 3 g B, 11 g E

1 Den Kohlrabi schälen und eventuell von den holzigen Stellen befreien. Vier Teller mit Salz und Pfeffer bestreuen. Den Kohlrabi auf der Aufschnittmaschine in dünne Scheiben schneiden und die Scheiben auf den vorbereiteten Tellern rund anrichten. Den Essig mit dem Traubenkernöl verrühren. Das Dressing mit einem Pinsel auf den Kohlrabischeiben verteilen. Das Carpaccio mit Salz und Pfeffer würzen.

2 Die Äpfel waschen, mit einem Rundausstecher vom Kerngehäuse befreien und ebenfalls in dünne Scheiben schneiden. Die Apfelscheiben auf die Kohlrabischeiben legen. Den Gorgonzola in kleine Würfel schneiden und auf dem Carpaccio verteilen. Das Carpaccio mit Fleur de Sel bestreuen.

Ein gutes Ceviche bedeutet Frische und Leichtigkeit pur. Zu ganz frischem Lachs, Mango und Avocado passt vorzüglich ein fast schon salzig schmeckender und trockener Sherry, am besten ein Manzanilla. Der glasklare Geschmack des Sherrys harmoniert perfekt mit dieser Lachs-Ceviche.

Ceviche vom Lachs mit Avocado und Mango

400 g	ganz frischen Lachs
	(ein Mittelstück ohne Haut)
	Salz
1	Zitrone
5	Limetten
	frisch gemahlener schwarzer Pfeffer
1	reife Mango
1	reife Avocado
1	kleine rote Chilischote (nach Belieben)
2 EL	Limonenöl
	etwas Limettensaft

Für 4 Portionen:
Nährwerte pro Portion: 364 kcal, 22 g F, 16 g KH, 3 g B, 21 g E

1 Den Lachs abspülen, mit Küchenpapier trocken tupfen und mit einem scharfen Messer in hauchdünne Scheiben schneiden. Die Lachsscheiben auf einer Platte mit Rand anrichten und leicht salzen.

2 Den Saft der Zitrone und Limetten auspressen. Den Zitronensaft mit Limettensaft, Salz und Pfeffer in einer kleinen Schüssel verrühren. Die Mischung über die Lachsscheiben träufeln und den Lachs ca. 5 Minuten ziehen lassen.

3 Inzwischen die Mango schälen, das Fruchtfleisch zuerst vom Stein und dann in kleine Würfel schneiden. Die Avocado halbieren und den Stein entfernen. Die Avocadohälften schälen und das Fruchtfleisch ebenfalls klein würfeln. Die Chilischote längs aufschneiden, entkernen, waschen und in feine Streifen schneiden. Die Mangowürfel mit den Avocadowürfeln und den Chilistreifen vorsichtig mischen.

4 Die Mangomischung mit Limonenöl, Salz, Pfeffer und etwas Limettensaft abschmecken und auf dem marinierten Lachs verteilen.

Weiße Bohnen haben einen leicht nussigen Geschmack, Basilikum setzt einen markanten kräuter-würzigen Gegenpol, die Tomaten geben den Frischekick – eine perfekte Vorlage für eine aromatische Rebsorte wie den Verdejo aus Rueda, der die Nussigkeit aufgreift, aber verhalten in der Säure ist.

Riesenbohnensalat mit Basilikum

300 g	getrocknete Riesenbohnen (türkisches Lebensmittelgeschäft; 600 g gekochte)
4	Tomaten
1	Bund Basilikum
3 EL	Weißweinessig
	Salz
	frisch gemahlener schwarzer Pfeffer
100 ml	gutes Olivenöl

Für 4 Portionen:

Nährwerte pro Portion: 454 kcal, 26 g F, 28 g KH, 18 g B, 16 g E

1 Die Riesenbohnen in reichlich kaltem Wasser über Nacht einweichen. Am nächsten Tag das Einweichwasser abgießen. Die Bohnen in einen Topf mit frischem Wasser geben, aufkochen und 1 Stunde garen. Die Bohnen in ein Sieb abgießen und abkühlen lassen.

2 Die Tomaten von den Stielansätzen befreien, unten kreuzweise einschneiden und in kochendem Wasser ein paar Sekunden blanchieren, bis die Haut anfängt sich zu lösen. Die Tomaten herausnehmen, in kaltes Wasser tauchen, enthäuten, vierteln, entkernen und in kleine Würfel schneiden. Das Basilikum waschen und trocken schütteln, die Blättchen abzupfen und in feine Streifen schneiden.

3 Für das Dressing den Essig mit Salz und Pfeffer verrühren. Das Olivenöl unterrühren. Das Dressing mit den Bohnen, Tomatenwürfeln und Basilikumstreifen vermischen. Den Salat ziehen lassen, nach 30 Minuten noch einmal mit Salz und Pfeffer abschmecken und zimmerwarm servieren.

Eine selbst zubereitete Terrine ist perfekt für kalte Tage. Ihre fein abgestimmten Aromen und Gewürze verlangen nach einem mittelkräftigen Roten als Begleiter, der nicht zu mächtig, aber aromatisch genug sein sollte, um Paroli bieten zu können. Mit einem St. Laurent aus der Pfalz wird's harmonisch.

Landterrine

FÜR DIE FARCE:

150 g	Kalbfleisch aus der Keule, pariert
150 g	Schweine- oder Geflügelfleisch, pariert
	(z. B. aus der Keule, Hähnchen- oder Putenbrust)
100 g	Speckwürfel
2	schwarze Pfefferkörner
1	Lorbeerblatt
2	Wacholderbeeren
500 g	kalte Sahne
	Salz
	frisch gemahlener schwarzer Pfeffer
1 Msp.	Paprikapulver, rosenscharf
1 TL	frische Thymianblättchen
1 Msp.	frisch geriebene Muskatnuss
	Abrieb von ½ Bio-Zitrone
	Abrieb von ½ Bio-Orange
50 ml	roter Portwein

FÜR DIE EINLAGE:

100 g	Kalbs- oder Schweinefilet
100 g	Wurzelgemüse
2 EL	Kürbiskerne + etwas zum Bestreuen
4 EL	Pflanzenöl

Für 10 Portionen:
Nährwerte pro Portion: 298 kcal, 25 g F,
2 g KH, 1 g B, 12 g E

1 Für die Farce die beiden Fleischsorten und den Speck durch den Fleischwolf drehen. Die Masse im Tiefkühlschrank 30 Minuten anfrieren lassen.

2 Inzwischen für die Einlage das Filet in 0,5 cm große Würfel schneiden. Das Gemüse putzen und ebenfalls fein würfeln. Die Kürbiskerne hacken. Das Öl erhitzen, die Filetwürfel darin kurz anbraten und kalt stellen. Pfefferkörner, Lorbeerblatt und Wacholderbeeren in einem Mörser fein zerstoßen. Den Backofen auf 120 °C Ober- und Unterhitze vorheizen.

3 Das angefrorene Fleisch im Mixer pürieren, dabei nach und nach die Sahne zufügen und untermixen. Die Farce mit Salz, Pfeffer, Paprikapulver, Thymian, Muskat, den gemahlenen Gewürzen, Zitronen- und Orangenabrieb und Portwein abschmecken. Die Masse abwechselnd mit Fleisch- und Gemüsewürfeln sowie Kürbiskernen in eine Terrinenform (30 x 11 cm) geben. Die oberste Schicht sollte Farce sein.

4 Zum Garen kochend heißes Wasser in die Fettpfanne des Backofens gießen und die Form hineinstellen. Die Terrine im unteren Teil des Backofens 50–55 Minuten pochieren. Danach herausnehmen und abkühlen lassen. Die Terrine stürzen und in Scheiben servieren.

Zu diesem deftigen Zwiebelkuchen mit seinen würzigen Noten passt ein aromatischer Weißwein, zum Beispiel ein Gewürztraminer. Sein floraler Duft nach Rosen, seine dezente Säure und etwas Restsüße schaffen einen hervorragenden Gegenpol zur Würze des Kuchens.

Zwiebelkuchen

FÜR DEN TEIG:

500 g	Mehl (Type 405)
1	Päckchen Trockenhefe
1	Prise Zucker
1 TL	Salz
2 EL	Pflanzenöl

FÜR DEN BELAG:

1 kg	Zwiebeln
1 EL	Pflanzenöl
150 g	Speckwürfel
150 g	Butter
	Salz
	frisch gemahlener schwarzer Pfeffer
1 Msp.	gemahlener Kümmel
200 g	Sahne
200 g	Schmand
4	Eier (Gr. M)

Für 8 Portionen:

Nährwerte pro Portion: 665 kcal, 42 g F, 53 g KH, 4 g B, 15 g E

1 Für den Teig Mehl, Trockenhefe, Zucker, Salz, etwas Pflanzenöl und 300 ml lauwarmes Wasser in die Rührschüssel der Küchenmaschine geben und mit den Knethaken der Küchenmaschine zu einem geschmeidigen Teig verkneten. Den Teig zu einer Kugel formen, abdecken und an einem warmen Ort ca. 30 Minuten gehen lassen.

2 Für den Belag die Zwiebeln schälen und in dünne Scheiben schneiden. Das Pflanzenöl in einer Pfanne erhitzen, die Speckwürfel darin 3–5 Minuten anbraten. Die Butter und die Zwiebeln zufügen und die Zwiebeln goldbraun anschwitzen. Die Speck-Zwiebel-Mischung mit Salz, Pfeffer und etwas Kümmel würzen und abkühlen lassen.

3 Die Sahne mit dem Schmand und den Eiern verrühren, mit Salz und Pfeffer würzen. Die abgekühlte Zwiebelmischung untermischen und mit Salz, Pfeffer und etwas Kümmel kräftig abschmecken.

4 Ein Backblech mit Backpapier auslegen. Den Teig auf dem Backpapier ausrollen, mit einem Tuch abdecken und an einem warmen Ort ca. 10 Minuten gehen lassen. Den Backofen auf 190 °C Ober- und Unterhitze vorheizen.

5 Die Zwiebelmasse gleichmäßig auf dem Teig verteilen. Den Zwiebelkuchen ca. 30 Minuten backen. Den Kuchen herausnehmen, in Stücke schneiden und warm servieren.

Dieses Gericht mit Miesmuscheln ist leicht und „meeresfrisch", daher sollte der Wein dazu nicht zu mächtig sein. Ein trockener Vinho Verde aus dem Norden Portugals passt bestens. Er hat einen leichten Körper, eine erfrischende Säure und eine zarte Aromatik. Und er sollte von entsprechender Güte sein.

Miesmuscheln in Weißweinsud

FÜR DIE GEMÜSEBRÜHE:

1	große Zwiebel
2	Möhren
1	Knollensellerie
1	Stange Lauch
3	schwarze Pfefferkörner
1	Lorbeerblatt
1	Nelke

FÜR DIE MUSCHELN:

100 g	Möhren
100 g	Fenchelknolle
100 g	Lauch
100 g	Staudensellerie
1	Knoblauchzehe
4 kg	Miesmuscheln
100 ml	Olivenöl
300 ml	trockener Weißwein
1 Bund	Petersilie
	Salz
	frisch gemahlener schwarzer Pfeffer

Für 4 Portionen:

Nährwerte pro Portion: 527 kcal, 33 g F, 16 g KH, 2 g B, 34 g E

1 Für die Gemüsebrühe die Zwiebel schälen und grob hacken. Das Gemüse putzen und in grobe Stücke schneiden. Zwiebel, Gemüse und Gewürze in einen Topf geben, 3 l kaltes Wasser zugießen und aufkochen. Den Herd abschalten und die Brühe 30 Minuten ziehen lassen. Die Brühe in ein Sieb abgießen und auffangen. 200 ml Brühe abmessen, den Rest einfrieren.

2 Für die Muscheln das Gemüse putzen und in kleine Würfel schneiden. Den Knoblauch schälen und fein hacken. Die Muscheln unter fließendem kaltem Wasser abbürsten, von den Bärten befreien und offene Exemplare wegwerfen.

3 Das Olivenöl in einem großen Topf erhitzen, das Gemüse darin 1 bis 2 Minuten andünsten. Die Muscheln zugeben und unter Rühren kurz mit andünsten, mit dem Wein ablöschen. 200 ml Gemüsebrühe zugießen und aufkochen. Die Muscheln zugedeckt bei geringer Hitze 3 bis 4 Minuten garen, bis sich die Muscheln geöffnet haben. Geschlossene Exemplare entfernen und wegwerfen.

4 Die Petersilie waschen und trocken schütteln, die Blättchen abzupfen und fein hacken. Die Muscheln mit dem Gemüse in ein Sieb abgießen. Dabei den Sud auffangen und wieder in den Topf geben. Den Sud mit Salz und Pfeffer abschmecken und die Petersilie zugeben. Die Muscheln und das Gemüse mit dem Sud in einer tiefen Schüssel servieren.

Saibling an sich ist zart im Geschmack. Doch Zutaten wie Sahne, Crème fraîche und Pommery Senf fordern einen gehaltvolleren Weißwein. Also einen Wein, der etwas mehr Sonne bekommen hat und kräftig genug ist, die Aromen der Speise aufzugreifen – wie zum Beispiel ein Grauburgunder aus Baden.

Saiblingroulade mit Pommery-Senf-Sauce

1	Saibling (ca. 1,5 kg; nach Belieben vom Fischhändler filetieren lassen)
	Salz
	frisch gemahlener schwarzer Pfeffer
250 ml	Fischfond
150 g	Sahne
50 g	Crème fraîche
150 g	Butter
3 EL	Pommery Senf (Feinkostladen)
800 g	Kartoffeln
500 g	Lauch
400 ml	Gemüsebrühe
	frisch geriebene Muskatnuss

Für 4 Portionen:

Nährwerte pro Portion: 756 kcal, 50 g F, 30 g KH, 4 g B, 41 g E

1 Den Fisch nach Belieben filetieren, mit einer Pinzette entgräten, abspülen und trocken tupfen. Die Haut nicht entfernen. Die Saiblingfilets mit Salz und Pfeffer würzen und mit der Hautseite nach außen aufeinanderlegen. Den Fisch zuerst in hitzestabile Frischhaltefolie wickeln und danach in Alufolie einrollen. Die Folie jeweils gut verschließen. Die Roulade im heißen Wasserbad bei 80 °C je nach Dicke der Rolle 15 bis 20 Minuten garen.

2 Für die Sauce den Fischfond in einen Topf geben, mit Sahne und Crème fraîche verrühren. 50 g Butter zugeben und alles aufkochen, dann die Sauce offen bei mittlerer Hitze ca. 5 Minuten einkochen lassen. Mit Salz und Pfeffer würzen und den Senf unterrühren.

3 Für die Beilage die Kartoffeln schälen, waschen und in kleine Würfel schneiden. Den Lauch putzen, gründlich waschen und in Rauten schneiden. Die Gemüsebrühe in einem Topf aufkochen. Die Kartoffelwürfel zugeben und ca. 5 Minuten garen. Die Lauchrauten zufügen und ca. 3 Minuten mitgaren. Danach die überschüssige Brühe abgießen, Kartoffeln und Lauch mit Salz, Pfeffer und Muskat würzen. Die übrige Butter zugeben, erhitzen und das Gemüse damit abbinden. Mit Salz, Pfeffer und Muskat abschmecken. Den Fisch mit dem Gemüse auf Tellern anrichten und mit der Sauce umgießen.

Rotbarbenfilet hat einen sehr feinen Geschmack, der durch vorsichtiges Anbraten und Reduktion der Sauce perfekt zur Geltung kommt. Der Wein dazu,
der eine leichte Röstaromatik und angenehme Fruchtnuancen einbringt, könnte ein Saint-Véran (100 % Chardonnay) aus der südlichen Bourgogne sein.

Gebratene Rotbarbe mit Weißweinsauce

150 ml	trockener Weißwein
500 ml	Fischfond
150 g	Sahne
50 g	Crème fraîche
	Salz
	frisch gemahlener schwarzer Pfeffer
ca. 50 g	Butter
8	Rotbarbenfilets à 80 g
1 EL	Zitronensaft
2 EL	Pflanzenöl

Für 4 Portionen:
Nährwerte pro Portion: 480 kcal, 37 g F,
3 g KH, 0 g B, 31 g E

1 Für die Sauce den Wein in einem Topf aufkochen, dann offen bei mittlerer Hitze ca. 3 Minuten einkochen lassen. Fischfond, Sahne und
Crème fraîche zugeben, aufkochen und ebenfalls etwas einkochen lassen. Mit Salz und Pfeffer würzen. 50 g Butter zugeben und mit einem
Pürierstab untermixen.

2 Die Fischfilets salzen, pfeffern und mit Zitronensaft beträufeln. Das Öl in einer Pfanne erwärmen, die Filets darin auf der Hautseite bei
geringer Hitze leicht anbraten. Vorsicht, der
Fisch wird schnell trocken. Die Fischfilets wenden und mit etwas Butter fertig braten. Den
Fisch auf vier Tellern anrichten und mit der
Sauce umgießen. Mit weißen Bohnen und Kar-
toffel-Oliven-Püree (s. Tipp) servieren.

BEILAGEN-TIPP
Für das Kartoffelpüree 200 g Kartoffeln schälen,
würfeln und in wenig Salzwasser ca. 10 Minuten garen. Die Kartoffeln abgießen und fein zer-
stampfen. 100 g gehackte grüne Oliven und
4 EL Olivenöl unterrühren. 300 g gekochte weiße Bohnen aus der Dose abtropfen lassen, in
etwas Butter erwärmen, salzen und pfeffern.
100 g Tomatenwürfel und etwas Olivenöl untermischen.

Exotisches mit viel Aroma, einer gewissen Würze oder gar Schärfe verlangt nach viel Frucht und Charakter im Wein. Ein Chenin Blanc aus Südafrika fällt meistens etwas kräftiger und aromatischer aus als das Original aus dem Loiretal. Er bringt die nötige Power zur Unterstreichung dieses Currys auf.

Fischcurry

100 g	Ingwer
100 g	Zitronengras
500 ml	ungesüßte Kokosmilch
200 ml	Fischfond
5	Kaffirlimettenblätter
1 EL	rote Currypaste
1	Möhre
100 g	Zuckerschoten
1	rote Paprikaschote
500 g	Fisch (z. B. Kabeljau, Seeteufel, Steinbeißer)
	Saft von 1 Limette
	Salz
	frisch gemahlener schwarzer Pfeffer
3 EL	Sesamöl
2	Stängel Koriandergrün

Für 4 Portionen:
Nährwerte pro Portion: 397 kcal, 28 g F, 8 g KH, 2 g B, 25 g E

1 Den Ingwer schälen und in Scheiben schneiden. Das Zitronengras putzen und den unteren Teil mit einem schweren Messerrücken etwas weich klopfen oder in Streifen schneiden. Die Kokosmilch mit Fischfond, Ingwerscheiben, Zitronengras, Limettenblätter und Currypaste in einen Topf geben, aufkochen und bei geringer Hitze ca. 15 Minuten ziehen lassen.

2 Die Möhre schälen und in Würfel schneiden. Die Zuckerschoten putzen und schräg in Stücke schneiden. Die Paprikaschote halbieren, von Samen und Scheidewänden befreien und in Stücke schneiden. Die Kokosmilch durch ein Sieb passieren, wieder in den Topf geben und aufkochen. Möhrenwürfel, Zuckerschoten und Paprikastücke zugeben und in ca. 5 Minuten bissfest garen.

3 Den Fisch abspülen und trocken tupfen, in ca. 1 cm große Würfel schneiden und mit dem Limettensaft beträufeln. Mit Salz und Pfeffer würzen. Das Sesamöl in einer Pfanne erhitzen, die Fischwürfel darin kurz braten und etwas Farbe annehmen lassen. Die Fischwürfel in die Kokosmilch geben und 3 bis 4 Minuten ohne Kochen ziehen lassen.

4 Das Koriandergrün waschen, trocken schütteln und die Blättchen fein hacken. Das Fischcurry anrichten und mit Koriandergrün bestreuen. Eventuell mit Basmatireis servieren.

Dies ist ein kräftiges Gericht mit feinen Nuancen wie den Tasmanischen Bergpfeffer, der erst fruchtig, dann sehr scharf schmeckt. Deshalb sollte der Wein dazu kein Leichtgewicht sein und ordentlich Frucht und Würze einbringen, wie beispielsweise ein Malbec aus Argentinien.

Rinderrücken mit Bergpfeffer, Wirsing und Kartoffeln

FÜR DEN BRATEN:

800 g	Rinderrücken (z. B. Rumpsteak, Hochrippe)
	Salz
	frisch gemahlener schwarzer Pfeffer
2 EL	Olivenöl
	Fleur de Sel
	frisch gemahlener Tasmanischer Bergpfeffer

FÜR DEN WIRSING:

1 Kopf	Wirsing (ca. 500 g)
100 g	Schalotten
50 g	Speckwürfel
100 g	Butter
	Salz
	frisch gemahlener schwarzer Pfeffer
1 Prise	frisch geriebene Muskatnuss

FÜR DIE GESCHMORTEN KARTOFFELN:

1 kg	festkochende Kartoffeln
4 EL	Olivenöl
	Salz
	frisch gemahlener schwarzer Pfeffer
200 ml	Jus (Fertigprodukt)

Für 4 Portionen:
Nährwerte pro Portion: 867 kcal, 58 g F, 31 g KH, 5 g B, 51 g E

1 Den Backofen auf 140 °C Ober- und Unterhitze vorheizen. Den Rinderrücken abspülen und trocken tupfen, salzen und pfeffern. Das Olivenöl in einem Bräter erhitzen, das Fleisch darin ca. 5 Minuten rundum anbraten. Danach das Fleisch im Backofen in ca. 30 Minuten rosa garen. Den Braten herausnehmen, kurz ruhen lassen und in Scheiben aufschneiden. Mit Fleur de Sel und Bergpfeffer bestreuen.

2 Für das Wirsinggemüse den Wirsing putzen und in Blätter zerlegen. Die Wirsingblätter in kochendem Wasser kurz blanchieren. Die Blätter abtropfen lassen und in feine Streifen schneiden. Die Schalotten schälen und fein würfeln. Die Speckwürfel in einem Topf 4 Minuten anbraten. Die Schalottenwürfel zugeben und kurz andünsten. Wirsingstreifen und Butter zufügen und erhitzen. Mit Salz, Pfeffer und Muskat abschmecken.

3 Für die geschmorten Kartoffeln die Kartoffeln schälen und in ca. 0,5 cm dünne Scheiben schneiden. Die Scheiben rund ausstechen. Das Olivenöl in einer Pfanne erhitzen, die Kartoffelscheiben darin anbraten. Mit Salz und Pfeffer würzen. Die Kartoffeln mit der Jus ablöschen und zugedeckt bei geringer Hitze 10 Minuten schmoren, bis sie weich sind.

4 Die Fleischscheiben mit dem Wirsinggemüse und den geschmorten Kartoffeln anrichten und servieren.

Lammgeschmack und orientalische Gewürze benötigen einen Weinbegleiter mit einem breitgefächerten Aromenspektrum. Dafür ist die Zinfandeltraube prädestiniert, die vor allem in Kalifornien geniale Vertreter hervorbringt und es mit der Würzintensität dieses Ragouts aufnehmen kann.

Orientalisches Lammragout

1 kg	Lammschulter
200 g	Zwiebeln
1 l	Lammfond
100 ml	Pflanzenöl
2 EL	Tomatenmark
1 TL	gemahlene Kurkuma
1 TL	gemahlener Kreuzkümmel
1 Msp.	gemahlener Zimt
	Salz
1	rote Chilischote
je 1	rote und gelbe Paprikaschote
50 g	Korinthen
1 Bund	Petersilie (nach Belieben)
etwas	frische Minze
200 g	Naturjoghurt
	frisch gemahlener schwarzer Pfeffer

Für 4 Portionen:
Nährwerte pro Portion: 712 kcal, 45 g F, 19 g KH, 4 g B, 55 g E

1 Das Lammfleisch abspülen, trocken tupfen und in mundgerechte Würfel schneiden. Die Zwiebeln schälen und würfeln. Den Lammfond aufkochen. Das Pflanzenöl in einem großen Topf oder Bräter erhitzen, das Fleisch darin portionsweise bei starker Hitze 4 Minuten gleichmäßig anbraten. Die Zwiebelwürfel zugeben und goldbraun braten. Das Tomatenmark, die Gewürze, 2 TL Salz und die ganze Chilischote zugeben und kurz mit anrösten. Den heißen Lammfond zugießen und aufkochen. Den Deckel nicht ganz auflegen und das Fleisch bei geringer Hitze ca. 1 Stunde schmoren. (Oder im vorgeheizten Backofen bei 140 °C garen.)

2 Die Paprikaschoten halbieren, von den Samen und Scheidewänden befreien und in Würfel schneiden. Nach 1 Stunde Garzeit die Paprikawürfel und Korinthen zum Fleisch geben, bei Bedarf noch etwas Flüssigkeit zugießen und alles weitere 15 Minuten schmoren.

3 Nach Belieben die Petersilie und Minze waschen, trocken schütteln und die Blättchen abzupfen. Die Petersilie fein hacken und die Minze in feine Streifen schneiden. Nach Belieben die Petersilie unter das Ragout mischen. Den Joghurt mit der Minze, jeweils etwas Kreuzkümmel und Zimtpulver, Salz und Pfeffer verrühren und dazu reichen.

Ossobuco erscheint auf den ersten Blick mächtig und intensiv, ist es aber nicht. Kalbfleisch ist mild, die übrigen Zutaten sind aromatisch. Rindermark und Gemolata sorgen für den Kick. Der Wein dazu sollte kein Schwergewicht sein, ein samtiger Blaufränkisch aus dem Carnuntum in Österreich ist ideal.

Ossobuco

FÜR DAS FLEISCH:

1,5 kg	Kalbshaxe (nach Belieben vom Metzger in ca. 4 cm dicke Scheiben schneiden lassen)
	Salz
	frisch gemahlener schwarzer Pfeffer
	Mehl zum Wenden
400 g	Wurzelgemüse (z. B. Möhren, Knollensellerie)
200 g	Zwiebeln
1 kg	Tomaten
100 ml	Olivenöl
100 ml	Weißwein
1	Lorbeerblatt
400 ml	Fleischbrühe

FÜR DIE GREMOLATA:

3 Bund	Petersilie
3	Knoblauchzehen
	Abrieb von 1 Bio-Zitrone

Für 4 Portionen:
Nährwerte pro Portion: 800 kcal, 49 g F, 18 g KH, 7 g B, 64 g E

1 Nach Belieben die Kalbshaxe in ca. 4 cm dicke Scheiben schneiden. Die Fleischscheiben abspülen und trocken tupfen, mit Salz und Pfeffer würzen. Das Fleisch in etwas Mehl wenden.
2 Das Wurzelgemüse putzen und die Zwiebeln schälen. Das Gemüse und die Zwiebeln in kleine Würfel schneiden. Die Tomaten waschen und die Stielansätze entfernen. Die Tomaten zuerst in Achtel schneiden, dann ebenfalls klein würfeln. Den Backofen auf 170 °C Ober- und Unterhitze vorheizen.
3 Das Olivenöl in einem Bräter erhitzen, die Fleischscheiben darin bei mittlerer Hitze auf beiden Seiten 3 Minuten anbraten und anschließend herausnehmen. Das Wurzelgemüse und die Zwiebeln in den Bräter geben und bei geringer Hitze 10 Minuten langsam anbraten, bis beides Farbe angenommen hat. Mit Weißwein ablöschen und die Tomaten zufügen. Alles mit Salz, Pfeffer und dem Lorbeerblatt würzen. Die Fleischbrühe zugießen und aufkochen. Die Fleischscheiben in den Bräter legen und das Ossobuco zugedeckt im unteren Teil des Backofens 1 bis 1½ Stunden schmoren.
4 Für die Gremolata die Petersilie waschen und trocken schütteln, die Blättchen abzupfen und fein hacken. Den Knoblauch schälen und ebenfalls fein hacken. Beides mit dem Zitronenabrieb mischen. Die Gremolat extra in einem Schälchen dazu reichen.

Dieser Sugo ist etwas intensiver in seinen Aromen als eine klassische Bolognese. So sollte der Rotwein dazu auch etwas „Feuer" in sich tragen. Einen wunderbaren Spagat vollbringen die Roten aus der Maremma – volle Frucht, gute Säure, angenehme Würze –, also ein Morellino di Scansano.

Wildsugo

1	Möhre
100 g	Knollensellerie
1 Stange	Lauch
200 g	Schalotten
1	Knoblauchzehe
1 l	Wildbrühe (Fertigprodukt)
800 g	Wildfleisch (z. B. Wildschwein, Reh, Hirsch)
100 ml	Olivenöl
1 EL	Tomatenmark
500 ml	trockener Rotwein
1	rote Chilischote
	Salz
1 EL	frische Thymianblättchen
	frisch gemahlener schwarzer Pfeffer

Für 4 Portionen:
Nährwerte pro Portion: 593 kcal, 36 g F,
12 g KH, 3 g B, 44 g E

1 Die Möhre und den Sellerie schälen. Den Lauch putzen und gründlich waschen. Die Schalotten und den Knoblauch schälen. Gemüse, Schalotten und Knoblauch in kleine Würfel schneiden. Die Wildbrühe erwärmen.

2 Das Wildfleisch durch den Fleischwolf drehen. Das Olivenöl in einem großen Topf erhitzen, Gemüse, Schalotten und Knoblauch darin bei mittlerer Hitze 2 bis 3 Minuten andünsten. Das Wildhackfleisch zufügen und bei starker Hitze 5 Minuten anbraten, bis es Farbe angenommen hat. Es darf nicht anfangen zu kochen. Das Tomatenmark zugeben und kurz mit anbraten. Mit dem Rotwein ablöschen und etwas einkochen lassen. Die warme Wildbrühe und die ganze Chilischote zugeben. Alles salzen, aufkochen und zugedeckt bei geringer Hitze mindestens 1 Stunde köcheln lassen.

3 Kurz vor dem Ende der Garzeit die Chilischote entfernen und den Thymian zugeben. Den Sugo mit Salz und Pfeffer abschmecken und nach Belieben mit Bandnudeln servieren.

Dieser Klassiker kommt aus der Bourgogne und wird mit Weiß- oder Rotwein zubereitet. Über die regionale Verwandtschaft lässt sich eine perfekte Harmonie zwischen Wein und Speise herstellen. Zu diesem Coq au Vin mit Rotwein passt ein Pinot Noir aus dem Châlonnaise, zum Beispiel ein Givry.

Coq au Vin

6	Hühnerkeulen à 300 g
	Salz
	frisch gemahlener schwarzer Pfeffer
	etwas Mehl
4	Schalotten
5 EL	Pflanzenöl
500 ml	trockener Rotwein
500 ml	Geflügelbrühe
½ Bund	Thymian
5	Pfefferkörner
2	Lorbeerblätter
12	Perlzwiebeln
	etwas Butter
250 g	Champignons
100 g	Speckwürfel
1 TL	Kartoffelstärke (nach Belieben)
	etwas frisch gehackte Petersilie

Für 4 Portionen:

Nährwerte pro Portion: 762 kcal, 48 g F, 12 g KH, 2 g B, 60 g E

1 Die Hühnerkeulen abspülen, trocken tupfen und jeweils an den Gelenken in zwei Teile trennen. Die Fleischteile salzen, pfeffern und in Mehl wenden. Die Schalotten schälen und fein würfeln. 4 EL Öl in einem Schmortopf erhitzen, die Hühnerstücke darin 5 Minuten anbraten, dann aus dem Topf nehmen. Den Backofen auf 130 °C Ober- und Unterhitze vorheizen.

2 Die Schalottenwürfel in den gleichen Topf geben und goldbraun anbraten. Mit dem Rotwein ablöschen, die Geflügelbrühe zugießen und aufkochen. Thymian waschen und die Blätter abzupfen. Mit den Gewürzen und Hühnerteilen in den Topf geben und im Backofen ca. 30 Minuten schmoren. Das Fleisch ist gar, wenn es sich leicht vom Knochen lösen lässt.

3 Die Perlzwiebeln schälen. Die Hühnerstücke aus dem Schmorfond nehmen und die Sauce durch ein grobes Sieb passieren. Etwas Butter zerlassen, die Perlzwiebeln darin goldbraun anschwitzen. Den Schmorfond zugeben und bei geringer Hitze 10 Minuten köcheln lassen.

4 Die Champignons putzen, mit einem Tuch abreiben und je nach Größe halbieren oder vierteln. Das restliche Öl erhitzen, die Speckwürfel darin anbraten, die Champignons zugeben und kurz mitbraten. Speck und Champignons unter den Schmorfond mischen. Wenn die Sauce zu flüssig ist, die Stärke mit etwas Wasser verrühren und in die kochende Sauce einrühren. Die Hühnerstücke in die Sauce legen und nochmals erwärmen. Mit etwas gehackter Petersilie servieren.

Poulardenbrust schmeckt eher mild, die Sauce als Hauptakteuer steuert eine angenehme Süße bei. Diese kann am schönsten mit einem Rotwein kombiniert werden, der eine intensive Fruchtigkeit und wenig mächtige Gerbstoffe aufweist, wie beispielsweise ein moderner Roter aus dem Alentejo in Portugal.

Gebratene Poulardenbrust mit Rotwein-Perlzwiebeln

4	Poulardenbrüste mit Haut
	Salz
	frisch gemahlener schwarzer Pfeffer
4 EL	Rapsöl
100 g	Zucker
250 ml	trockener Rotwein
100 ml	roter Portwein
200 g	Perlzwiebeln
50 g	Butter
100 ml	Fleischjus (Fertigprodukt)

Für 4 Portionen:
Nährwerte pro Portion: 549 kcal, 22 g F, 35 g KH, 1 g B, 43 g E

1 Den Backofen auf 150 °C Ober- und Unterhitze vorheizen. Die Poulardenbrüste abspülen und trocken tupfen, mit Salz und Pfeffer würzen. Das Rapsöl in einem Bräter erhitzen, das Fleisch darin auf der Hautseite 3 Minuten anbraten. Das Fleisch wenden und im Backofen in 8 bis 10 Minuten fertig braten. Den Bräter herausnehmen und die Poulardenbrüste kurz ruhen lassen.

2 Den Zucker in einem Topf unter Rühren karamellisieren lassen. Mit Rotwein und Portwein ablöschen und offen bei geringer Hitze auf die Hälfte einkochen lassen. Die Perlzwiebeln schälen. Die Butter zerlassen, die Perlzwiebeln darin 5 Minuten anbraten. Die Perlzwiebeln in die Rotwein-Portwein-Reduktion geben und noch einmal einkochen lassen, bis die gesamte Flüssigkeit reduziert ist.

3 Die Fleischjus zugeben und erwärmen. Die Perlzwiebeln mit Salz und Pfeffer abschmecken. Das Fleisch jeweils in zwei Stücke schneiden und mit den Rotwein-Perlzwiebeln auf vier Tellern anrichten und servieren.

Klassiker trifft Moderne – ein klassisches Gericht kombiniert mit einem Rotwein aus der Neuen Welt. Der Pinotage ist eine rote Spezialität aus Südafrika. Er vereint volle Frucht, rauchige Noten und eine delikate Würze, ist nicht zu mächtig und gerbstoffintensiv – ein perfekter Partner für Entenkeulen.

Entenkeulen mit Grießknödeln und Spitzkohl

FÜR DIE ENTENKEULEN:

4	Entenkeulen à 300 g
	Salz, frisch gemahlener schwarzer Pfeffer
5	Schalotten
5 EL	Rapsöl
1	Möhre
100 g	Knollensellerie
1 Stück	Lauch
2 EL	Tomatenmark
375 ml	trockener Rotwein
1 l	warme Geflügelbrühe

FÜR DIE GRIESSKNÖDEL:

500 ml	Milch
	Salz, frisch gemahlener schwarzer Pfeffer
	frisch geriebene Muskatnuss
180 g	Hartweizengrieß
2	Eier (Gr. M)

FÜR DEN SPITZKOHL:

1 Kopf	Spitzkohl (ca. 600 g)
100 g	Schalotten
100 g	Butter
	frisch geriebene Muskatnuss
	etwas gehackte Petersilie (nach Belieben)

Für 4 Portionen:
Nährwerte pro Portion: 1124 kcal, 74 g F, 51 g KH, 9 g B, 52 g E

1 Die Entenkeulen abspülen und trocken tupfen, mit Salz und Pfeffer würzen. Das Rapsöl in einem Bräter erhitzen, die Keulen darin auf der Hautseite 3 Minuten anbraten. Das Gemüse zugeben und 5 Minuten anrösten. Das Tomatenmark zugeben und ebenfalls kurz mit anrösten, mit dem Rotwein ablöschen. Die warme Geflügelbrühe zugießen und aufkochen. Die Entenkeulen im unteren Teil des Backofens ca. 45 Minuten schmoren.

2 Für die Grießknödel die Milch aufkochen, mit Salz, Pfeffer und Muskat würzen. Den Grieß unter Rühren einrieseln lassen und bei geringer Hitze 10 Minuten quellen lassen. Den Grieß abkühlen lassen. Die Eier unterrühren und aus der Masse 8 Klöße formen. Die Klöße in kochendem Salzwasser bei geringer Hitze in 10 Minuten gar ziehen lassen.

3 Den Spitzkohl putzen, in einzelne Blätter zerlegen und die Blätter in kochendem Wasser kurz blanchieren. Die Blätter herausnehmen, kalt abschrecken, abtropfen lassen und in Stücke schneiden. Die Schalotten schälen und fein würfeln. Die Butter in einem Topf zerlassen, die Schalotten darin 1 bis 2 Minuten andünsten. Den Spitzkohl zugeben und erwärmen. Mit Salz, Pfeffer und Muskat würzen.

4 Die Entenkeulen aus der Sauce nehmen und warm halten. Die Sauce in ein Sieb abgießen, auffangen und in einem Topf offen bei mittlerer Hitze 5 Minuten einkochen lassen. Mit Salz und Pfeffer abschmecken. Die Entenkeulen mit Spitzkohl, Grießklößen und Sauce anrichten und nach Belieben mit Petersilie bestreut servieren.

Ratatouille ist das mediterrane Gericht überhaupt. Es lässt sich am besten mit einem Roten kombinieren, der die Kräuterwürzigkeit aufgreift und dabei nicht zu kräftig ist. Ein mittelkräftiger Tropfen wie Côte du Rhône mit angenehmer Frucht und dezent würzigen Noten ist eine gute Wahl.

Ratatouillegemüse

200 g	Zucchini
200 g	Auberginen
200 g	gemischte bunte Paprikaschoten
100 g	Schalotten
1	Knoblauchzehe
100 g	Tomaten
100 ml	Olivenöl
	Salz
	frisch gemahlener schwarzer Pfeffer
1 Stängel Thymian	

Für 4 Portionen:

Nährwerte pro Portion: 262 kcal, 25 g F, 5 g KH, 3 g B, 2 g E

1 Die Zucchini und Auberginen putzen. Die Paprikaschoten halbieren, von Samen und Scheidewänden befreien. Das Gemüse getrennt in ca. 1,5 cm große Würfel schneiden. Die Schalotten und den Knoblauch schälen. Die Tomaten vom Stielansatz befreien. Schalotten, Knoblauch und Tomaten ebenfalls würfeln.

2 Das Olivenöl in einem Topf erhitzen, Schalotten und Knoblauch darin glasig andünsten. Die Paprikawürfel zugeben und 3 Minuten dünsten. Anschließend die Auberginen- und Zucchiniwürfel zugeben und ca. 5 Minuten mitdünsten. Das Gemüse mit Salz und Pfeffer würzen. Den Thymian waschen, trocken tupfen und zerzupfen. Den Thymian und die Tomatenwürfel zum Gemüse geben und kurz ziehen lassen.

Der Riesling sollte nicht nur für die Zubereitung, sondern auch als begleitender Wein zum Essen in Aktion treten. Wählen Sie einen Ortsriesling, dann ist das Frucht-Säure-Verhältnis angenehm ausgewogen. Zudem ist er intensiv genug, um es mit Sauerkraut und Kartoffeln aufnehmen zu können.

Kartoffelplattl'n mit Riesling-Rahm-Sauerkraut

FÜR DAS RIESLING-SAUERKRAUT:

300 g	Sauerkraut
50 ml	trockener Riesling
300 g	Sahne

FÜR DIE KARTOFFELPLATTL'N:

1 kg	Pellkartoffeln vom Vortag
300 g	Schichtkäse
ca. 200 g	Mehl (Type 405) + etwas für die Arbeitsfläche
2	Eier (Gr. M)
4	Eigelb (Gr. M)
	Salz
	frisch gemahlener schwarzer Pfeffer
	frisch geriebene Muskatnuss

AUSSERDEM:

Fett zum Ausbacken
Schnittlauchröllchen (nach Belieben)

Für 4 Portionen:

Nährwerte pro Portion: 998 kcal, 61 g F, 78 g KH, 6 g B, 27 g E

1 Für das Riesling-Sauerkraut das Sauerkraut mit dem Riesling aufkochen und garen, bis es weich ist. Dann etwas Kochflüssigkeit abgießen. Die Sahne in einem Topf offen bei mittlerer Hitze 3 Minuten einkochen lassen und das Sauerkraut zugeben.

2 Für die Kartoffelplattl'n die Kartoffeln pellen und durch die Kartoffelpresse in eine Schüssel drücken. Schichtkäse, ca. 200 g Mehl, Eier und Eigelbe zugeben und zu einem glatten Teig verarbeiten. Den Kartoffelteig mit Salz, Pfeffer und Muskat abschmecken.

3 Das Fett in einem Topf oder in einer Fritteuse auf 170 °C erhitzen. Den Teig auf einer bemehlten Arbeitsfläche ca. 0,5 cm dünn ausrollen und mit einem Teigrad in ca. 4 cm große Rauten schneiden. Die Rauten sofort im heißen Fett 3 bis 4 Minuten ausbacken (sonst ziehen sie Feuchtigkeit). Mit einem Schaumlöffel herausheben und auf Küchenpapier abtropfen lassen. Das Riesling-Rahm-Sauerkraut mit den Kartoffelplattl'n auf Tellern anrichten. Nach Belieben mit Schnittlauch bestreuen und sofort servieren.

Ein sehr aromatisches und intensives Gericht, zu dem kein allzu leichter Wein passt. Ein Roséwein aus dem Salento oder aus Kampanien, der weder zu leicht noch zu fruchtig ist, dafür eher markant mit kräutrigen Noten schmeckt perfekt zu dieser sardischen Spezialität.

Mediterranes Fregola Sarda

FÜR DEN TOMATENFOND:

3	Schalotten
1 kg	Strauchtomaten
20 g	getrocknete Tomaten
3 EL	Olivenöl

FÜR DIE PASTA:

400 g	Fregola (s. Tipp)
	Salz
10	Strauchtomaten
je 1	rote und gelbe Paprikaschote
1	Zucchini
4	Schalotten
5 EL	Olivenöl
1	Knoblauchzehe
1 Zweig	Rosmarin
2 Stängel	Basilikum

Für 4 Portionen:
Nährwerte pro Portion: 634 kcal, 22 g F, 83 g KH, 12 g B, 17 g E

1 Für den Tomatenfond die Schalotten schälen, halbieren und in Streifen schneiden. Die Tomaten waschen, von den Stielansätzen befreien und halbieren. Die getrockneten Tomaten in Streifen schneiden. Das Olivenöl in einem Topf erhitzen, die Schalotten darin glasig dünsten. Die frischen und getrockneten Tomaten zugeben. Eventuell etwas Wasser zugießen, sodass die Tomaten bedeckt sind. Alles aufkochen und zugedeckt bei geringer Hitze ca. 1 Stunde köcheln lassen. Danach die Tomaten durch ein Haarsieb streichen und den Fond auffangen.

2 Für die Pasta Fregola in kochendem Salzwasser nach Packungsanweisung in 13 bis 15 Minuten garen. Inzwischen die Tomaten unten kreuzweise einritzen und in kochendem Wasser ein paar Sekunden blanchieren, bis die Haut anfängt sich zu lösen. Die Tomaten herausnehmen, in kaltes Wasser tauchen, enthäuten, vierteln, entkernen und klein würfeln. Die Paprikaschoten halbieren, putzen, waschen und in kleine Würfel schneiden. Die Zucchini putzen, die Schalotten schälen und beides klein würfeln.

3 Olivenöl in einer Pfanne erhitzen, den ungeschälten Knoblauch und die Schalotten darin kurz andünsten. Paprika- und Zucchiniwürfel zugeben und 3 Minuten anbraten. Den Knoblauch entfernen und die Tomatenwürfel untermischen. Die Fregola in ein Sieb abgießen. Rosmarin und Basilikum waschen, trocken tupfen und die Blättchen fein hacken. Den Tomatenfond aufkochen. Fregola, Gemüse und Kräuter zugeben, vermischen und erhitzen. Mit Salz und Pfeffer abschmecken.

TIPP: Fregola Sarda tostata ist eine sardische Pasta-Spezialität und im italienischen Feinkostgeschäft erhältlich. Die Kügelchen aus Hartweizengrieß werden leicht geröstet und haben dadurch einen besonderen Eigengeschmack.

Das Ahrtal bringt besonders elegante und vielschichtige Spätburgunder hervor. Oft erinnern sie im Duft an frische Champignons oder auch an Unterholz, gepaart mit einer angenehmen Rotbeerigkeit. Also ist ein Spätburgunder von der Ahr eine perfekte Wahl zu einem Risotto wie diesem.

Pilzrisotto

FÜR DIE GEMÜSEBRÜHE:

1 Zwiebel
2 Möhren
1 Knollensellerie
1 Stange Lauch
3 schwarze Pfefferkörner
1 Lorbeerblatt
1 Nelke

FÜR DEN RISOTTO:

50 g Schalotten
5 EL Olivenöl
240 g Risottoreis (z. B. Arborio)
50 ml trockener Weißwein
250 g Pilze (je nach Saison Pfifferlinge, Steinpilze, Steinchampignons)
100 g kalte Butter
50 g Parmesan
Salz
frisch gemahlener schwarzer Pfeffer
3 EL gehackte Kräuter (z. B. Petersilie, Schnittlauch, Kerbel)

Für 4 Portionen:
Nährwerte pro Portion: 590 kcal, 38 g F, 49 g KH, 2 g B, 11 g E

1 Für die Gemüsebrühe die Zwiebel schälen und grob zerkleinern. Das Gemüse putzen und in grobe Stücke schneiden. Zwiebel, Gemüse und Gewürze in einen Topf geben, mit kaltem Wasser bedecken und alles aufkochen. Den Herd abschalten und die Brühe 30 Minuten ziehen lassen. Die Brühe in ein Sieb abgießen und auffangen. 1 l Brühe abmessen und warm halten.

2 Für den Risotto die Schalotten schälen und fein würfeln. Das Olivenöl in einem Topf erhitzen, die Schalotten darin glasig andünsten. Den Reis zugeben und unter Rühren ebenfalls glasig werden lassen. Mit Weißwein ablöschen und vollständig einkochen lassen. Die warme Brühe nach und nach zugießen, sodass der Reis immer mit Flüssigkeit bedeckt ist. Den Reis ca. 15 Minuten garen, dabei öfters umrühren. Diesen Vorgang so lange wiederholen, bis die Brühe aufgesogen ist.

3 Die Pilze putzen, mit einem Tuch abreiben und je nach Größe ganz lassen, in Scheiben oder Viertel schneiden. 50 g Butter in einer Pfanne zerlassen. Die Pilze darin 3 Minuten anbraten, zum Reis geben und den Reis in 3 Minuten fertig garen. Den Parmesan fein reiben. Den Risotto mit Salz und Pfeffer würzen. 50 g kalte Butter, Parmesan und die gehackten Kräuter unterrühren. Den Risotto sofort servieren.

Paprika entwickelt beim Schmoren eine tolle Süße, dazu kommen Aromen von Knoblauch, Thymian und Pfeffer – eine perfekte Kombi für einen Power- wein aus Down Under. Shiraz-Rotweine sind besonders kräftig, oft mit einer leichten Pfeffrigkeit. Wählen Sie einen nicht zu einfachen aus einem Top- Gebiet wie Barossa Valley oder McLaren Vale.

Geschmorte Paprika mit Thymian und Knoblauch

je 2 gelbe und rote Paprikaschoten
Rapsöl zum Bestreichen
1 Knoblauchzehe
1 Zweig Thymian
100 ml Olivenöl
5 EL heller Balsamicoessig
Salz
frisch gemahlener schwarzer Pfeffer
geröstete Weißbrotscheiben (nach Belieben)

Für 4 Portionen:
Nährwerte pro Portion: 360 kcal, 35 g F, 7 g KH, 3 g B, 2 g E

1 Die Paprikaschoten vierteln, von den Samen und Scheidewänden befreien. Die Paprikaviertel mit der Hautseite nach oben auf ein Backblech legen und mit Rapsöl bepinseln. Die Paprika- stücke im oberen Teil des Backofens bei starker Oberhitze (Grillfunktion) 5 bis 10 Minuten gril- len, bis die Haut schwarz ist und Blasen wirft. Das Blech herausnehmen und die Paprika unter einem Tuch abkühlen lassen. Danach die Haut entfernen und die Paprikaviertel in Streifen oder Rauten schneiden.

2 Den Knoblauch schälen und in Scheiben schneiden. Den Thymian waschen, trocken schütteln und zerzupfen. Das Olivenöl in einem Topf erhitzen, die Knoblauchscheiben zugeben und leicht rösten. Die Paprikastreifen oder -rau- ten und den Thymian zugeben und mit dem Es- sig ablöschen. Die geschmorten Paprika mit Salz und Pfeffer würzen. Nach Belieben auf ge- rösteten Weißbrotscheiben anrichten und lau- warm servieren.

Der Wein sollte wenigstens so süß sein wie die Speise, wenn nicht sogar etwas süßer. Allerdings ist eine gewisse Säure vonnöten, sonst fehlt die Struktur im Wein und er kommt gegen die Fülle der Speise nicht an. Somit passt eine fein-aromatische Scheurebe mit Restsüße ausgezeichnet dazu.

Weinnudeln mit Weinschaum von der Scheurebe

FÜR DIE NUDELN:

½	Vanilleschote
1 l	Milch
100 g	Zucker
500 g	Hartweizengrieß
4	Eigelb (Gr. M)
2	Eier zum Panieren
	etwas Mehl und Paniermehl
	Fett zum Frittieren
	Puderzucker zum Bestäuben

FÜR DEN WEINSCHAUM:

250 ml	Weißwein (z. B. Scheurebe)
4	Eigelb (Gr. M)
120 g	Zucker

Für 4 Portionen:
Nährwerte pro Portion: 1306 kcal, 45 g F, 176 g KH, 8 g B, 33 g E

1 Für die Nudeln die Vanilleschote längs aufschneiden und das Mark herauskratzen. Mit Milch und Zucker in einem Topf aufkochen. Den Grieß unter Rühren einrieseln lassen und bei geringer Hitze 10 Minuten quellen lassen. Die Eigelbe unter die warme Grießmasse rühren. Die warme Masse wie Schupfnudeln in Form bringen.
2 Die Eier zum Panieren verquirlen. Die Nudeln zuerst in Mehl, dann in den Eiern und anschließend in Paniermehl wenden. Das Frittierfett in einem Topf oder in der Fritteuse auf 160 °C erhitzen. Die Nudeln darin portionsweise goldbraun frittieren, mit einem Schaumlöffel herausheben und auf Küchenpapier abtropfen lassen. Die Nudeln auf vier Tellern anrichten und mit Puderzucker bestäuben.
3 Für den Weinschaum den Weißwein erwärmen. Die Eigelbe mit dem warmen Wein und dem Zucker in einer Schüssel über einem kochenden Wasserbad cremig aufschlagen. Die Weinnudeln mit dem Weinschaum überziehen und sofort servieren.

Blauschimmelkäse und Portwein passen ausgezeichnet zusammen. Da frische Feigen eingelegt werden, harmoniert ein einfacher Ruby Port oder der hochwertigere Late Bottled Vintage Port sehr gut dazu. Sollten Sie getrocknete Feigen verwenden, passt eher ein Tawny Port dazu.

Portweinfeigen mit Blauschimmelkäse

FÜR DIE PORTWEINFEIGEN:

4	frische Feigen
ca. 100 g	Zucker
50 ml	roter Portwein
100 ml	Rotwein
1	Nelke
½	Zimtstange

AUSSERDEM:

350 g	Blauschimmelkäse (z. B. Roquefort, Stilton)

Für 4 Portionen:

Nährwerte pro Portion: 490 kcal, 27 g F, 36 g KH, 1 g B, 19 g E

1 Für die Portweinfeigen die Feigen dünn schälen und in Viertel oder Achtel schneiden. Den Zucker in einer Pfanne unter Rühren goldbraun karamellisieren lassen. Mit dem Portwein ablöschen und den Rotwein zugießen. Die Nelke und Zimtstange zugeben, alles aufkochen und kurz kochen lassen. Die Feigen zugeben und darin 10 Minuten marinieren.

2 Inzwischen den Blauschimmelkäse aus dem Kühlschrank nehmen und Zimmertemperatur annehmen lassen. Den Käse in Stücke schneiden und mit den marinierten Feigen auf vier Tellern anrichten.

VARIANTEN: Den Blauschimmelkäse Zimmertemperatur annehmen lassen. Dann mit einer Gabel in grobe Stücke zerpflücken und in eine Schüssel geben. 50 ml Portwein zugeben und mit einer Gabel verrühren. Den Blauschimmelkäse einen halben Tag marinieren und temperiert mit den Feigen servieren.

Servieren Sie zur Abwechslung mal diesen Klassiker. Den Käse, am besten einen Stilton, nicht zerdrücken, sondern eine kleine Mulde aushöhlen. Die Mulde mit dem Portwein füllen, der zum Essen gereicht wird. Käse und Port können gut 1 bis 3 Tage miteinander verbringen.

Die Rebsorte Chenin Blanc aus dem schönen Loiretal ist eine sehr feine Rebsorte mit vielen Gesichtern. In diesem Fall harmoniert ein trockener Vertreter, der mit seiner markanten Aromatik perfekt die Noten des Ziegenkäses und Birnenkompotts aufnimmt.

Ziegenkäse in Filoteig gebacken mit Birnenkompott

FÜR DAS KOMPOTT:

3	Birnen
100 g	Zucker
150 ml	Weißwein
1	Nelke
1	Zimtstange

FÜR DIE FÜLLUNG:

ca. 50 g	Butter
400 g	Ziegenfrischkäserolle natur (ohne Rand)
1	Eigelb (Gr. M)

AUSSERDEM:

125 g	Filoteig (Kühlregal)

Für 4 Portionen:

Nährwerte pro Portion: 543 kcal, 27 g F, 57 g KH, 4 g B, 11 g E

1 Für das Kompott die Birnen schälen, vierteln, entkernen und in feine Würfel schneiden. Den Zucker in einer Pfanne unter Rühren goldbraun karamellisieren lassen. Mit dem Weißwein ablöschen. Die Gewürze zugeben, aufkochen und bei geringer Hitze köcheln lassen, bis der Zucker sich aufgelöst hat. Die Birnenwürfelchen zugeben und aufkochen. Die Pfanne beiseitestellen und die Birnenstückchen samt Sud abkühlen lassen.

2 Den Backofen auf 180 °C Ober- und Unterhitze vorheizen. Ein Backblech mit Backpapier auslegen. Für die Füllung die Butter in einem kleinen Topf zerlassen. Den Filoteig auf einer Arbeitsfläche in 20 cm lange und 3 cm breite Streifen schneiden und mit der Butter bestreichen.

3 Jeweils 100 g Ziegenfrischkäse zu einer Rolle formen. Auf die Hälfte der Streifen den Ziegenfrischkäse verteilen und einrollen. Jeweils einen Teigstreifen um die offenen Seiten wickeln, sodass kleine, quadratische Päckchen entstehen. Das Eigelb mit 1 EL Wasser verquirlen. Die Päckchen damit bestreichen, auf ein Backblech legen und im Ofen in ca. 10 Minuten goldbraun backen. Die warmen Ziegenkäsepäckchen mit dem Birnenkompott anrichten und servieren.

Wein im Restaurant bestellen

Im Restaurant haben Sie kaum die Möglichkeit, einen Blick auf das Flaschenetikett zu werfen. Den passenden Wein auszuwählen, kann eine echte Herausforderung sein.

→ **Oft erübrigt sich das** Studieren der Weinkarte. Einfache Restaurants bieten meist nur einfachste Hausweine in jeder Farbe an. Vorsicht! Sie entsprechen nur der untersten Qualitätsstufe (siehe Seite 17).

Tipp vom Profi

Informationen in der Weinkarte

Gut informiert werden Sie, wenn Land und Anbaugebiet (z. B. Deutschland, Mosel), der Jahrgang, die Rebsorte, die Geschmacksrichtung und das Weingut (z. B. 2016er Paulessen Riesling trocken, Weingut Andreas Bender) genannt werden. Land und Anbaugebiet werden in der Karte oftmals vorangestellt, wenn es mehrere Weine aus dem jeweiligen Land und Anbaugebiet gibt. Außerdem erfahren Sie etwas über die Flaschengröße, meistens 0,75 Liter, und die Preisangabe pro Glas oder Flasche, inklusive Mehrwertsteuer und Service.

Je ambitionierter die Gastronomie, desto eher können Sie auf eine vernünftige Weinkarte hoffen und interessante Weine finden. Eine anspruchsvolle Gastronomie muss aber noch lange nicht mit einem herausragenden Weinangebot glänzen. Die Beurteilung des Angebots hängt natürlich auch von den Erwartungen und Ansprüchen des Gastes ab. Denn ein kundiger Weintrinker erwartet etwas anderes als ein Wein-Neuling.

Die Weinkarte eines Restaurants spiegelt den Stellenwert wider, den der Wein für den Gastronomen hat. In der Regel geht man davon aus, dass die Art der Küche das Angebot an Weinen vorgibt. Leider ist das nicht immer der Fall. Stellen Sie fest, dass der Service keine Ahnung von Wein hat, oder es keine Weinkarte gibt, dann lassen Sie es lieber mit der Weinbestellung. Wenn die Küche des Restaurants stimmt, nicht aber das Weinangebot, dann sprechen Sie den Gastronomen ruhig darauf an. Machen Sie ihn darauf aufmerksam, dass Sie als Weinliebhaber mit seinem Angebot unzufrieden sind.

Je mehr Angaben, desto besser

Oft stehen nur eine Rebsorte und eventuell noch das Anbaugebiet in der Karte, dahinter

die Preise pro Glas, Karaffe oder Flasche. Erkundigen Sie sich bei der Bestellung immer nach dem Jahrgang, eventuell auch nach dem Winzer. Durch gezielte Fragen erfahren Sie zum einen, ob die Servicekraft sofort antworten kann oder erst einen Blick auf die Flasche werfen muss. Egal, um welche Art der Gastronomie es sich handelt, das Bedienungspersonal muss die offenen Weine kennen und auf Anhieb antworten können. Zum anderen lässt dies je nach Reaktion bereits auf die Qualität der Weine schließen.

Wenn Sie unsicher sind, fragen Sie nach einem Probeschluck. Kaufen Sie auf keinen Fall die Katze im Sack. Auch einen offenen Wein können Sie vorab probieren, vor allem, wenn die Angaben in der Weinkarte unzureichend sind. Je weniger Sie über den Wein in der Karte erfahren, desto mehr sollten Sie überlegen, ob eine Weinbestellung überhaupt infrage kommt. Die Gastronomen haben oft mehrere Bezugsquellen für ihren Wein. Je pauschaler die Weinkarte, umso leichter kann er das Angebot nach Belieben austauschen. Hinter dem beliebigen Wechsel steckt weniger der Wunsch nach Qualitätssteigerung, als eher das Streben nach Gewinnmaximierung. Außerdem muss er nicht ständig die Weinkarte ändern.

Die Anzahl der Weinpositionen sagt nichts über die Qualität einer Weinkarte aus. Was zählt, ist die Raffinesse der Zusammenstellung der Weine und eine faire Preisgestaltung. Aufgrund begrenzter Lagerkapazitäten ist das Konzept mancher ambitionierteren Restaurants eine mitunter klein gehaltene, dafür aber saisonal wechselnde Weinkarte, die bestens auf die angebotenen Gerichte abgestimmt ist.

Was Wein im Restaurant kosten darf

Die Weinpreise gestalten sich nach der Wertigkeit der Gastronomie und der Lage des Restaurants. Es ist bekannt, dass in der Gastronomie durch den Verkauf von Getränken Geld verdient wird. Das ist völlig legitim, denn die Kosten für Inventar, Einkauf, Betriebs- und Personalkosten sind nicht unerheblich.

Der Flaschenpreis sollte immer günstiger als der hochgerechnete Preis für offenen Wein sein, da lohnt es sich nachzurechnen.

Tipp vom Profi

Serviertemperatur: Weißweine sind in der Regel richtig temperiert. Für Flaschenweine wird oft ein Kühler mit Eiswasser dazugestellt. Da kann der Wein auch mal zu kühl werden. Wenn der Wein dadurch weniger Aromen zeigt, nehmen Sie ihn am besten aus dem Eiswasser. Entscheiden Sie sich für Rotwein, dann lassen Sie vor der Bestellung Ihren Blick schweifen. Nicht selten stehen die Flaschen direkt neben der Kaffeemaschine – sind also viel zu warm und schmecken sprittig. Lassen Sie den zu warmen Wein am besten kurz in den Kühlschrank stellen.

Überteuerte Weine sollten Sie unbedingt boykottieren. Dank Internet können Sie die meisten Preise recherchieren und mit den Preisen in der Gastronomie vergleichen.

❝ Als Faustregel gilt: Je einfacher der Wein, desto höher ist der prozentuale Aufschlag für den Flaschenpreis in der Karte. Das können manchmal 400 Prozent sein. Je teurer der Wein im Einkauf ist, umso niedriger sind die Aufschläge.

Offenen Wein bestellen

Ein Blick in die Weinkarte verrät, wie viele offene Weine im Angebot sind. Sind es viele und ist die Gästefrequenz eher verhalten, muss der angebotene offene Wein trotzdem frisch und trinkbar sein. Lassen Sie sich zur Beurteilung des Weins einen Probeschluck geben.

Die meisten Restaurants bieten glasweise 0,2 Liter an. Das kann manchmal zu viel sein, vor allem wenn Sie bereits einen Aperitif getrunken haben, einen Weißwein zur Vorspeise und einen Rotwein zum Hauptgang genießen möchten. Fragen Sie nach, ob Sie ein Glas mit 0,1 Liter Inhalt bestellen können – in der Regel ist das kein Problem.

Wer den Wein glasweise bestellt und gleich eine ganze Flasche auf den Tisch gestellt bekommt, kann diesen Service des Restaurants als großzügig und aufmerksam empfinden und sich darüber freuen. Sie können auch auf einen glasweisen Ausschank bestehen. Zum einen stecken hinter dieser Geste eigennützige Interessen der Restaurantbetreiber, die lieber eine ganze Flasche verkaufen. Zum anderen werden Sie dazu verleitet, mehr zu trinken.

Manche Restaurants bieten Menüs an und schlagen auch gleich die Weine dazu vor. In der Regel ist das Angebot eine profunde Empfehlung und auf das Menü abgestimmt. Und: Diese Weine werden auch glasweise zum Menü serviert.

Ein gutes Restaurant schenkt offenen Wein am Tisch in ein Glas ein. Damit haben Sie die Möglichkeit, einen Blick auf das Etikett und vor allem auf den Jahrgang zu werfen.

Flaschenwein bestellen

Sie haben sich für eine Flasche Wein entschieden? Perfekt, wenn der Kellner Ihnen die Flasche mit dem Etikett am Tisch zeigt und öffnet. Restaurants der gehobenen Klasse haben meist einen Sommelier, also einen Weinspezialisten, der den gewählten Wein vorab mit einem kleinen Probeschluck für Sie auf einen Weinfehler prüft. Auch der Gast bekommt einen Probeschluck eingeschenkt. Bei dem Probeschluck geht es nicht darum, herauszufinden, ob Ihnen der Wein gefällt,

Sie bringen Ihren eigenen Wein mit ins Restaurant? Diese Kultur ist hierzulande eher unbekannt, in der Neuen Welt gang und gäbe. Im Grunde entsteht den Gastronomen dadurch kein Nachteil. Dieses Prinzip hat nur noch nicht jeder verstanden. Wenn Sie Ihren eigenen Wein mitbringen, wird üblicherweise ein Korkgeld oder eine Servicepauschale erhoben. Das ist durchaus gerechtfertigt, weil der Gastronom seinen eigenen Wein nicht verkaufen kann, sich aber um den Weinservice kümmert – die Gläser müssen bereitgestellt und auch gespült werden. Die Servicepauschale liegt je nach Restaurant zwischen sechs und zwölf Euro. Da Sie sicherlich keinen Discountwein mitnehmen werden, ist das ein angemessener Betrag. Manche Restaurants legen dagegen den Preis ihres günstigsten Weins in der Weinkarte als Aufschlag zugrunde, das kann dann auch mal etwas teurer ausfallen.

sondern Sie testen ebenfalls, ob der Wein einen Weinfehler hat. Wenn Sie sich eine Flasche Wein in der Weinkarte selbst ausgesucht haben und er schmeckt Ihnen nicht, können Sie reklamieren. Doch es ist dann eine Frage der Kulanz, ob die Flasche zurückgenommen und auch nicht berechnet wird. Anders verhält es sich, wenn Ihnen der Wein vom Service oder Sommelier empfohlen wurde. Sagt er Ihnen nicht zu, müssen Sie ihn auch nicht trinken und können einen anderen Wein verlangen. Bleibt am Ende etwas Wein in der Flasche übrig, dürfen Sie den Rest sogar mit nach Hause nehmen.

Wein und Gesundheit

Abstinenz oder moderater Genuss? Zum Einfluss von Alkohol auf die Gesundheit gibt es unzählige Untersuchungen mit sehr unterschiedlichen Ergebnissen und Erkenntnissen.

Trotz vieler Studien gibt es keine internationale Übereinkunft darüber, welche Alkoholmengen gesundheitlich vertretbar sind und ob die positiven oder negativen Wirkungen der verschiedenen Inhaltsstoffe überwiegen. Was ist also das rechte Maß? Größere Alkoholmengen entfalten definitiv eine toxische Wirkung auf das Nervensystem, die Leber, den Herzmuskel und andere Organe. Auch der sucht- und krebsfördernde Einfluss von Alkohol ist zu beachten. Die positiven Effekte eines maßvollen Alkoholkonsums wurden schon im Altertum erwähnt und in vielen seriösen Studien von heute neu entdeckt und bestätigt.

Frauen vertragen selbst bei gleichem Körpergewicht weniger Alkohol als Männer. Sie haben im Verhältnis einen höheren Anteil an Fettgewebe, jedoch ein geringeres Blutvolumen. Das heißt, dass beispielsweise ein halber Liter Wein bei der Frau zu einem prozentual höheren Alkoholblutgehalt führt als beim Mann.

> ❝ **Wein ist unter den Getränken das nützlichste, unter den Arzneien die schmackhafteste, unter den Nahrungsmitteln das angenehmste.**
>
> **Plutarch** (antiker griechischer Schriftsteller, 45 – 125 n. Chr.)

Französisches Paradox
Trotz fettreicher Ernährung und regelmäßigem Weingenuss sind die Franzosen verhältnismäßig gesund.

Paradoxe Erkenntnisse

Rund 40 Prozent aller Todesfälle sind in Deutschland auf die Folgen von Herz-Kreislauf-Erkrankungen zurückzuführen. Sie sind damit Todesursache Nummer eins. Aber was hat das mit Weinkonsum zu tun? 1988 wurde eine Studie durchgeführt, die als „Französisches Paradox" für Furore sorgte. In dieser Studie wurde festgestellt, dass die Franzosen trotz gehaltvoller und fettreicher Ernährung seltener an Herzinfarkt oder Schlaganfall starben und eine deutlich niedrigere Rate an Gefäßveränderungen im Vergleich zu den Nordeuropäern aufwiesen. Begründet wurde dieses Phänomen mit der mediterranen Ernährung und dem regelmäßigen Genuss von Wein zum Essen.

Insbesondere ein Gebiet ist im Zusammenhang mit der Studie aufgefallen – Südwestfrankreich, wo das Anbaugebiet Madiran liegt. Von dort kommt einer der gerbstoffreichsten Rotweine aus der Rebsorte Tannat. Gerbstoffe sind sogenannte Polyphenole, die eine positive Wirkung auf den Körper haben sollen.

Revolutionär war 1996 die Veröffentlichung der offiziellen Ernährungsrichtlinien in den USA, nach der plötzlich die Empfehlung „der Genuss von ein oder zwei alkoholischen Getränken pro Tag kann für die Gesundheit förderlich sein" ausgesprochen wurde. Und dass, nachdem die Produktion und der Verkauf von Alkohol dort lange Zeit verboten war.

Warum Wein gesund sein soll

In den Mittelmeerländern wurde Wein traditionell nur zum Essen getrunken. Das lässt auf ein bestimmtes Trinkmuster schließen. Scheinbar ist es günstiger, regelmäßig statt gelegentlich viel zu trinken. Wer sich an einen moderaten Alkoholgenuss hält, profitiert offensichtlich von den folgenden gesundheitlichen Effekten:

- ▶ **Wahrscheinlich unterstützt** Alkohol die Aufnahme von Nährstoffen aus der Nahrung.
- ▶ **Das gute HDL-Cholesterin** wird erhöht.
- ▶ **Die Entzündungsneigung** im Körper sinkt.
- ▶ **Die Gerinnungsneigung** im Blut sinkt.
- ▶ **Die Abgabe eines der** wichtigen Gewebshormone (Adiponektin) aus den Fettzellen wird erhöht.
- ▶ **Die Insulinsensitivität** wird gefördert.

Die vier zuletzt genannten Effekte sind als gefäßschützend und thrombosevorbeugend anerkannt und tragen zum Schutz vor Herz-Kreislauf-Erkrankungen bei. Diese Vorteile sind jedoch kein Freibrief für einen hemmungslosen Alkoholkonsum. Frauen, die regelmäßig mehr als 20–30 Gramm Alkohol, und Männer, die mehr als 40–50 Gramm Alkohol pro Tag konsumieren, haben ein gesteigertes Risiko, alkoholabhängig und dadurch krank zu werden.

Moderater Alkoholgenuss

Je nach Quelle liegt die tägliche Alkoholmenge bei einem moderaten Alkoholkonsum zwischen 20 und 30 Gramm, was etwa 200 bis 400 Milliliter Wein entspricht. Danach sind für eine gesunde Frau 20–24 Gramm und für einen gesunden Mann 30–32 Gramm Alkohol täglich vertretbar. An ein bis zwei Tagen pro Woche sollte allerdings ganz auf Alkohol verzichtet werden.

Alkoholgehalt berechnen

Weinmenge in ml
x Alkoholgehalt in % Vol.
: 100
= Alkoholgehalt in ml

Alkoholgehalt verschiedener Weinarten

WEINART	ALKOHOL-GEHALT	KONSUM-MENGE	ALKOHOL-MENGE	KONSUM-MENGE	ALKOHOL-MENGE
Weiß-, Rosé-, Rotwein	10 % Vol.	0,1 l	8 g	0,2 l	16 g
	11 % Vol.	0,1 l	9 g	0,2 l	18 g
	12 % Vol.	0,1 l	10 g	0,2 l	20 g
	13 % Vol.	0,1 l	10,5 g	0,2 l	21 g
	14 % Vol.	0,1 l	11,5 g	0,2 l	23 g
Trockener Sherry	16 % Vol.	0,05 l	6,5 g	0,1 l	13 g
Portwein	20 % Vol.	0,05 l	8 g	0,1 l	16 g

Ein Beispiel für ein 0,1-Liter-Glas:

    100 ml Wein
x 12 % Vol.
: 100
= 12 ml reiner Alkohol

Üblicherweise gibt man die Alkoholmenge in Gramm an. Da Alkohol eine geringere Dichte als Wasser hat, entspricht 1 ml Alkohol nur 0,8 g. Sie müssen von den ermittelten Millilitern also entweder 20 Prozent abziehen oder diese mit 0,8 (genau 0,7913 – Dichte von Ethanol) multiplizieren.

Bei einer 0,75-Liter-Flasche Rotwein mit 13 % Vol. liegt die Alkoholmenge demnach bei 97,5 Milliliter bzw. 78 Gramm. Ein Glas à 125 ml, also ein Sechstel der Flasche, hat 13 Gramm Alkohol. Das bedeutet: Bei einem moderaten Konsum darf eine gesunde Frau höchstens zwei Gläser Rotwein (= 26 Gramm Alkohol) und ein gesunder Mann maximal drei Gläser (= 39 Gramm) trinken.

Darüber hinaus liefert ein Gramm Alkohol fast genauso viele Kalorien wie Fett, nämlich sieben Kilokalorien. Nimmt man Alkohol in Verbindung mit Fett auf, wird dieser vorrangig zu Energie abgebaut. Das bedeutet, die Umwandlung von Fett ist eingeschränkt und die Fettwerte im Blut steigen an.

Die Wirkung einiger Inhaltsstoffe

Wein besteht aus mehr als 1 000 Inhaltsstoffen. Die Kombination der einzelnen Stoffe in Wein hängt von verschiedenen Faktoren ab, zum Beispiel von:

▸ **der Rebsorte,**
▸ **dem Zustand** der Trauben während der Lese,
▸ **der Bodenbeschaffenheit,** auf dem die Reben gewachsen sind;
▸ **vom Jahrgang,**
▸ **von der Art der Bewirtschaftung** des Weinberges,
▸ **von der Reife des Weins,** wenn er bereits in der Flasche ist.

Einige seiner vielen Inhaltsstoffe haben eine besondere Wirkung auf den menschlichen Körper, allen voran Phenole, Säuren, Schwefel und Histamin.

Phenole sind sehr komplexe organische Verbindungen – Gerbstoffe (Tannine), Farbstoffe und Aromastoffe gehören dazu. Durch die Vinifizierung der Trauben werden diese Stoffe, die in der Schale und in den Kernen stecken, herausgelöst und gehen in den Wein über. Rotwein enthält deutlich mehr Phenole als Weißwein. Weißwein hat einen Phenolgehalt von 0,1 bis 0,5 g pro Liter und Rotwein von 0,5 bis 5,0 g pro Liter. Das wirksamste Phenol ist das Resveratrol, das den Körper vor freien Radikalen schützen soll. Freie Radikale sind aggressive Stoffe, die Körperzellen und diverse Organe schädigen können. Den Phenolen wird eine gefäßerweiternde und damit eine positive Wirkung auf das Herz-Kreislauf-System nachgesagt. Sie wirken an-

HÄTTEN SIE'S GEWUSST?

Kleine **Schwefelmengen** sind für den Körper unbedenklich, ab einer Menge von 1000 mg pro Liter reagiert der Körper mit Kopfschmerzen, Durchfall und Magenkrämpfen.

Für den Schwefeleinsatz gibt es EU-Richtlinien. Analytische und sensorische Prüfungen verhindern den Missbrauch.

Bei trockenem Weiß- und Roséwein liegt der **Maximalgehalt** an schwefeliger Säure bei 210 mg pro Liter (bei restsüßen bei 260 mg pro Liter).

Trockene Rotweine dürfen nicht mehr als 160 mg pro Liter (restsüße Weine 210 mg pro Liter) aufweisen.

Ausnahmen gibt es für Süßweine mit einem sehr hohen **Zuckergehalt**, zum Beispiel bei der Trockenbeerenauslese. Hier kann der Schwefelgehalt bei bis zu 400 mg pro Liter liegen.

tioxidativ, das bedeutet, an den Gefäßwänden lagert sich weniger Cholesterin ab. Phenole beugen daher Gefäßveränderungen und Thrombose vor.

Säuren beeinflussen den Geschmack von Wein und geben ihm Struktur (siehe Seite 46). Wein enthält verschiedene Säuren, die zartere und harmonischere Weinsäure und die deutlich spitzere Äpfelsäure. Weißwein hat 4 bis 9 g Säure pro Liter und Rotwein 4 bis 6 g pro Liter. Neben den sogenannten organischen Säuren kommen auch flüchtige Säuren, zum Beispiel die Essigsäure, im Wein vor. Sie entsteht als Nebenprodukt bei der Gärung, ein Zuviel davon ist ein Weinfehler und macht den Wein ungenießbar. Säuren regen in einer harmonischen Konzentration den Speichelfluss und damit den Appetit an. Doch manche Menschen vertragen sehr säurehaltige Weine nicht, weil sie Sodbrennen auslösen können.

Schwefel ist als schwefelige Säure ein althergebrachtes Mittel in der Weinherstellung, auf das sich nicht so leicht verzichten lässt. Die schwefelige Säure wirkt antioxidativ und dient der Konservierung. Ein Jungwein wird beispielsweise mit Schwefel versetzt, damit er nicht braun wird. Außerdem bindet Schwefel unerwünschte Nebenprodukte, die bei der Gärung entstehen, und aktiviert bestimmte Enzyme, die diese zersetzen.

Je besser die Qualität der Trauben während der Lese ist, desto weniger Schwefel muss während der Weinbereitung zugesetzt werden. Dennoch kommen die meisten Weine

Die wichtigsten Inhaltsstoffe von Wein (in Gramm pro Liter)

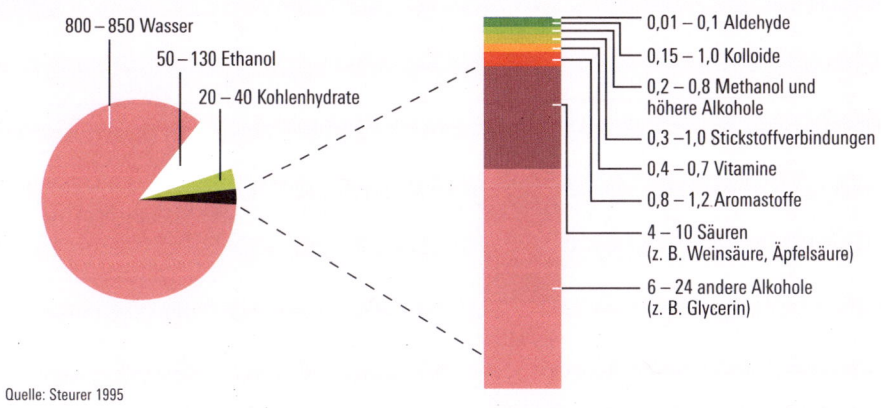

800 – 850 Wasser
50 – 130 Ethanol
20 – 40 Kohlenhydrate

0,01 – 0,1 Aldehyde
0,15 – 1,0 Kolloide
0,2 – 0,8 Methanol und höhere Alkohole
0,3 – 1,0 Stickstoffverbindungen
0,4 – 0,7 Vitamine
0,8 – 1,2 Aromastoffe
4 – 10 Säuren (z. B. Weinsäure, Äpfelsäure)
6 – 24 andere Alkohole (z. B. Glycerin)

Quelle: Steurer 1995

nicht ohne den Vermerk „enthält Sulfite" aus. Naturweine enthalten ebenfalls Schwefel, auch wenn er nicht extra zugesetzt wird. Der Grund dafür ist, dass die Hefepilze während der Gärung kleinere Mengen Schwefel bilden. Wein ohne Schwefelzusatz kann deshalb über 10 mg schwefelige Säure pro Liter enthalten.

Histamin kann allergische Reaktionen auslösen, was in Verbindung mit Wein immer wieder thematisiert wird. Die meisten Menschen mit einer Histaminunverträglichkeit reagieren erst ab einem Histamingehalt von 2 mg pro Liter. Werte, die darunter liegen, sind in der Regel unbedenklich. Auf den Flaschenetiketten gibt es meist keine Angaben zum Histamingehalt. Seit 2015 ist es laut EU-Verordnung verboten, Weine als „histaminfrei" oder „histaminarm" auszuzeichnen, da dies gesundheitliche Aussagen sind. Es darf nur das ECARF-Qualitätssiegel (ECARF = Europäische Stiftung für Allergieforschung) für allergiefreundliche Produkte verwendet werden. Woran können sich Betroffene also orientieren?

Junge, frische Weiß- und Roséweine haben einen sehr geringen Histamingehalt und werden auch bei einer Unverträglichkeit gut vertragen. Weißweine, die im Holzfass vergoren und gelagert wurden und/oder den sogenannten biologischen Säureabbau (siehe Seite 158) durchlaufen haben, weisen einen erhöhten Histamingehalt auf. Das Gleiche gilt für Schaumweine wie Champagner, deren Grundweine in der Regel ebenfalls den biologischen Säureabbau durchlaufen.

Bei Rotwein ist der biologische Säureabbau obligatorisch und der Ausbau im Holzfass sehr häufig. Deshalb wird Rotwein bei einer Histaminunverträglich nicht vertragen. Da man heute über die einzelnen Herstellungsschritte in der Weinbereitung, in denen ein erhöhter Histamingehalt entsteht, Bescheid weiß, können mittlerweile sogar histaminarme Rotweine hergestellt werden. Dafür werden zum einen bestimmte Reinzuchthefen für den Gärverlauf verwendet, die Rotweinmaische wird erhitzt, der biologische Säureabbau wird verhindert. Diese Weine sind vereinzelt und nur über spezialisierte Händler erhältlich.

3. Wein herstellen

Die Weinrebe zählt zu den ältesten Kulturpflanzen. Der Ursprung der Kulturrebe „Vitis vinifera" wird in den Gebieten südlich des Kaspischen Meeres und des Zwischenstromlandes bis hin zum Persischen Golf vermutet. An den Flüssen Euphrat und Tigris wurden die ersten Wildreben kultiviert. Über die Handelswege der Phönizier, Griechen und später der Römer wurde die Weinrebe weiter verbreitet. Der Weinanbau begann ungefähr zeitgleich mit dem Ackerbau etwa 10 000 Jahre v. Chr. – eine unvorstellbar lange Zeit.

Wo auf der Welt wird Weinbau betrieben?

Dank vieler Experimente weiß man heute, wo welche Rebsorten am besten gedeihen. Daraus hat sich eine enorme Vielfalt an Sorten und Weinstilen entwickelt.

Die Weinrebe ist ein empfindliches Lianengewächs, rankt gerne an Hauswänden empor oder wächst in Rebgärten, wo sie mithilfe von Stützen und Drähten in Form gebracht wird. Die kostbare Pflanze hat klare Ansprüche an ihren Standort. Als Sensibelchen mag es die Weinrebe weder zu kalt noch zu heiß. Sie wächst und gedeiht in gemäßigten Klimazonen am besten, kommt aber auch mit kargen Verhältnissen zurecht. Dort, wo normaler Ackerbau schier unmöglich ist, dringen ihre Wurzeln tief ins Erdreich ein, um sich mit Wasser zu versorgen.

Ein Rebengürtel geht um die Welt

Die gemäßigte Klimazone, in der weltweit Weinbau betrieben wird, zieht sich wie ein Gürtel um die Erdkugel – von der nördlichen bis zur südlichen Hemisphäre. Auf der nördlichen Halbkugel wird Weinbau zwischen dem 30. und 50. Breitengrad betrieben und auf der südlichen zwischen dem 30. und 45. Breitengrad. Der jeweilige Breitengrad gibt die klimatischen Bedingungen für die Pflanze vor. Je nördlicher, desto kühler, und je näher am Äquator, desto wärmer ist es. Daraus

ergibt sich, welche Rebsorten an welchem Standort optimal kultiviert werden können. Denn die einen vertragen beziehungsweise benötigen mehr Wärme als andere.

Mithilfe einiger geografischer Kenntnisse können Sie bereits ein paar wesentliche Ableitungen in Bezug auf den Wein treffen, den Sie vielleicht bisher noch gar nicht probiert haben. Welcher Wein aus welcher Klimazone ist kräftiger? Ein Spätburgunder aus Deutschland oder ein Merlot aus Südfrankreich? Die Frage lässt sich anhand der geografischen Lage schnell beantworten – der Merlot wird der kräftigere von beiden sein. Die Reben wachsen in einem wärmeren Gebiet, die Trauben bauen mehr Zucker auf, der sich im Verlauf der Herstellung im Alkoholgehalt des Weins niederschlägt. Außerdem enthält ein Merlot deutlich kräftigere Gerbstoffe, die ebenfalls den Körper des Weins beeinflussen. Wächst die Rebsorte Merlot in Deutschland, dann ist der Wein daraus leichter als derjenige aus Südfrankreich. Genauso können Sie sich innerhalb eines Weinlandes orientieren – Weine aus Norditalien sind oft leichter als Weine aus dem warmen Süden des Landes.

50 N

30 N

50 S

45 S

Die Umgebung macht den Unterschied

Wenn alle Bedingungen für den Weinbau gegeben sind, können Weinreben kultiviert werden. Neben den Grundvoraussetzungen gibt es weitere Gegebenheiten, die eine Weinregion oder eine einzelne Weinbergslage beeinflussen:

❶ Flache Lage: Die Topografie gibt die Landschaftsform vor. Die meisten Weinbergslagen sind flach oder leicht hügelig. Sie lassen sich gut mit Maschinen bearbeiten und fordern im Allgemeinen wenige Arbeitsstunden pro Hektar.

❷ Steillage: In manchen Weinregionen hat sich ein Fluss seinen Weg tief in die Landschaft gegraben. Daraus sind steile Berghänge entstanden, die sich hervorragend für den Weinbau eignen. Sind die Lagen so steil wie an manchen

Moselhängen, werden die Reben in Terrassenform angebaut. Per Hand errichtete Trockenmauern stützen die Terrassenlagen. Der Einsatz von Maschinen ist nahezu ausgeschlossen. Jeder Arbeitsschritt erfolgt von Hand. Die Steillage bringt aber nicht nur eine aufwendigere Bewirtschaftungsweise mit sich, sie profitiert auch von einer längeren und intensiveren Bestrahlung durch die Sonne.

❸ Exposition – Ausrichtung des Weinberges: Vorteilhaft ist, wenn der Weinberg eine optimale Ausrichtung zur Sonne hat und damit möglichst viele Sonnenstunden abbekommt. Vor allem in kühlen Anbaugebieten ist das ein großer Vorteil. Auf der nördlichen Halbkugel bedeutet dies eine Ausrichtung nach Süden, denn Südlagen empfangen

WAS DIE WEINREBE BRAUCHT

1 Viel Sonne und Licht:
Über Photosynthese bezieht die Weinrebe Energie für ihr Wachstum, sie benötigt dazu mindestens 1300 Sonnenstunden pro Jahr.

2 Moderate Temperaturen:
Für eine gute Weinqualität muss die Reifung der Trauben langsam und gleichmäßig erfolgen. Vom Zeitpunkt der Blüte bis zur Ausreifung der Beeren sollten mindestens 100 Tage vergehen. Bei einer Jahrestemperatur unter 10 °C ist eine vollständige Ausreifung nicht gesichert. Ein Wein mit wenig Frucht, niedrigem Alkohol- und hohem Säuregehalt ist die Folge. Hohe Durchschnittstemperaturen begünstigen den Zuckeraufbau in den Beeren und treiben den Alkoholgehalt des Weines nach oben.

3 Genügend Niederschlag:
Fällt zu wenig Niederschlag, gerät die Rebe in eine Art Trockenstress, die Trauben reifen nicht mehr weiter. Zu viel Niederschlag verursacht Pilzkrankheiten, die sich auf die Traubenqualität auswirken.

im Frühjahr und Herbst bedeutend mehr Wärme von der Sonne als eine flache Lage. In Zeiten des Klimawandels kann es jedoch in Südlagen bereits zu heiß sein. Davon profitieren wiederum Lagen, die der Sonne abgewandt sind.

4 Höhenlage: Die Höhe eines Weinbergs hat ebenfalls einen entscheidenden Einfluss auf die Lage. Innerhalb einer Steillage ist meistens der mittlere Hangbereich für die Reben und damit auch für die Traubenqualität am besten. Am Fuß des Berges staut sich oftmals die Feuchtigkeit, während auf dem Bergkamm der Wind heftig vorüberfegt – und das mag die Weinrebe überhaupt nicht. In manchen Anbaugebieten liegen die Weinbergslagen extrem hoch. Sie sind zwar flach, mitunter aber mehrere Hundert Meter bis Kilometer über dem Meeresspiegel gelegen. Vor allem in sehr heißen Gebieten ist dann nur in hochgelegenen Lagen qualitativer Weinbau möglich. Je höher, desto kühler, desto gleichmäßiger die Reife. Pro etwa 100 Meter Höhenanstieg nimmt die Temperatur um 0,5 °C bis 1 °C ab. In einem heißen Anbaugebiet wie Argentinien liegen heute Weinbergslagen auf über 1000 bis hin zu 3000 Metern. Das Phänomenale ist nicht nur die kühlere Temperatur, sondern auch der extremere Unterschied zwischen Tag- und Nachttemperatur, was die Zucker- und Säurewerte in der Traube ausgewogen

Weinterrassen von Lavaux
Das Weinanbaugebiet mit Blick auf den Genfersee und die Alpen ist mittlerweile UNESCO-Weltkulturerbe.

hält. Je höher die Lage, desto dünner die Atmosphäre. Das wiederum bewirkt ein intensiveres Sonnenlicht, die UV-B-Strahlung nimmt zu. Die Rebe bildet daraufhin kleinere Beeren mit dickeren Schalen, sodass die Beeren einen deutlich höheren Phenolgehalt und intensivere Farbstoffe aufweisen. Das sind beste Voraussetzungen für eine sehr gute Traubenqualität mit der Anlage für langlebige Weine.

5 **Gewässernähe:** Auch die Nähe zu einem Fluss oder See beeinflusst eine Weinbergslage. Das Wasser wirkt wie ein Wärmespeicher und Feuchtigkeitsregulator, sorgt für eine optimale Luftzirkulation und ein positives Mesoklima (Lagenklima im Radius von mehreren 100 Metern) im Weinberg.

6 **Meeresnähe:.** Ist das Meer nicht weit von einer Weinregion entfernt, spricht man von einem maritimen Einfluss. Unter diesem Einfluss gibt es im Vergleich zum kontinentalen Klima (heiße Sommer, kalte Winter, höhere Tag-Nacht-Temperaturunterschiede) keine extremen Temperaturunterschiede. Zudem beeinflussen kühle Luftströme vom Meer die Temperaturen angrenzender Weinregionen. So wirkt beispielsweise der Pazifik kühlend auf die Temperaturen im Napa und Sonoma Valley.

Terroir – Magie oder Einzigartigkeit

Die Franzosen prägten das Wort Terroir. Für die einen ist es ein inflationär bemühtes Wort in Bezug auf Wein, für die anderen ist es pure Magie. Im Grunde handelt es sich um

Rebhänge am Neckar
Mildes Klima, guter Boden und viel Sonne lassen die Trauben bestens reifen und geben württembergischen Weinen ihren einzigartigen Charakter.

das Zusammenspiel von Klima, Lage, Boden und Rebsorte. Terroir bezieht sich auf den Boden, auf dem die Reben wachsen. Jede Rebsorte braucht eine bestimmte Bodenqualität, auf dem sie sich am besten entwickeln kann. In den Weinregionen rund um den Erdball haben die Böden unterschiedliche Entstehungszeiten (geologisches Zeitalter, beispielsweise der Jura) und folglich ganz verschiedene Zusammensetzungen, Gesteinsarten, Sedimente und Ablagerungen.

Es gibt Rebsorten, die auf einzigartige Weise den Boden im Wein widerspiegeln, auf dem die Trauben herangereift sind – das ist die Magie. Diese Rebsorten werden auch als Terroirtranslator bezeichnet. Riesling ist zum Beispiel so ein „Bodenübersetzer". Der Boden kann also in einem Wein schmeckbar sein, dann wird die Vokabel „mineralisch" bemüht. Für die einen ist es Hokuspokus und für die anderen Einzigartigkeit. In jedem Fall spricht es für Qualität, denn die Herkunft ist nur schmeckbar, wenn die Trauben aus einem eng gefassten Radius mit einheitlichen Bedingungen stammen.

Reben können und sollen ihre Wurzeln tief ins Erdreich hinein ausbilden. Bei idealen Bodenbedingungen bilden sie mehr als zehn Meter tiefe Wurzeln. Dafür muss die Rebe aber einen Anreiz bekommen, das heißt: Wird sie von oben verwöhnt, streben ihre Wurzeln nicht in die Tiefe, zum Beispiel wenn es im Weinberg ein Bewässerungssystem gibt. Wenn es regnet, sollte das Wasser über eine Drainage schnell in die Tiefe absickern können. Dafür ist es wiederum wichtig, dass der Boden über ein ausreichendes Wasserhaltevermögen in der Tiefe verfügt. In kühleren Regionen ist es von Vorteil, wenn sich der Boden zügig erwärmt. Reben entwickeln sich prächtig, wenn der Boden zudem einen entsprechenden Gehalt an Nährstoffen und Humus enthält. Außerdem müssen die Grundbedingungen erfüllt sein und die Art der Bewirtschaftung muss stimmen (siehe ab Seite 147).

Weinbau und Klima

 **Melanie Engels** betreibt mit ihrer Familie und ihren Mitarbeitern das Obst- und Weingut Ingenhof in Bad Malente. Der kleine Ort befindet sich auf dem 54. Breitengrad, jenseits des klassischen Rebengürtels.

Wie kam es, dass Sie mit dem Weinbau begonnen haben? Es ist eher ungewöhnlich, dass in Schleswig-Holstein Weinbau betrieben wird? Was waren die Voraussetzungen?

Der Weinanbau ist ein besonderes Alleinstellungsmerkmal für unseren Hof mit vielen Synergieeffekten. Ich habe nach etwas gesucht, was zu unserem Erdbeerhof passt und mir viel Freude macht. Da kam die Idee mit dem Wein! Seit 2009 betreiben wir mit einer Anbaufläche von drei Hektar einen wunderschön gelegenen Weinberg in Schleswig-Holstein und haben den Südhang mit 30 Grad Neigung zu neuem Leben erweckt. Dort, wo jahrzehntelang keine Bewirtschaftung möglich war, wächst nun unsere wertvollste Frucht.

Die vermuteten Synergieeffekte mit den anderen Betriebszweigen kommen langsam zum Tragen. Die Feriengäste zeigen Interesse an unserer Idee, nehmen an Weinbergführungen teil und kaufen unsere Produkte, wodurch eine gute Kundenbindung entsteht. Durch den Wein haben wir eine steigende Auslastung der Ferienwohnungen, vor allem in der Nebensaison. Es kommen dann interessierte Gäste, die nicht auf die Ferien angewiesen sind.

Die Voraussetzungen für eine erfolgreiche Bewerbung wurden 2008 vom Landwirtschaftsministerium beurteilt. Mit der Bewerbung um die Rebrechte mussten wir ein Vermarktungsgutachten und ein kostspieliges Klimagutachten vom Deutschen Wetterdienst vorlegen. Das bestätigte uns optimale Voraussetzungen für den Standort. Das Mikroklima an unserem Gröndalberg sorgt für beste Bedingungen – durch Knicks windgeschützte Südlage mit 30 Prozent Gefälle und sandigem, mineralstoffreichem Lehmboden.

Welche Sorten haben Sie angepflanzt? Wie kommen die Reben mit dem nördlichen Klima zurecht?

Mit dem Klima kommen die weiße Rebsorte Solaris und die roten Sorten Regent und Cabernet Cortis sehr gut zurecht. Sie sind pilzresistent und trotzen den vielen Niederschlägen. Das sind früh reifende Sorten, die auch mit weniger Sonnenstunden reif werden und sehr gute Qualitäten erreichen. Mit großem Respekt und äußerster Sorgfalt begleiten wir die Reben durch das Jahr.

Auf welchen Böden wachsen die Reben?

Die Südlage mit 35 Grad Neigung fängt das Sonnenlicht optimal ein. Die Knicks und der Wald ringsherum sorgen für ein geschütztes Kleinklima im Weinberg. Der hohe Gesteinsanteil im lehmigen Sand speichert tagsüber die Wärme der Sonnenstrahlen. In der Nacht werden die Rebstöcke von der Strahlungswärme der obenaufliegenden Steine gewärmt. In der Nähe befindet sich eine Kieskuhle, die die steinige Beschaffenheit des Bodens untermauert.

Gibt es signifikante Unterschiede im Vergleich mit anderen klassischen deutschen Anbaugebieten?

Ein entscheidender Unterschied ist die fehlende Infrastruktur für den Weinanbau. Für jede Maschine, die man kaufen möchte, fährt man nach Süddeutschland, um sich vor Ort zu informieren. Der Versand der Proben zum Weinlabor in Süddeutschland ist kostspielig und erfolgt per Express. Das ist mehr Aufwand und erfordert eine vorausschauende Planung. Fehlende Ersatzteile einer defekten Maschine während der Lese kosten wertvolle Zeit, die man manchmal nicht hat, wenn beispielsweise ein Wetterumschwung angekündigt ist.

Sie können Ihren Wein als Schleswig-Holsteiner Landwein vermarkten. Meinen Sie, dass Sie in Zukunft auch Lagennamen auf Ihre Weinetiketten schreiben dürfen?

Das wird von dem künftigen Weingesetz in Schleswig-Holstein abhängen. Da bisher keine weinbauliche Verordnung dies zulässt, ist die Vermarktung als Schleswig-Holsteiner Landwein momentan unser höchstes Qualitätsprädikat, weil wir den Wein selbst auf unserem Weingut keltern und die Trauben nicht im Süden ausbauen lassen.

Wird der Weinbau im Norden von Klimaveränderungen profitieren? Oder wird es eine ständige Herausforderung sein, wenn die Extreme im Witterungsverlauf auch im Norden zunehmen?

In den letzten Jahren haben wir zunehmend Wetterextreme beobachtet, die uns zu einem neuen Anbausystem im Erdbeeranbau veranlasst haben, um das Risiko eines Totalausfalls zu splitten. Der Weinbau wird mittelfristig von der Erwärmung profitieren. Die derzeit verfügbaren Sorten sind absolut interessant und müssen sich nicht vor den altbewährten Sorten verstecken. Ich bin sehr begeistert von der frischen Spritzigkeit des Solaris, der sich gut entwickelt. Mit der wachsenden Erfahrung wird der Ingenhof sicher noch spannende Weine hervorbringen. Die Weinwelt lebt doch von der Vielfalt.

Den Weinberg bewirtschaften

Immer an der frischen Luft oder im urigen Weinkeller arbeiten – so angenehm stellt sich der Laie vielleicht ein Winzerleben vor. Doch die Realität sieht meistens anders aus.

Das Thema Weinbau ist sehr komplex und vielfältig. Doch der Grundstein für die Qualität eines Weins wird nicht erst im Weinkeller gelegt, das geschieht bereits im Weinberg. Mitbestimmend sind zum einen die natürlichen Bedingungen wie Klima, Lage des Weinberges, Bodenbeschaffenheit und Rebsorte. Daher sind Weinbaugebiete nur dort zu finden, wo diese Faktoren übereinstimmen. Zum anderen spielt der Mensch eine wesentliche Rolle, der die vorgegebenen Voraussetzungen für den optimalen Weinbau nutzt oder auch nicht.

Die Art der Bewirtschaftung

Der Winzer entscheidet, auf welche Art und Weise er seine Weinberge bewirtschaften und was er aus den natürlichen Gegebenheiten machen möchte. Ein umfangreiches theoretisches Wissen ist eine nützliche Voraussetzung für die Weinerzeugung. Bedeutender und von unschätzbarem Wert sind Erfahrung, ein ganzheitlicher Blick auf natürliche Kreisläufe, Sensibilität für klimatische Abläufe und Veränderungen sowie ein Gespür für den Wein selbst. Mit der Neuanlage eines Weinberges entscheidet er, ob er auf Qualität oder auf Quantität setzt. Entweder wählt er Rebsorten, die er unbedingt anbauen möchte oder stark nachgefragt werden. Er entscheidet über die Art und Intensität der Bewirtschaftung und, wie stark er in ein Ökosystem eingreifen möchte. Schließlich bestimmt er noch, wie der Wein vermarktet wird. Doch am Ende entscheidet immer der Kunde, ob ihm der Wein schmeckt und ob er ihn noch einmal kaufen wird.

Der konventionelle Weinbau

Im konventionellen Weinbau setzt der Winzer auf Sicherheit. Wie bei der intensiven Tierhaltung, wird auch im konventionellen Weinbau der Weinberg auf Hochleistung getrimmt. Was bei intensiver Massentierhaltung das prophylaktische Antibiotikum ist, sind im konventionellen Weinbau die chemischen Pflanzenschutzmittel, Fungizide und Pestizide, die im Kampf gegen Rebkrankheiten und Schädlinge oft ohne Rücksicht auf Verluste eingesetzt werden. Pflanzenschutzmittel wirken toxisch und belasten die Menschen und Umwelt. Bodenproben ergaben, dass nach dem Einsatz dieser Mittel kaum noch Leben im Boden existiert. Was der Boden der Rebe nicht mehr liefern kann, wird künstlich ausgebracht. Düngemittel aller Art

Traumberuf?
Vor allem umweltschonender und ökologischer Weinbau bedeuten für den Winzer viel Aufwand und Handarbeit.

versorgen die Rebe mit allem, was sie braucht, damit am Ende der Ertrag stimmt. Das Aroma der Beeren, ein natürlicher, gesunder Weinberg und eine gute Weinqualität stehen bei dieser Vorgehensweise definitiv nicht an erster Stelle. Es gibt gesetzliche Bestimmungen, die regeln, wie viel von den jeweiligen Mitteln ausgebracht werden dürfen. Auch bestimmte Spritzzeiten müssen eingehalten werden und ein Wechsel der verschiedenen Wirkstoffe ist vorgeschrieben. Doch die Natur gewöhnt sich schnell an die Wirkstoffe der Pflanzenschutzmittel, sodass Insekten, Unkräuter und Pilze Resistenzen entwickeln. Ein konventionell bewirtschafteter Weinberg lässt sich oft auch an der fehlenden Begrünung zwischen den Rebzeilen erkennen. Weine im unteren Preissegment kommen in der Regel aus dem konventionellen Anbau.

Die kontrolliert umweltschonende Bewirtschaftung

Der Winzer kultiviert nur Rebsorten, die zum entsprechenden Terroir (siehe Seite 143) passen. Gedüngt wird so wenig wie möglich und so viel wie nötig. Bei dieser Art der Bewirtschaftung verzichtet der Weinbauer nicht auf den Einsatz von chemischen Mitteln, aber er reduziert sie stark. Der kontrolliert umweltschonend arbeitende Winzer handelt nach der Devise: Nur ein Rebstock, der im Einklang mit der Natur wächst, bringt Weine hervor, die ihre Herkunft widerspiegeln. Die Fruchtbarkeit der Böden betrachten sie als wichtigstes Kapital. Eine alternierende Begrünung der Rebzeilen sorgt für ein ausgewogenes Ökosystem. Durch die Pflanzung von Tiefwurzlern zwischen den Rebzellen, zum Beispiel Luzerne, wird der Boden aufgelockert. So wird der Boden auf natürliche

Weise mit Stickstoff versorgt, der für die Rebe lebenswichtig ist. Die Weine sind in der Regel rebsorten- und herkunftstypisch und nicht gerade die fragilsten. Je nach Lage und Alter der Rebstöcke bringen sie auch langlebige Weine hervor. Es sind verlässliche Qualitäten, die oft ab fünf Euro im Handel sind.

Der ökologische Weinbau

In den 70er- und verstärkt in den 80er-Jahren des letzten Jahrhunderts formierte sich eine Bewegung gegen eine generelle chemische Behandlung des Weinbergs. Winzer, die sich gegen Chemie bei drohenden Rebkrankheiten entschieden haben, mussten sich mit den Unwägbarkeiten der Natur auseinandersetzen und anerkennen, dass es keine totale Sicherheit gibt. Ein Bio-Winzer stellt sich jedes Jahr aufs Neue den Herausforderungen im Weinberg. Er betreibt Pflanzenschutz mit milderen Mitteln. Das führt bei schwierigen Witterungsbedingungen zu einem enormen Aufwand. Durch die stetige Handarbeit im Weinberg kann er das Wachstum der Reben genau verfolgen. Durch massive Selektion der Trauben, auf Kosten des Ertrags versteht sich, wird nur gesundes Traubengut zu Wein verarbeitet. Ökologisch bewirtschaftete Weinberge sind an sich vitaler und die Reben wurzeln deutlich tiefer, daraus entstehen Weine mit mehr Mineralität und Charakter. Mit der Bereitschaft zu einem höheren Risiko und zu mehr Aufwand sorgt der Winzer für eine gute Weinqualität. Dieser Aufwand hat natürlich seinen Preis.

Dennoch gibt es Bio-Weine in den Supermarktregalen für 1,99 Euro. Die meisten Weine aus diesem Preissegment kommen aus warmen und trockenen Anbauländern. Je trockener und wärmer das Klima, desto geringer sind die Pilzkrankheiten der Rebe. Bisher beziehen sich die Bio-Siegel weitestgehend auf Anbaubestimmungen im Weinberg, nicht jedoch auf die Arbeit im Weinkeller.

Auf Seite 151 finden Sie die gängigsten Siegel für Bio-Produkte. Die Tabelle zeigt, dass die Anbaufläche, die biologisch bewirtschaftet wird, in den meisten Anbauländern stetig steigt. Vor allem in den warmen Anbauländern ist der biologische Weinbau auf dem

Bio-Anbau in Zahlen

Land	Gesamt	Bio-Anbau	in %	Tendenz
Spanien	957 573	83 932	8,8	↑
Italien	646 485	66 578	10,3	↑↑
Frankreich	804 831	64 610	8	→
Deutschland	102 810	7 800	7,6	↑
Griechenland	65 330	4 718	7,2	→
Österreich	43 994	4 414	10	↑
Bulgarien	60 299	3 872	6,4	↑↑
USA	380 000	15 647	4,1	↑
Argentinien	201 000	4 139	2,1	→
Chile	202 000	3 595	1,8	→
Neuseeland	34 000	2 500	7,4	↑↑

Quelle: Forschungsinstitut für biologischen Landbau (FiBL, Schweiz), EU-Kommission und Recherchen von Wolfram Römmelt/Stand 12/2013

Vormarsch und schon längst keine Nische mehr.

Biodynamischer Weinbau

Bei einer biodynamischen Bewirtschaftungsweise scheiden sich die Geister. Der Winzer konzentriert sich auf das Bodenleben unter Berücksichtigung kosmischer Kräfte, was im krassen Gegensatz zur naturwissenschaftlichen Weltanschauung von heute steht. Doch was steckt hinter der Idee des biodynamischen Weinbaus? Die Grundlagen gehen zurück auf den Geisteswissenschaftler Rudolf Steiner. Seine Form der eher spirituellen Lebensanschauung teilen nicht alle Winzer, die biodynamischen Weinbau betreiben – sie ist auch keine Voraussetzung dafür. Im Mittelpunkt dieser Art der Bewirtschaftung stehen die Natur und ein geschlossener Kreislauf der Landwirtschaft. Das heißt, alles, was für den Weinbau gebraucht wird, wird nicht nur selbst erzeugt, sondern auch verwertet. Der wesentliche Unterschied zur biologischen Bewirtschaftung ist die Verwendung von speziellen biodynamischen Präparaten und die Einbeziehung der Mondphasen für bestimmte Arbeitsschritte.

Viele biodynamisch orientierte Winzer versuchen nicht nur ihren Weinberg in diesem Sinne zu pflegen, sondern sie schaffen auch Flächen um den Weinberg herum, die Abwechslung in Flora und Fauna bieten, zum Beispiel durch Obstbäume, Sträucher, Wiesen und Wälder.

Der Verband, der hinter dem biodynamischen Weinbau steht, ist demeter. In Deutschland gehören dem Verband bereits 58 Weingüter und weltweit über 600 an – mit steigender Tendenz.

Tipp vom Profi

Wie schmecken biodynamische Weine? Sie sind ein Spiegelbild ihrer Herkunft, fordern unsere Nase und unseren Gaumen, sie haben Ecken und Kanten. Meist sind sie keine Leisetreter, in der Regel sind sie das Gegenteil eines runden und unkomplizierten Weines. Der große Aufwand beim Weinbau erfordert einen Preis fernab der Preiseinstiegsebene. Machen Sie wieder einen Selbsttest. Probieren Sie einen konventionell erzeugten Wein, einen Bio-Wein oder einen biodynamisch produzierten Wein. Finden Sie durch Probieren heraus, welcher Wein Ihnen gefällt. Stellen Sie dazu Fragen, wenn Sie den Wein einkaufen. Oder besuchen Sie Webseiten verschiedener Weinproduzenten und Weingüter. Wecken diese Ihr Vertrauen? Im Gespräch mit den Winzern erfahren Sie meist mehr als das Etikett verrät.

Die gängigsten Bio-Siegel

 **Europäisches Bio-Siegel:** Weine mit diesem Siegel entsprechen hohen gesetzlich gesicherten Standards. Winzer können ihren Wein zusätzlich mit dem deutschen Bio-Siegel oder dem Siegel anderer Bio-Verbände kennzeichnen. Die wichtigsten Vorgaben sind: Es fürfen höchstens 0,9 % gentechnisch verändertes Material verwendet werden, mindesten 95 % der Inhaltsstoffe müssen aus ökologischem Anbau stammen.

 **Bioland – Verband:** Das Siegel gilt nicht nur für Wein, sondern für alle landwirtschaftlichen Produkte, die nach diesen Richtlinien – Förderung der Artenvielfalt, Erhalt einer vielfältigen Kulturlandschaft, schonender Umgang mit Resourcen – des Verbandes für ökologischen Landbau arbeiten.

 **Naturland – Verband:** Produkte mit diesem Siegel müssen höchsten Bio-Ansprüchen genügen und fair gehandelt werden. Der Unterschied zu anderen Öko-Verbänden ist die Sozialrichtlinie in der Satzung.

 **Europäisches Bio-Siegel – staatlich:** Weine mit diesem Siegel müssen zu 95 % aus der Bio-Produktion stammen. Gentechnik ist verboten, die Höchstwerte für Sulfite sind um ein Drittel reduziert, keine Herbizide, die Wahl der Pestizide ist eingeschränkt, synthetische Pflanzenschutzmittel sind nicht crlaubt. Wurde von dem blattförmigen Bio-Siegel abgelöst.

 **Bio-Siegel der USA – staatlich:** Es ist weniger stringent als die europäischen. Die Produkte oder Rohstoffe stammen aus biologischer Landwirtschaft. Es gibt drei Kriterien: 100 % biologisch, biologisch nur zu 95 %, hergestellt mit biologisch erzeugten Zutaten oder Lebensmittelgruppen nur 70 %.

 **Bio-Siegel Frankreich – staatlich:** Es ist das vom französischen Agrarministerium vergebene offizielle Siegel für Erzeugnisse aus biologischem Anbau in Frankreich. Es entspricht dem deutschen sechseckigen Siegel, das durch das Bio-Blatt abgelöst wurde, ebenso in Frankreich.

 EcoVin ist der größte Verband ökologisch arbeitender Weingüter. Das Verbandslogo ist ein Garantiesiegel. Weine mit diesem Siegel sind mehr als nur Bio-Weine. Die Winzer schützen die Vielfalt von Pflanzen und Tieren, sorgen für eine klimafreundliche Produktion und vermeiden Umweltfolgekosten.

 **Bio-Siegel Italien – staatlich:** Dahinter steht ein italienischer Öko-Anbauverband mit Richtlinien, die strenger als die der EU für „Bio" sind. Der Betrieb muss vollständig nach ökologischen Prinzipien geführt werden, er muss seine Emissionen verringern und sollte erneuerbare Energiequellen zur Produktion verwenden.

Den Weinberg pflegen

Der Winzer investiert im Jahresverlauf zahlreiche Arbeitsstunden. Er betreut die Rebe vom Winterschnitt bis sie schließlich gesunde Trauben hervorbringt.

Bevor die Rebe zum ersten Mal Trauben zur Weinherstellung erbringt, muss sie mindestens drei Jahre alt werden. Nach etwa acht Jahren steht sie voll im Ertrag. Durchschnittlich hat die Rebe in einem Hochleistungsweinberg eine Lebenserwartung von etwa 35 Jahren. Je älter sie ist, desto weniger Ertrag bringt sie. Das bedeutet aber nicht, dass Reben nicht älter als 35 Jahre werden können. Es gibt Winzer, die hegen und pflegen ihre alten Weinberge so sehr, dass einige der Reben ein stolzes Alter von über 80 Jahren haben. An so alten Rebstöcken hängen nur noch wenige Trauben. Aber diese wenigen Exemplare sind dermaßen konzentriert und voller Aroma, dass sie einen wunderbaren Wein ergeben. Bei diesen Weinen ist das Alter ein Qualitätsmerkmal und ist auf dem Etikett mit dem Hinweis versehen: Alte Rebstöcke, Vieilles Vignes, Old Vine.

Die Rebe erziehen

Reben strecken sich gerne der Sonne entgegen und treiben ihre Triebe in die Höhe. Wenn eine Rebe Trauben für einen guten Wein erbringen soll, muss sie vom Winzer „erzogen" und ihre Wuchsfreude etwas gebremst werden. Da man heute bestens über die Physiologie von Reben Bescheid weiß, konnte man daraus verschiedene „Erziehungsformen" entwickeln. Welche Erziehungsform der Winzer dann wählt, hängt zum einen von der Lage des Weinberges ab, aber auch wie viel Ertrag die jeweilige Erziehungsform erbringen und gegebenenfalls möglichst unproblematisch mit der Maschine bearbeitet werden kann. Je nach Anbauregion gilt es, durch die Erziehungsform ein gutes Laubdach zu schaffen, um die Trauben vor direkter Bescheinung zu schützen. Denn auch Weintrauben bekommen Sonnenbrand, dabei färbt sich die Schale der Trauben braun und es bilden sich unerwünschte bittere Phenole (siehe Seite 135) in der Beere.

In der Übersicht Erziehungsformen sind verschiedene Erziehungssysteme dargestellt. Man unterscheidet beispielsweise zwischen Drahtrahmenerziehung, Buscherziehung, Lyraerziehung und Pergolaerziehung. Die meisten Variationen der Systeme sind auf drei alte Grundformen zurückzuführen – die Gobelet-Erziehung, das Guyot-System und die Kordon-Erziehung.

Drahtrahmenerziehung: Die Reben ranken an Drähten empor (Drahtrahmen) und werden beim Winterschnitt auf ein bis zwei

Perfekte Reife
Ob die Reben köstliche Trauben hervorbringen, ist von vielen äußeren Faktoren
abhängig. Nicht zuletzt vom Pflegeauf-
wand, den der Winzer betreibt.

Fruchtruten angeschnitten. Auf der Fruchtrute sitzen sogenannte Augen, aus denen
sich im Frühjahr Triebe entwickeln, an denen später die Trauben heranreifen. Die
Fruchtrute wird je nach angestrebtem Ertrag
zwischen sechs bis 15 Augen angeschnitten,
gebogen und am untersten Draht befestigt.
Die Höhe des Rebenstamms variiert und eine mechanische Bearbeitung ist möglich.
Somit ist sie ein weitverbreitetes System in
Europa, zum Beispiel in Deutschland, im Elsass, im Bordeaux, im Piemont oder in der
Toskana.

Busch- oder Bäumchenerziehung: Der
Rebstamm wird mit 20 bis 60 Zentimetern
sehr kurz gehalten. Die Rebe wird so be-
schnitten, dass zwischen zwei bis maximal
fünf nach oben wachsende Schenkel stehen
bleiben. Im Sommer schützt das Laubdach
die Beeren vor zu starker Sonnenbestrahlung.

Lyraerziehung: Die Fruchtruten werden in
eine Art V-Form gebracht, diese Form führt
zu einer Zweiteilung und Schrägstellung der
Laubwand. Das bedeutet für die Blätter eine
besonders hohe Strahlungsaufnahme (Licht-
Photosynthese). Zudem herrscht ein optimales Mikroklima im, um und am Rebstock.

Pergolaerziehung: Die Fruchtruten werden durch eine waagerechte Führung über
eine Art Gasse erzogen, wodurch ein Laubdach entsteht und die Trauben nach unten
hängen. Heute findet man diese Form nur
noch selten, beispielsweise in Südtirol, im
Vinho Verde oder in Südamerika.

Die Rebe schneiden

Mehrmals im Jahr muss die Rebe durch einen Schnitt in Form gebracht werden. Der
entscheidende Rebschnitt findet im Winter
statt. In dieser Zeit wird die Rebe für den

nächsten Vegetationszyklus vorbereitet. Altes Holz wird herausgeschnitten, weil Trauben nur an einjährigem Holz wachsen. Mit dem Rebschnitt strebt der Winzer eine Ausgewogenheit zwischen Ertrag und Wachstum an. Hat die Rebe zu viele Trauben tragende Triebe, dann fällt der Ertrag zu hoch aus. Qualitätsorientierte Winzer beschneiden den Rebstock so, dass die Kraft der Rebe ausreicht, um die heranreifenden Trauben mit Energie und Nährstoffen zu versorgen. Zu viele Trauben am Rebstock bringen einen viel zu schwachen Wein hervor.

Der Winterschnitt allein reicht nicht aus. Da die Rebe ungezügelt gen Himmel wuchert, müssen die Triebe immer wieder gekappt werden, damit die Rebe in der Lage ist, die Trauben ausreifen zu lassen. Eine weitere qualitätsfördernde Maßnahme ist Ende August die sogenannte „Grüne Lese". Dabei schneidet der Winzer unterentwickelte Trauben heraus, damit die Rebe in den letzten Wochen vor der Lese ihre Energie auf die gesunden, gut ausgebildeten Trauben konzentrieren kann.

Die Weinlese

Die Traube wird idealerweise zum Zeitpunkt der physiologischen Reife gelesen. Früher konzentrierte sich der Winzer auf analytische Werte, indem er mithilfe eines Refraktometers den Säure- und Zuckergehalt der Trauben geprüft hat. Im Qualitätsweinbau muss man die Trauben darüber hinaus auch verkosten, optisch bewerten und durch Zer-

drücken der Beere den Reifezustand testen. Über die Verkostung wird erkennbar, ob die Beeren reif genug sind. Durch das Zerdrücken stellt der Winzer fest, wie gut sich die Schale vom Fruchtfleisch löst und wie die Färbung der Traubenkerne ist. Lässt sich die Schale leicht lösen und sind die Kerne bereits bräunlich gefärbt, dann spricht das für eine gute Ausreifung.

Im Qualitätsweinbau werden die Trauben per Hand gelesen und in kleine Boxen gelegt, dafür benötigt der Winzer jedes Jahr viele Erntehelfer. In der Champagne dauert die Weinlese im September eine ganze Woche, dann tummeln sich rund 100 000 Erntehelfer in der Region, die gegen Kost und Logis Trauben lesen. Nicht jedes Anbaugebiet ist so populär, deshalb gibt es oft nicht genug Lesehelfer.

In flachen Lagen und mit gewissen Qualitätsabstrichen kann die Lese durch einen Traubenvollernter erfolgen. Das riesige Gefährt zieht Bahnen durch die Traubenzeilen, schüttelt den Rebstock und die reifen Beeren werden von der Maschine aufgefangen. Die „leeren" Rispen bleiben größtenteils am Rebstock hängen. Obwohl die Maschinen heute schon deutlich schonender „lesen" als es früher der Fall war, überstehen das Abschütteln die meisten Beeren nicht unbeschadet. Die Trauben werden dabei bereits angedrückt und der erste Saft tritt aus. Die beschädigten Trauben müssen dann zügig im Weinkeller weiterverarbeitet werden.

Maschineneinsatz
Bei der Weinlese mit Maschinen, wie hier in Frankreich, werden die Trauben oft stark in Mitleidenschaft gezogen.

→ Der Einsatz von Maschinen

Maschinen bei der Lese einzusetzen hat Vorteile im Hinblick auf Manpower und Schnelligkeit. Manchmal entscheiden nur wenige Tage, ob die Trauben hängen bleiben sollen oder nicht. Kündigt sich eine Schlechtwetterfront an, müssen die Trauben bei der manuellen Lese vor dem Regen eingebracht werden. Mit einem Traubenvollernter lässt sich die Lese bis zur allerletzten Minute hinauszögern. Wenn Wein auf der Preiseinstiegsebene verkauft wird, also die Produktionskosten niedrig sein müssen, dann ist der Maschineneinsatz unverzichtbar. Doch mit dem Anspruch auf Qualitätsweinerzeugung setzt der Winzer seltener Maschinen ein, weil das Gewicht der Fahrzeuge den Boden verdichtet und schwächt. Das führt zu einer Einengung oder Zerstörung der natürlichen Versorgungsleitungen, die Sauerstoff in den Boden bringen und für eine gute Wasserdrainage sorgen. Das wiederum kann die Bodenstruktur derart verändern, dass die Bodenfruchtbarkeit stark in Mitleidenschaft gezogen wird. Wurzeln und Bodenlebewesen sollten uneingeschränkt den Boden erschließen und nutzen können. Ein Teufelskreis beginnt – die Maschinen sorgen für eine irreversible Bodenverdichtung, die Rebe kann sich nicht mehr ausreichend versorgen, Düngemittel müssen mit Maschinen ausgebracht werden.

Aus der Traube Wein herstellen

Das Prinzip ist immer gleich: Die alkoholische Gärung verwandelt mittels Hefepilzen Most oder Maische zu Wein. Ob das gelingt, hängt vom Können des Kellermeisters ab.

Die Trauben werden nach der Lese zur Traubenannahme des Weinguts oder der Genossenschaft gebracht. Der Transportweg sollte so kurz wie möglich sein. Ist der Weg vom Weinberg zum Keller zu lang, wird das Traubengut mitunter geschwefelt. Damit wird eine mögliche spontane Gärung verhindert, auch Bakterien, die sich ebenfalls am Zucker der Trauben erfreuen, werden dadurch in ihrer Aktivität blockiert. Vor der Weiterverarbeitung im Weinkeller wird das Lesegut nach Jahrgang und Qualitätsanspruch selektiert. Dazu kommen die Trauben auf ein Förderband und werden per Hand sortiert. Nach der Anlieferung werden die Trauben entrappt und Schritt für Schritt weiterverarbeitet.

Die alkoholische Gärung

Der wichtigste Vorgang bei der Weinbereitung ist die Gärung, bei der Zucker in Alkohol und Kohlendioxid umgewandelt wird. Ein komplexer Vorgang, der permanent vom Winzer überwacht werden muss. Zu Beginn der Gärung sind mehrere Hefestämme am Start, doch nur der vitalste Stamm und der, der am meisten Zucker in Alkohol umsetzen kann, geht am Ende durchs Ziel. Manche Hefen können nur bis zu fünf Volumenprozent Alkohol umsetzen und bleiben auf halber Strecke liegen. Die vitalsten Hefen setzen bis zu 15 Volumenprozent um. Heutzutage sind beim Winzer, der kein Risiko eingehen möchte, Reinzuchthefen sehr beliebt (siehe Seite 137). Sie werden dem Most oder der Maische zugesetzt und „verdrängen" die natürlich vorhandenen Hefen. Wein muss einen Alkoholgehalt von mindestens 8,5 Volumenprozent haben. Reicht der natürliche Zuckergehalt der Trauben für diesen Mindestalkoholgehalt nicht aus, kann vor der Gärung Zucker zugegeben werden, das wird als Anreichern bezeichnet. Während der Gärung formt sich das Weinaroma, und es werden die der Rebsorte eigenen Aromen – die Primäraromen (siehe Seite 44) – gebildet.

Weißwein herstellen

Weißwein kann man aus weißen und roten Trauben herstellen. Die Herstellung ist ein aufwendiger Prozess und vollzieht sich in mehreren Schritten. Der Saft von weißen wie roten Trauben ist immer hell. Wenn rote Trauben ohne Schalenkontakt schnell und sanft abgepresst werden, entsteht ein Weißwein namens Blanc de Noir.

- **Entrappen:** Die weißen Trauben werden im Entrapper von den Stielen getrennt, dabei werden die Trauben angedrückt und Maische entsteht. Bei einer Ganztraubenpressung entfällt das Entrappen. Die entrappten Trauben werden in einen Tank oder in die Presse gegeben und kurz stehen gelassen. Man spricht dann von Maischestandzeit. In dieser Zeit lösen sich Struktur gebende Phenole aus der Schale, die dem fertigen Weißwein mehr Rückgrat geben.
- **Maische pressen:** Dabei läuft durch einen sanften Pressdruck der Most ab, der viele Trubstoffe enthält, da die Schalen aneinanderreiben. Bei der Ganztaubenpressung geben die Stiele durch den Pressdruck Fließkanäle vor – der Most kann leichter ablaufen und weniger Trub entsteht. So entstehen leichte, säurebetonte Weißweine.
- **Vorklären:** Der Most wird in einen großen Tank gefüllt und für mehrere Stunden stehen gelassen, damit sich die gröbsten Trubstoffe absetzen.
- **Gärung:** Der Most wird vom Vorklärtank in einen anderen Edelstahltank umgefüllt. In den meisten Fällen werden dem Most Reinzuchthefen (siehe Seite 137) zugegeben und die Gärung beginnt. Bei der sogenannten alkoholischen Gärung setzen Hefepilze den Zucker in Alkohol und Kohlendioxid um. Das Kohlendioxid entweicht. Die Tanks sind heute temperaturgesteuert, so bekommt

HÄTTEN SIE'S GEWUSST?

Es gibt etwa **700 verschiedene Hefearten**. Heutzutage werden dem Most oder der Maische Reinzuchthefen zugesetzt, die im Labor gezüchtet wurden und alle gewünschten Eigenschaften bieten.

Hefen werden bespielsweise eingesetzt, um bestimmte Aromen wie die von Pfirsichen oder Stachelbeeren im Wein zu erzeugen. Aber auch, um den Histamingehalt gering zu halten, den biologischen Säureabbau zu hemmen, eine cremige Textur zu erzielen oder um beim Rotwein die Gerbstoffe zu stabilisieren.

Sind diese Hefen genmanipuliert? In der EU ist der Einsatz von **gentechnisch** veränderten Hefen verboten. In Amerika, Kanada und anderen Nicht-EU-Ländern sind sie erlaubt.

die Hefe eine ideale „Arbeitsumgebung". Bei der Spontangärung starten Hefepilze aus der Kellerumgebung oder die von der Schale die Gärung von alleine. Manche weiße Rebsorten wie Chardonnay werden im Holzfass (Barrique) vergoren. Die Gärtemperatur ist höher und es entstehen andere Aromen im Wein.

▶ **Abstechen des Weins:** Nach Beendigung der Gärung wird der junge Wein vom Tank abgezogen und die abgestorbene Hefen verbleiben im Tank.

▶ **Biologischer Säureabbau:** Da die Temperatur in einem Holzfass nicht wie bei einem Edelstahltank gesteuert werden kann, läuft während oder im Anschluss an die alkoholische Gärung der sogenannte biologische Säureabbau ab. Dabei wandeln Milchsäurebakterien die spitzere Äpfelsäure in die mildere Milchsäure um. Die Weine haben dann eine deutlich mildere Säure und eine andere, meist cremigere Textur.

▶ **Schwefeln:** Nach der Gärung wird dem Jungwein in der Regel Schwefel zugesetzt, damit er stabil bleibt und die Weinfarbe keinen bräunlichen Touch bekommt. Bei stabilen Weinen und unter Ausschluss von Sauerstoff kann der Schritt der Schwefelung ausgesetzt werden. Auch während des Abfüllvorgangs wird den meisten Weinen als Antioxidationsschutz eine kleine Menge Schwefel zugesetzt.

▶ **Ausbau:** Bevor der Wein für die Füllung vorbereitet wird, vergehen Tage, Wochen oder gar Monate. Er sollte nach der Gärung etwas ruhen oder eine Reifung erfahren. Zum Ruhen bleibt der Wein in der Regel für ein paar Tage oder Wochen im Edelstahltank. Traditionell werden für die Ruhephase und zum Ausbau (Reifephase des Weins vor der Füllung) des Weins große Holzfässer verwendet, manchmal auch kleine Barriques, wodurch der Weißwein eine zusätzliche Aromendimension durch Holznoten bekommt. Da Holzfässer teuer sind, bekommt man durch Zugabe von kleinen, leicht gerösteten Holzchips eine Art Holzgeschmack in einen Wein, der in einem Edelstahltank lagert. Um zudem noch eine Art Fassreife „nachzustellen", führt man dem Wein durch Mikrooxidation gezielt Sauerstoff zu.

▶ **Blending:** Verschiedene Tanks und/oder Fässer und/oder Rebsorten werden für die Abfüllung zusammengeführt.

▶ **Stabilisierung des Weins:** Runterkühlen des Weines, damit die nicht im Wein gebundene Weinsäure „ausfällt" und sich als Weinstein absetzt.

▶ **Schönung:** Durch Filtration werden letzte Trubstoffe entfernt, sodass der Wein klar, sauber und hell ist. Biologisch oder biodynamisch erzeugter Wein kann man auch ungefiltert abfüllen.

▶ **Abfüllung und Ruhephase:** Der Wein wird auf Flaschen gefüllt und dann

Weißwein herstellen

Mahlen

Auch aus dunklen Trauben kann
Weißwein zubereitet werden.

Pressen

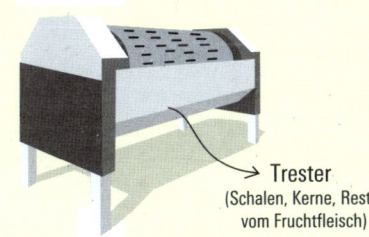

Trester
(Schalen, Kerne, Reste
vom Fruchtfleisch)

Saft

Gärung

Optionen: Holzfässer
oder Edelstahltanks

Reifung

Optionen: Holzfässer oder Edelstahltanks

Verschneiden

Optional: Verschiedene
Rebsorten oder Lagen
werden miteinander ver-
schnitten.

Abfüllung

Weißwein

verschlossen. Nach der Füllung ist der Wein „füllkrank". Er schmeckt in dieser Phase nicht und braucht vier Wochen, bis er sich harmonisiert hat.

Roséwein herstellen

Seit ein paar Jahren ist Roséwein sehr beliebt. Selbst die Hartgesottenen unter den Kritikern trinken inzwischen im Sommer genüsslich ihren Roséschoppen. Vorbei ist die Zeit, in der Rosé als nichts Halbes und Ganzes galt.

Bei der Herstellung von Roséwein unterscheidet man zwei Verfahren – das eine ähnelt der Weißweinherstellung und das andere heißt Saignée-Verfahren. Nachdem die Trauben entrappt und dabei angedrückt wurden, lässt der Kellermeister die Maische für ein paar Stunden stehen, damit sich die ersten Farbstoffe aus der Beerenschale lösen und den Most rosé färben. Je nach Rebsorte

und Standzeit färbt sich der Most mehr oder weniger stark rosa. Im Anschluss wird wie bei der Herstellung von Weißwein verfahren (siehe Seite 156).

Bei der zweiten Variante, dem Saignée-Verfahren, wird nicht der Most, sondern die Maische vergoren – samt Schalen, Fruchtfleisch und Kernen. Es gibt bestimmte Rebsorten, die von Natur aus weniger Farbpigmente in der Schale enthalten, Spätburgunder zum Beispiel. Um Weinen aus diesen farbschwächeren Reben das Optimum an Farbe zu entlocken, erfolgt nach etwa 24 Stunden ein Saftabzug. Das heißt, der Maische wird ein Teil des Saftes entnommen. Damit verändert man das Verhältnis der Maische an flüssigen und festen Bestandteilen, was den Mazerationsprozess, also die Auslaugung, verstärkt. So werden deutlich mehr Farbstoffe aus der Schale extrahiert. Der abgezogene, schon rosafarbene Most wird anschließend wie bei der Weißwein- oder Rotweinherstellung vergoren und ausgebaut. Die meisten Roséweine sind eher leicht und frisch und für den baldigen Genuss gedacht, deshalb werden sie nicht im Holzfass ausgebaut.

Rotwein herstellen

Der wesentliche Unterschied zwischen der Weiß- und Rotweinherstellung ist, dass für Weißwein Most vergoren wird und für Rotwein die Maische. In den roten Beeren befinden sich vor allem in der Schale Inhaltsstoffe wie Farb- und Gerbstoffe, die extrahiert werden. Deshalb werden für Rotwein die ganzen Beeren vergoren. Auch die Rotweinherstellung ist aufwendig und vollzieht sich in mehreren Schritten

- ▶ **Entrappen:** Die roten Trauben werden im Entrapper von den Stielen getrennt. Die Phenole in den Stielen sind in der Regel sehr bitter. Wenn es möglich war, die Trauben in einem gesunden Zustand und bei bester physiologischer Reife einzubringen, kann ein teilweiser oder kompletter Verzicht auf das Entrappen bei gerbstoffschwächeren Rebsorten Struktur in den Wein bringen, zum Beispiel bei der Rebsorte Pinot Noir.
- ▶ **Gärung:** Sie erfolgt meistens in geschlossenen Tanks. Der Maische werden für die Gärung vorzugsweise Reinzuchthefen zugesetzt.
- ▶ **Maische überpumpen:** Sobald die Gärung beginnt, reißt das entstehende

Kohlendioxid die Beerenschalen an die Oberfläche. Es bildet sich ein fester Tresterhut, den man „aufbrechen" muss, damit der Auslaugungsprozess der Schalen optimal verläuft. Dazu wird der Saft unten am Tank über eine Leitung abgezogen und oben auf die Maische gepumpt. Schonender und arbeitsintensiver ist das Unterheben der Maische mit einem großen Holzstampfer. Das erfolgt in offenen Gärtanks. Zum einen wird dabei der Saft nicht mechanisch gepumt, zum anderen ist der Auslaugungsprozess aus den Beerenhäuten deutlich höher, dennoch schonender. Das nennt man Pigeage.

- ▶ **Abziehen des Jungweins:** Der junge Wein wird von der Maische abgezogen.
- ▶ **Maische abpressen:** In der ausgelaugten Maische sitzt noch immer ein Anteil Wein, der in einer Rotweinpresse abgepresst wird. Der Presswein ist gerbstoffintensiver und wird separat ausgebaut.
- ▶ **Ausbau (Lagerung):** Nicht alle Rotweine werden im Holzfass ausgebaut. Leichte, besonders fruchtbetonte Rotweine werden kurz im Edelstahltank gelagert. Währenddessen durchläuft der junge Rotwein den biologischen Säureabbau (siehe Seite 158). Kräftige Rotweine vertragen den Ausbau in Barriquefässern. Sie haben ein Fassungsvolumen von 225 Litern und eine optimale Oberfläche, die auf den Wein wirkt. Wenn der Rotwein den biologischen Säureabbau

nicht bereits während der Gärung vollzogen hat, geschieht das während der Lagerzeit im Holzfass. Ein Rotwein kann für mehrere Monate oder Jahre im Holzfass gelagert werden. Bei preiswerten Rotweinen kommen Eichenholzchips zum Einsatz.

▸ **Schwefeln:** Nach Abschluss des biologischen Säureabbaus wird der Rotwein meistens geschwefelt. Gerbstoffe haben wie Schwefel eine antioxidative Wirkung. Daher müssen Rotweine mit vielen Gerbstoffen nur wenig bis gar nicht an dieser Stelle der Herstellung geschwefelt werden. Erst kurz vor der Abfüllung wird den meisten Weinen ein kleiner Teil an Schwefel zugesetzt.

▸ **Abziehen des Weins:** Je nach Lagerzeit wird der Wein immer mal wieder von Fass zu Fass umgezogen. Während der Lagerzeit setzen sich Trubstoffe am Fassboden ab. Der klare Wein kann dann abgenommen werden. Das ist eine sehr schonende Methode, die am Ende des Ausbaus gegebenenfalls die Filtration überflüssig macht.

▸ **Blending:** Verschnitt verschiedener Fässer, Tanks und/oder Rebsorten.

▸ **Schönung:** Mithilfe von Hühnereiweiß oder anderen Stoffen werden Trubstoffe aus dem Wein entfernt. Das Eiweiß verbindet sich nicht mit dem Wein und verursacht keine Geschmacksveränderung. Es geht nur um das Schönen der Farbe.

▸ **Abfüllung und Ruhephase:** Der Rotwein wird auf Flaschen abgefüllt und verschlossen. Beim Rotwein kann die Ruhe- und Lagerzeit nach der Abfüllung vier Wochen überschreiten, ein Teil des Ausbaus sein und mehrere Monate dauern.

Der Ausbau im Holzfass

Holzfässer werden schon sehr lange für die Weinlagerung eingesetzt. In Deutschland werden hochwertige Weißweine, wie Riesling, auch in Holzfässern gelagert. Je nach Anbaugebiet haben sie eine bestimmte Größe und einen Namen. Man hört dann Fuder, dieses Fass kann bis zu 1500 Liter fassen. Aber auch Stückfass (1200 Liter), halbes Stückfass (600 Liter) oder Doppelstückfass (3000 Liter). Diese Fässer sind in der Regel aus Eichenholz und werden über viele Jahrzehnte hinweg benutzt. Durch die lange Dauer der Belegung mit Wein hat sich eine dicke Schicht Weinstein an der Fasswand gebildet. Dennoch reifen die darin gelagerten Weine langsam und gleichmäßig. Das Holz gibt keine Aromen mehr an den Wein ab. Ganz anders ist hingegen der Einfluss der kleinen Eichenholzfässer, auch Barrique genannt. Sie haben ein Fassungsvolumen von nur 225 beziehungsweise 228 Litern und damit eine große Oberfläche, die auf den Wein einwirkt. Der Trend geht zum Einsatz von benutzten Barriques, da die Noten von neuen Fässern eher unerwünscht sind.

Entscheidend sind die Herkunft der Eiche und die Art der Herstellung der Fässer. Es

Rot- und Roséwein herstellen

Mahlen

Untertauchen

Gärung

Umpumpen

Gärung

Pressen

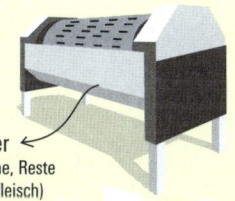

Trester
(Schalen, Kerne, Reste vom Fruchtfleisch)

Untertauchen und Umpumpen werden während der Gärung von Rotwein angewandt, um Farbe, Tannin und Aromen aus den Traubenschalen zu extrahieren. Der Wein bleibt in der Regel über einen Zeitraum von fünf Tagen bis zwei Wochen mit den Schalen in Kontakt. Roséweine werden nach nur 12 – 36 Stunden von den Schalen getrennt, um nicht zu dunkel ge- färbt zu werden.

Presswein   Vorlaufwein   Roséwein

Reifung

Optionen: Holzfässer oder Edelstahltanks

Roséwein

Verschneiden

Optional: Verschiedene Rebsorten oder Lagen werden miteinander ver- schnitten.

Abfüllung

Rotwein

Kühler Weinkeller
Ein konstantes Raumklima und Dunkelheit bewahren den gelagerten Wein vor unerwünschten Fremdeinflüssen.

gibt viele verschiedene Eichenarten, nur wenige eignen sich für die Herstellung von Holzfässern für die Weinlagerung. Unterschieden wird die europäische und amerikanische Eiche. Das beste europäische Eichenholz stammt aus Frankreich. Im Unterschied zur nordamerikanischen Eiche wächst die französische langsamer. Dieses Holz ist feinporiger und verleiht dem Wein die subtileren Holznoten. Neue Holzfässer geben nicht nur Röstnoten an den Wein ab, sondern auch Gerbstoffe, die süßlich-würzig sind. Typische Barriquefassnoten sind auch Vanille und Karamell. Da amerikanisches Eichenholz grobporiger ist, gibt es die plakativeren Noten an den Wein ab, hinzu können Noten nach Kokos und Bananenchips kommen. Idealerweise unterstreichen die Noten des Holzes die Weinaromen, sie sollten jedoch nicht dominieren.

→ **Das Toasting**

Bei der Herstellung eines Holzfasses spielt das Toasting eine Rolle. Dabei werden die Fässer von innen in unterschiedlicher Intensität ausgebrannt. Die Abstufungen reichen von einem ganz leichten bis zu einem heavy Toasting – je nachdem, welche Aromen der Winzer erzeugen und welche Weine er in den Fässern lagern möchte. Seit den 1970er-Jahren werden in Kalifornien die günstigeren Holzchips eingesetzt. Die Methode hat sich weltweit schnell verbreitet und ist seit 2006 auch in Europa offiziell erlaubt. Der Winzer gibt dazu getoastete Eichenholzspäne in den Tank und fügt Sauerstoff hinzu. Fertig ist das oberflächliche Holzaroma.

Der Verschnitt

Nahezu jeder Wein, der für die Füllung vorbereitet wird, ist ein Verschnitt (Cuvée). Für viele Weintrinker ist dieser Begriff negativ besetzt. Doch das Verschneiden oder Mischen ist gesetzlich geregelt und hat nichts mit Panscherei zu tun. Der Zeitpunkt des „Blendings" oder des „Verschneidens" ist sehr unterschiedlich. Mal werden verschiedene Rebsorten nach der Gärung miteinander verschnitten. Darauf folgt der Ausbau über Monate, zum Beispiel bei Bordeauxweinen. Mal wird vor der Abfüllung verschnitten, dann werden Weine verschiedener Herkünfte, Lagen und/oder Rebsorten gemischt. Verschiedene Tanks mit Grundwein von ein und derselben Rebsorte werden auch miteinander gemischt. Der Verschnitt ist eine hohe Kunst und erfordert viel Erfahrung. Weniger in Deutschland und deutlich mehr in Frankreich werden manche Weine immer aus verschiedenen Rebsorten bereitet. Erst im Verschnitt ergeben einzelne Rebsorten eine Einheit und machen sie im Vergleich zu sortenreinen Weinen mehrdimensionaler.

Naturweine

Ein Winzer, der Naturweine produziert, wählt einen kompromisslosen Weg. Im Weinberg arbeitet er so natürlich wie möglich und im Keller pflegt er ein gesundes Milieu. Die Weine werden teilweise in keinem Schritt der Verarbeitung geschwefelt. Nur durch die Gärung geht ein kleiner Schwefelanteil (siehe Seite 18 und Seite 137) in den Wein über. Auf die Zugabe von Reinzuchthefen verzichtet der Winzer komplett. Als Behältnis für die Gärung kommen unterschiedliche Gefäße zum Einsatz. So wurden Amphoren aus Ton wiederentdeckt, die in den Boden eingebuddelt werden. Die ganzen Trauben kommen mit den Stielen in die Tongefäße und werden sich selbst überlassen. Einige Monate nach der Gärung wird der Wein abgezogen und zur weiteren Lagerung in eine andere Amphore gefüllt. Neben Tongefäßen sind auch große Betoneier für den Weinausbau im Einsatz. Sie haben eine spezielle Wirkung auf den Verlauf der Gärung sowie die Entwicklung des Weins.

Der Wein im Glas hat ein völlig anderes Aromenprofil, als man es kennt – mehr vegetabile Noten, mehr Dörrobstnoten, mehr nussige und kräuterige Noten. Naturweine fordern unsere Sinne extrem heraus und sind keine Weine, die einem sofort gefallen und sich leicht wegtrinken lassen. Sie benötigen eine Speise als Begleiter. Weiße Naturweine sollten nicht zu kalt und in größeren Weingläsern getrunken werden. Das Lüften in einer Karaffe tut ihnen in der Regel sehr gut.

Da für Naturwein auch weiße Trauben samt Stiele und Schale verarbeitet werden, entsteht der sogenannte „Orange Wine". Dieser Wein ist orangefarben und hat oft leicht oxidative Noten, da er nicht geschwefelt wurde. Durch den Schalen- und Stielkontakt haben diese Weißweine Gerbstoffe, an die man sich erst einmal gewöhnen muss.

4. Wein kennen

Weinbau wird weltweit in der gemäßigten Klimazone betrieben. Wo genau, erfahren Sie in diesem Kapitel. Sie lernen nicht nur die wichtigsten Anbaugebiete kennen, sondern auch die Namen der verschiedenen Rebsorten, die sich in den Weinbauregionen rund um den Globus etabliert haben und bekommen einen ersten Eindruck auf mögliche Geschmackskomponenten dieser Sorten. Darüber hinaus bekommen Sie einen Überblick zu den wichtigsten Weinarten, ihre Bedeutung und Herstellung.

Die diversen Weinarten

Im Wesentlichen gibt es drei Weinarten: Stillweine, Schaumweine sowie alkoholangereicherte Weine. Den größten Anteil machen die Stillweine aus.

Als Still- oder Jungweine werden all jene beschrieben, die einen Alkoholgehalt zwischen 7,5 bis 15 % Vol. aufweisen. Alle Stillweine sind ohne Kohlensäure und moussieren daher nicht. Und sie werden nach der Region oder Rebsorte benannt. Zu den Stillweinen gehören Weißwein, Roséwein und Rotwein, deren Herstellung Sie bereits auf Seite 156 kennengelernt haben.

Schaum- und Perlwein

Schaumwein umfasst alle Arten an moussierenden Weinen. Allerdings steht der Perlwein für sich, da er weniger bar Druck aufweist. Perlweine sind weder Stillweine noch Schaumweine, sondern eine Sondergruppe unter den Getränken. Es gibt verschiedene Herstellungsverfahren. Manche Schaumweine sind mit einer bestimmten Herstellung verbunden wie Champagner oder Crémant. Entscheidend ist aber, auf welche Weise die Kohlensäure in den Grundwein kommt. Dafür gibt es verschiedene Verfahren:

▶ **Karbonisieren oder Imprägnierverfahren:** Diese Methode ist die einfachste und preiswerteste, bei der der Wein mit Kohlendioxid angereichert wird. Die Kohlensäurebläschen sind sehr grob und groß und verflüchtigen sich schnell im Glas. Das Mundgefühl kann unangenehm sein. Wird Perlwein mit dieser Methode hergestellt, muss auf dem Etikett vermerkt sein: „Mit zugesetzter Kohlensäure" oder auf Französisch „Vin de mousseux gazéfié". Wenn die geöffnete Flasche innerhalb eines Tages nicht verbraucht wird, dann enthält der Wein am nächsten Tag kaum noch „erfrischende" Kohlensäure. Einfachste Prosseco Frizzante auf der unteren Preisebene werden so hergestellt.

Süßegrade bei Schaumweinen

Brut nature/Dosage zéro/naturherb	< 3 g/l
Extra brut/extra herb	0–6 g/l
Brut/herb	< 12 g/l
Extra dry/extra trocken/très sec/extra secco	12–17 g/l
Sec/trocken/secco/dry	17–32 g/l
Demi-sec/halbtrocken/medium dry/semi seco	32–50 g/l
Doux/mild/sweet/dolce/dulce	> 50 g/l

Champagner
Schon die goldene Ver-
packung verspricht außer-
gewöhnlichen Genuss.

▶ **Tank-Gärverfahren oder Charmat-Methode:** Auf diese Weise wird ein Großteil der Schaumweine hergestellt. Der trockene Wein wird in Drucktanks gefüllt. Dann werden Zucker und Hefe zugesetzt, damit eine zweite Gärung beginnt. Durch die zweite Gärung entsteht Kohlendioxid, das nicht entweicht, sondern im Wein gebunden bleibt. Im Anschluss an die zweite Gärung wird der Schaumwein gefiltert und unter Druck auf Flaschen gefüllt. Mit dieser Methode werden große Mengen an Schaumwein hergestellt. Entscheidend ist die Grundqualität der Weine. Es ist nicht das Verfahren, welches die Qualität des Schaumweins ausmacht, es ist ganz klar die Basisqualität des verwendeten Grundweins. Nach diesem Verfahren werden die besseren Prosecco Frizzante, Spumante und auch viele deutsche Sekte produziert.

▶ **Méthode rurale oder Asti-Methode:** Dies ist die älteste Art der Schaumweinbereitung. Bei dieser Methode stammt das Kohlendioxid aus der ersten Gärung. Dazu wird ein noch in der Gärung „steckender" Wein von der Hefe abgezogen und als süßer Jungwein in einen Drucktank gegeben. Dort gärt er nach erneuter Zugabe von Hefe bis zum höchstmöglichen Kohlendioxidgehalt weiter. Nach der Filtration wird er unter Druck abgefüllt. So wird zum Beispiel Asti Spumante hergestellt. Er hat einen Alkoholgehalt zwischen 7 und 9,5 % Vol. und zwischen 3,5 und 4 bar Druck. Die etwas subtilere Form ist der Moscato d'Asti. Dafür wird der noch süße Wein nicht in einen Drucktank, sondern mit der Hefe direkt in die Flasche gegeben und gärt darin zu Ende. Die Hefe wird durch Degorgieren (alte Bezeichnung für Enthefen) entfernt. Die Moscato d'Asti haben mit maximal 5,5 % Vol. deutlich

SCHAUMWEINE FÜR DEN ALLTAG

1 Prosecco
Der Liebling der Deutschen! In den meisten Fällen wird er als Frizzante-Variante eingekauft und ist leicht fruchtig. Die besseren Qualitäten stammen aus dem Kerngebiet für Prosecco, dem Conegliano-Valdobbiadene. Die Rebsorte für Prosecco heißt Glera.

2 Asti Spumante
Er wird aus der Muskat-Traube hergestellt und hat DOCG-Status – das ist die oberste Herkunftsbezeichnung in Italien. Er ist schön süß, hat wenig Alkohol und eine intensive Fruchtigkeit. Vom Preis her ist dieser Schaumwein trotzdem noch erschwinglich.

3 Deutscher Sekt
Deutschen Sekt gibt es von einfachster bis sehr guter Qualität und aus unterschiedlichen Herstellungsverfahren. Heutzutage sind Winzersekte aus klassischen deutschen Rebsorten, vor allem aus Riesling, sehr beliebt. Sie sind meistens in klassischer Flaschengärung hergestellt.

weniger Alkohol, eine charmante Süße und nur 1 bar Druck.

▸ **Flaschengärung:** Es gibt Schaumweine, die die zweite Gärung auf der Flasche durchlaufen und für eine gewisse Zeit auf der Hefe gelagert werden. Im Anschluss durchlaufen sie nicht das Abrütteln und Degorgieren (siehe Seite 171), die Flaschen werden geöffnet und der Inhalt in Drucktanks gefüllt. Dort wird die Hefe herausgefiltert und der Schaumwein wird unter Druck erneut auf Flaschen gefüllt, nachdem der gewünschte Süßegrad über die Versanddosage eingestellt wurde. Dieses Verfahren wird in der Regel für Sonderformate verwendet, zum Beispiel für Piccolos oder für die ganz großen Schaumweinflaschen.

Traditionelle Flaschengärung

Dies ist die aufwendigste und teuerste Variante der Schaumweinherstellung. Der Grundwein für diese Methode kann aus einer Rebsorte oder mehreren -sorten bestehen. Meistens hat er eine ordentliche Portion Säure und ist komplett trocken, also ohne Restsüße. Er wird auf eine verstärkte Flasche gefüllt. Danach wird dem Wein eine sogenannte Fülldosage, bestehend aus Zucker und Hefe, zugesetzt. Im Anschluss wird die Flasche mit einem Kronkorken verschlossen. Es beginnt die zweite Gärung auf der Flasche. Die Flaschen sind so kompakt, dass sie dem Druck standhalten, die Kohlensäure, die während der zweiten Gärung entsteht, kann nicht entweichen und ist im Wein gebunden. Nach Beendigung der zweiten Gärung werden die Flaschen über Monate oder gar Jahre auf der Hefe liegen gelassen. Je länger der Schaumwein so lagert, desto markanter die Aromen. Sie lassen sich als Noten nach Brioche, Toast oder nussigen Noten im Schaumwein ausmachen. Des Weiteren verfeinert sich während der langen Lagerung auf der Hefe die Perlage. Sie wird sehr fein und sanft und bereitet ein angenehmes Mundgefühl.

Die Hefe muss dann aus der Flasche entfernt werden. Diesen Vorgang bezeichnet man als remuage oder Abrütteln. Früher wurden dafür Rüttelpulte (Pupitre) eingesetzt, heute werden die Flaschen mechanisch sanft bewegt, um die Hefe gen Flaschenhals zu befördern.

Sobald sich die Hefe im Flaschenhals gesammelt hat, folgt das Degorgieren. Der Flaschenhals wird in ein Salz-Eis-Bad getaucht, dabei gefriert der Hefepfropfen. Danach wird die Flasche zügig aufrecht hingestellt und der Kronkorken entfernt. Da die Flasche unter Druck steht, fliegt der Hefepfropfen sauber aus der Flasche. Dabei sprudelt etwas Schaumwein aus der Flasche, was aber nichts macht, denn es wird noch ein wenig Wein hinzugefügt. Dies wird als Versanddosage bezeichnet. In der Regel ist diese leicht gesüßt. Nach der Zugabe der Dosage wird die Flasche mit einem pilzförmigen Naturkorken verschlossen. Den Korken sichert ein Drahtgeflecht, die Agraffe.

SCHAUMWEINE FÜR BESONDERE ANLÄSSE

1 Cava
Der spanische Schaumwein wird immer in der traditionellen Flaschengärung hergestellt. Für diese aufwendige Herstellung hat er in der Regel einen sehr moderaten Preis. Ein klasssischer Cava wird mindestens neun Monate auf der Hefe liegen gelassen und ist trocken. Die jeweils verwendeten regionalen Rebsorten verleihen ihm eine schöne Frische und Leichtigkeit.

2 Crémant
Der französische Schaumwein wird aus Rebsorten der jeweiligen Region hergestellt und durchläuft die traditionelle Flaschengärung. Nach der zweiten Gärung bleibt er mindestens neun Monate auf der Hefe liegen.

3 Champagne
Er ist der berühmteste unter den Schaumweinen und wird aus den Rebsorten Chardonnay, Pinot Meunier und Pinot Noir nach der „methode champenoise" (traditionelle Flaschengärung) hergestellt.

Aufgespriteter Wein

Viele kennen nur die klassischen Vertreter wie Sherry und Portwein. Dabei gibt es noch so viel mehr zu entdecken.

Wein wurde im 17. und 18. Jahrhundert weltweit als Fassware gehandelt. Zum Teil ging der Transport über weite Strecken per Schiff über die Weltmeere. Ohne Zugabe von Branntwein hätten die Weine den weiten Transportweg nicht überstanden. Vorreiter im Handel und der Entwicklung des Verstärkens waren die Engländer, deren Handelshäuser an strategisch günstigen Standorten lagen, darunter Jerez in Andalusien und Porto in Portugal. Aus dieser Entwicklung sind zwei Stile des Verstärkens hervorgegangen.

1. **Das Aufspriten nach** der Gärung wie beim Sherry, dabei wird dem Wein nach der Gärung Branntwein hinzugefügt, somit ist der Grundstil eines Sherrys immer trocken.

2. **Das Aufspriten während** der Gärung wie beim Portwein, bei dem der Grundwein während der Gärung so mit Branntwein versetzt wird, dass eine Restsüße bestehen bleibt.

Die aufgespriteten Weine haben am Ende einen Alkoholgehalt zwischen 15 und 22 % Vol. In Deutschland gibt es keine Sherry-Kultur, während bei Portwein die Akzeptanz und Neugierde darauf etwas höher ist.

Der Sherry

Sherry ist die anglisierte Form von Jerez in Andalusien, Südwestspanien. In Jerez befinden sich die meisten Sherry-Bodegas. Die Sherry-Produktion konzentriert sich auf das sogenannte „Dreieck von Jerez" und umfasst die Städte Jerez de la Frontera, Sanlúca de Barrameda sowie El Puerto de Santa María. Sherry wird aus drei verschieden Rebsorten hergestellt:

1. **Palomino** ist die weiße Hauptrebsorte, die vor allem auf den weißen, kargen Albariza-Böden wächst. Sie macht 90 Prozent der Sherry-Produktion aus.

2. **Pedro Ximénez** ergibt sehr hochwertige und ausdrucksstarke Süßweine mit vielschichtigem Geschmack. Die Konzentration der Süße wird durch Trocknung (Rosinieren) der Trauben vor der Gärung erreicht. Es gibt nur wenige reinsortige PX-Sherrys. Ein Großteil wird zum Süßen von Sherry benutzt.

3. **Moscatel** (Muskat) ist eine aromatische Sorte, die hauptsächlich zum Süßen von einfachen Sherrys verwendet wird.

Die Herstellung von Sherry ist einzigartig und dauert mehrere Jahre. Die Palomino-Traube wird dafür zu einem leichten, trocke-

Sherry Bodegas
Wer nach Andalusien reist, sollte unbedingt einen der bekannten Weinkeller besuchen und die regionale Spezialität vor Ort verkosten.

nen Weißwein vergoren. Nach der Gärung wird der Jungwein in Fässer gefüllt und mit Weingeist versetzt – das nennt man Aufspriten. Die Fässer werden nur zu drei Viertel befüllt, sodass eine größere Kontaktfläche mit Sauerstoff bleibt. Die Fässer lagern in kathedralenartigen riesigen Hallen, durch die der Wind weht und in denen ein ganz besonderes Klima herrscht. Durch die Nähe zum Meer bildet sich auf dem Wein eine Florschicht aus Hefepilzen, die ihn vor Oxidation schützt. Dadurch bleibt bei den Sherry-Stilen Fino und Manzanilla die Weinfarbe hell.

Nach einer Weile probiert der Kellermeister die Weine und entscheidet, welche Richtung das jeweilige Fass „einschlagen" soll. Wird es ein Fino oder ein Oloroso? Wenn es ein Oloroso werden soll, wird noch einmal etwas Weingeist hinzugefügt, durch den erhöhten Alkoholgehalt von 18 % Vol. baut sich die Florschicht ab und ein Oloroso reift unter Sauerstoffkontakt heran. Aus diesem Grund hat er auch eine fast dunkelbraune Färbung.

Das Solera-System

Die Reife des Sherrys vollzieht sich im sogenannten Solera-System. Dabei werden die Fässer horizontal und vertikal verschnitten. Das heißt, es werden verschiedene Alterungsstufen vermischt. So erreicht man eine konstante Qualität. Ein Fino Sherry zum Beispiel kommt frühestens nach fünf Jahren auf den Markt. Aus den einzelnen Entwicklungsstufen haben sich verschiedene Sherry-Stile ergeben, zum Beipiel:

▸ **Fino:** Trocken, leicht und frisch. Gut gekühlt ein idealer Aperitif.
▸ **Amontillado:** Bernsteinfarben mit angenehm nussigen Noten. Er sollte ebenfalls gekühlt serviert werden und schmeckt als Aperitif oder zu Tapas und gereiftem Käse. In seiner Grundform ist er trocken. Es gibt ihn auch als Medium in gesüßter Form.
▸ **Oloroso:** Dunkelbraun, kräftig und intensiv mit Aromen von Dörrobst, Nüssen und schwarzen Oliven. In seiner Grundform ist er trocken. Gesüßt, zum Beispiel als Cream Oloroso, passt er zu Wildgerichten und Gebäck.

Klassische Rebsorten für Portwein

Weiße Rebsorten

Côdega

Malvasia Fina

Rabigato

Viosinho

Gouveio

Rote Rebsorten

Tinta Roriz

Touriga Nacional

Touriga Francesca

Tinto-Cão

Touriga Franca

Tinta Barroca

Sousão

Der Portwein

Portwein ist der aufgespritete Vertreter aus dem Dourotal, das im Norden Portugals liegt. Entlang des Douro erheben sich die Weinberge in steilen Terrassenhängen. Portwein wird etwas anders erzeugt als Sherry, ist aber genauso vielseitig. Portwein wurde Ende des 17. Jahrhunderts zum ersten Mal nach der Gärung aufgespritet, um ihn für den Schiffstransport zu stabilisieren. Anfang des 18. Jahrhunderts wurde das Aufspriten, dann während der Gärung, fester Bestandteil der Vinifikation. Daraus wurden einzelne Stile entwickelt. Der Großteil der Rebsorten am Douro ist rot, nur ein kleiner Anteil ist weiß. Für die Herstellung von Portwein sind 48 Rebsorten zugelassen. Die Reben müssen sich sehr anstrengen, um ihre Wurzeln in der Tiefe des Bodens auszubilden. Denn sie wachsen auf Schiefer- und Granitböden, die nicht bewässert werden.

Die klassische Methode der Portweinproduktion ist extrem aufwendig und mit körperlichem Einsatz verbunden. Die Trauben kommen im Weinkeller in die traditionellen Lagares-Granit-Bottiche und werden nach wie vor mit den Füßen zerstampft. Dabei werden die Beerenschalen sanft aufgerieben, ohne die Kerne zu zertreten. Durch das Reiben lösen sich die Farbstoffe und Phenole aus der Schale. Im Anschluss beginnt in den Lagares die Gärung, die durch Zugabe von Branntwein beendet wird, sodass im Wein eine Restsüße verbleibt. Neben der traditionellen Methode gibt es heute Tanks, die die Maische in Bewegung halten und die Extraktion in verkürzter Gärzeit garantieren. Diese Methode ist schneller und kostengünstiger.

Die Weine werden in Fässer gefüllt und meistens nach Porto – Vila Nova de Gaia – gebracht. Dort befinden sich die Lagerhallen der Portweinhäuser. Durch die Nähe zum Atlantik reifen die Weine in einem perfekten Klima und die Verdunstung ist geringer als im warmen Dourotal. Auch bei den Portweinen gibt es unterschiedliche Stile und Lagerzeiten, zum Beispiel:

▶ **Ruby:** Er lagert mindestens drei Jahre in großen Holzfässern. In der Regel werden für die Füllung verschiedene Portweine miteinander verschnitten. Er gilt als der einfachste rote Portwein, ist fruchtig und sollte leicht gekühlt serviert werden. Er kann nach dem Essen oder zu einem Schokoladen-Dessert genossen werden.

▶ **Tawny:** Die klassischen Qualitäten reifen für mindestens drei Jahre in großen und kleinen Holzfässern. Es ist ein oxidativer Ausbau, da die Fässer nicht spuntlochvoll mit Wein befüllt sind, wodurch sich die rostfarbene Tönung ergibt. Die Topqualitäten kommen als 10, 20, 30 oder gar 40 Jahre alte Tawnys auf die Flasche. Die Ausnahme bilden die Tawnys mit Jahrgangsangabe – diese heißen Colheitas. Ein Tawny ist ein sehr guter Begleiter zu Blauschimmelkäse wie einem Stilton oder auch zu Paté und süßem Gebäck.

▶ **Vintage:** Ein Vintage Port ist die High-End-Klasse unter den Portweinen. Nur ein außergewöhnlich guter Jahrgang wird zu einem Vintage deklariert. Das heißt auch, dass die Trauben für einen Vintage im Unterschied zu den anderen Portstilen aus nur einem einzigen Jahrgang stammen. Er wird nach der Gärung für zwei bis drei Jahre in großen Fässern gelagert und dann ungefiltert abgefüllt. Ein Vintage Port sollte mindestens 10 Jahre, noch besser 20, 30 oder länger lagern. Es sind die teuersten Portweine, die nur 1 Prozent der Portweinproduktion ausmachen. Ein Vintage Port sollte dekantiert werden, da sich mit der Zeit viel Depot bildet. Er ist ein Hochgenuss für sich allein. Die preiswertere Variante, die in jedem Jahr hergestellt wird, ist der sogenannte Late Bottled Vintage Port.

Tipp vom Profi

Portweine aus dem Supermarktregal eigenen sich eher zum Kochen und haben wenig gemeinsam mit dem klassischen Portwein. Gute Portweine sind teurer als Sherrys. So können Sie für eine 0,75-Liter-Flasche Vintage Port ohne weiteres 80 Euro und mehr ausgeben. Aber damit müssen Sie nicht anfangen. Ein guter Ruby und/oder Tawny ist zum Kennenlernen auch perfekt.

Rebsorten im Porträt

Weltweit gibt es mehr als 10 000 verschiedene Rebsorten, davon sind allerdings nur etwa 2 500 zugelassen. Die wenigsten von ihnen werden international angebaut.

→ **Rund 99,9 Prozent** aller kultivierten Rebsorten gehören der Gattung „Vitis vinifera" an. Die Sorten, die sich daraus entwickelt haben, stellen verschiedene Ansprüche an die Lage, wo sie wachsen und gedeihen (siehe Seite 140). Daraus ergeben sich für die Rebsorten typische Eigenschaften und Geschmacksprofile. Heutzutage gilt es als schick, rebsortenreine Weine zu trinken. Deshalb finden Sie auch die Rebsorten auf den Etiketten. Im Folgenden lernen Sie die international und national bedeutenden Rebsorten kennen, deren markanteste Eigenschaften sowie deren Qualitätsniveaus.

Internationale weiße Rebsorten

Sauvignon Blanc ist vom Typ her unkompliziert. Die Rebe hat ihren Ursprung im Loiretal, wo sie auch heute noch sehr rassige Weine hervorbringt. Die Rebsorte ist eher von mittlerer Qualität, erfreut sich jedoch weltweit größter Beliebtheit. Geschätzt wird ihr markantes Aroma, wobei zwei Stilrichtungen unterschieden werden. Die Sauvignon Blancs aus dem Loiretal sind besonders grasig, grün, frisch und spritzig. Ihr Duft erinnert an Stachelbeere, Kiwi, Brennnessel und grüne Paprika. Ihre Säure ist betont. Ihre

bekanntesten Herkünfte sind Sancerre und Pouilly-Fumé. Die zweite Richtung fällt aromatisch noch intensiver aus und das Paradebeispiel kommt aus Neuseeland. Bei diesem Sauvignon-Blanc-Vertreter denkt man sofort an einen tropischen Fruchtkorb, gefüllt mit Passionsfrucht, Mango und Zitrusfrüchten. Die grüne Note des europäischen Stils ist nicht auszumachen. Dennoch ist auch beim neuseeländischen Sauvignon Blanc die Säure markant.

Chardonnay ist eine der beliebtesten Rebsorten weltweit und zählt zu den Edelrebsorten – eine Kategorie, der nur wenige angehören. Die Rebsorte stammt aus der Familie der Burgunder. Sie ist aus einer natürlichen Kreuzung hervorgegangen, wovon ein Elternteil Pinot Noir ist. Ihre Heimat ist das Mâconnaise in der Bourgogne und sie ist nach einem Ort im Mâcon benannt. Ihr Referenzgebiet ist demzufolge die Bourgogne und sie kann dort sehr langlebige Weine erbringen. Auch beim Chardonnay unterscheidet man zwei Stile. Aus der Appellation Chablis kommen sehr mineralische Vertreter, die eher keinen Holzfassausbau durchlaufen. Die großen Chardonnays der Bourgogne werden im Barriquefass vergoren und anschlie-

Chardonnay
Die Weißweinsorte wird dank ihrer Anpassungsfähigkeit mittlerweile weltweit kultiviert.

ßend für mehrere Monate darin gelagert. Sie benötigen die Zähmung der Reife, um ihre volle Pracht zu entfalten. Da Chardonnay im Weinberg extrem anpassungsfähig ist und auch im Keller alles mit sich machen lässt, trat die Rebe vor rund 40 Jahren ihre Reise um die Welt an. Fast überall wurde sie sesshaft. Die wenigsten Weintrinker können „den" Chardonnay-Stil genau beschreiben, weil es so viele davon gibt. Und es hängt stark davon ab, ob der Wein ein Weinbergs- oder Kellerkind ist.

Chenin Blanc ist eine bemerkenswerte Rebsorte und ebenfalls im Loiretal beheimatet, wo sie seit mehr als 500 Jahren kultiviert wird. Sie bringt eine ganze Bandbreite an Weinen hervor – von trocken, ansprechend aromatisch bis zu halbtrocken, süß und edelsüß, oft mit einer anmutigen Honigmelonenfrucht und strukturgebender Säure. Nicht zu vergessen, dass sie auch als Grundwein für Sekt erfolgreich verwendet wird und in einem klassischen Crémant de Loire

die Hauptrolle spielt. Es ist eine überaus wandlungsfähige Rebsorte. Besonders zu empfehlen sind die verschiedenen Stile eines Vouvray. Im 17. Jahrhundert kam sie nach Südafrika und wurde als „Steen" bekannt. Sie zählt immer noch zu den wichtigsten weißen Rebsorten Südafrikas und wird dort als leichter, frischer Trinkwein oder als opulentere Holzvariante vinifiziert.

Muskateller zählt zu den ältesten Rebsorten, von iht gibt es viele verschiedene Spielarten. Die „beste" ist der Muscat à Petits Grains von kleinen Beeren. Aus ihr werden die aromatischsten Weine gewonnen. Heute ist sie überall auf der Welt zu finden, ihre Varianten haben sich an das jeweilige Terroir (siehe Seite 143) angepasst. Ihr Duft erinnert an Moschus, aber auch an frische, saftige gelbe Frucht, Pfirsich und gelbe Pflaumen. Im Asti Spumante wird sie zu einem aromatischen und süßen Prickler verarbeitet.

Gewürztraminer: Die einen lieben ihn, den anderen ist das unglaublich intensive Aroma

Riesling
Im Gegensatz zu Chardonnay benötigen Rieslingreben ein gemäßigtes,
kühles Klima. Charaktermerkmal der
Trauben ist ihre rassige Säure.

der Sorte einfach zu viel. Im Duft ist der Wein unverkennbar. Die Noten nach Rosen und Litschi sind so intensiv und monumental, dass man sich ihnen nicht entziehen kann. Mächtig ist sein Aroma, kräftig und schwer sein Körper. Das Referenzgebiet ist das Elsass. Aus Südtirol und aus der Pfalz kommen ebenfalls bemerkenswerte Qualitäten.

Sémillon ist eine eigenwillige Rebsorte und als reinsortiger Wein den wenigsten bekannt. In einem gemäßigten Klima bringt die Traube körper- und extraktreiche Weine mit wenig Aroma hervor. Erst in Kombination mit anderen Rebsorten spielt der Wein seine Stärke aus und gibt ihm Struktur und Fülle, zum Beispiel beim weißen Bordeaux. Er eignet sich durch die beschriebenen Attribute zum Holzfassausbau. Im Gebiet Pessag-Léognan (Bordeaux) ergibt er zusammen mit einem Sauvignon Blanc ein wahres Kraftpaket mit der Anlage, über Jahre reifen zu können. Der Sauvignon Blanc setzt sich aromatisch immer durch, doch die Power bringt der Sémillon.

Im Sauternes, eine edelsüße Variante, kommen wieder beide Rebsorten zusammen. Die hochfeinen Süßweine dieser Region zählen zu den besten der Welt und können ebenfalls für Jahrzehnte reifen.

Grüner Veltliner ist die weiße National-rebsorte Österreichs. Sie erbringt verlässliche Erträge und Qualitäten. Da sie spät ausreift, benötigt sie einen milden Herbst. Die Weine sind mittelkräftig mit erfrischender Säure und angenehmer Würzigkeit. Gerne wird das Aroma mit einem typischen „Pfefferl" beschrieben, was aber auch eine interessante Umschreibung für unreifes Traubengut sein kann. In der Regel wird der Wein jung getrunken. Manche Winzer, die den Veltliner im Ertrag zügeln und für ihn nur die besten Lagen vorbehalten, können ihn sogar im Holzfass ausbauen und damit eine weitere Dimension in den Wein bringen.

Trebbiano ist der Inbegriff des Vino Bianco aus Italien, der aus großen Flaschen oder dicken Schläuchen in die Gläser fließt. Trebbiano ist eine alte Rebsorte mit Ursprung in Mittelitalien. Wie der Muskateller hat die Sorte viele Spielarten. Fast jede italienische Region hat einen eigenen Trebbiano. Aber auch bis nach Frankreich hat die Rebe es geschafft und wird in Südwestfrankreich großflächig angebaut, vor allem in der Charente. Davon wandert allerdings der größte Teil in die Destille zur Cognac-Produktion. In Italien wird sie in Massen zu einem banalen Weißwein verarbeitet.

Nationale weiße Rebsorten

Riesling, die weiße Königin, ist das Flaggschiff aus deutschen Weingärten. Riesling zählt wie Chardonnay zu den Edelrebsorten mit der Anlage, außerordentlich große Weine hervorzubringen. Allerdings ist sie weniger anpassungsfreudig als Chardonnay. Sie fühlt sich in einem gemäßigten, kühleren Klima pudelwohl und profitiert im Herbst von den letzten wärmenden Sonnenstrahlen in den Steillagen. Sie ist in der Lage, auf ganz präzise Art ihre Herkunft im Wein widerzuspiegeln. Das Markenzeichen der Riesling-Traube ist eine rassige Säure. Fehlt sie ihr, weil sie in einer zu warmen Region angepflanzt wurde, dann verliert sie ihr Format und ihre Klasse. Typisch für sie sind zum Beispiel Aromen nach Weinbergpfirsich, Aprikose und Apfel. Riesling kann vom einfachen Gutriesling über einen Lagen-Riesling bis hin zu einem leicht restsüßen und edelsüßen Tropfen alles hervorbringen. Sind die Tropfen von hoher Qualität, können sie für Jahrzehnte reifen.

Durch die rassige Säure und angenehme Fruchtigkeit hält der Riesling ungemein lange seine Frische und Spritzigkeit. Es gibt kaum eine weitere Rebsorte, die auf so spielerische Art und Weise Finesse, Eleganz und Komplexität in das Glas zaubert – und das oft bei wenig Volumenprozent.

Müller-Thurgau: Dr. Müller aus dem Schweizer Kanton Thurgau kreuzte Ende des 19. Jahrhunderts Riesling und Silvaner mit dem Ziel, die Vorzüge beider Sorten zu vereinen und deren Nachteile zu eliminieren. Herausgekommen ist eine Rebsorte, die früh ausreift und einen gewissen Touch des Rieslings mitbekommen hat. Sie zählt zu den sogenannten Bukettrebsorten. Dabei kommen aromatische, frische Weine heraus, die jung konsumiert werden sollten.

Weißburgunder steht in der deutschen Rebflächenstatistik unter den weißen Sorten auf dem fünften Platz und die Anbaufläche hat sich seit 1995 fast verdoppelt – mit steigender Tendenz. Die Deutschen lieben ihren Weißburgunder oder Weißen Burgunder, welcher in Frankreich Pinot Blanc und in Italien Pinot Bianco heißt. Die Rebsorte gehört zur großen Burgunderfamilie und ist unter den Burgunder-Sprösslingen die „einfachste". Aus ihr können verlässliche Qualitäten erzeugt werden, oft mit einem intensiven floralen Bukett und einem leichten bis mittelkräftigen Körper. Ihre Säure ist nicht besonders betont, aber strukturgebend. Sie eignet sich zum Verschnitt und für Grundweine für die Sektherstellung.

BELIEBTE DEUTSCHE WEISSWEINE

1 **Riesling** wird in Deutschland am meisten angebaut, und zwar in allen 13 Anbaugebieten.

2 **Müller-Thurgau** führte noch bis in die 1990er-Jahre die Beliebtheitsliste an. Doch dann wuchs die internationale und heimische Nachfrage nach Riesling und verdrängte damit den Müller-Thurgau auf Platz zwei.

3 **Die Burgundersorten,** auch die weißen, wachsen stetig. Grauburgunder hat die Nase vorn und Weißburgunder ist gefragter denn je. Chardonnay gehört ebenfalls dazu und wird seit Mitte der 1990er-Jahre vermehrt angebaut.

4 **Silvaner,** die alte Rebsorte, deren 350-jähriges Jubiläum im Jahr 2009 gefeiert wurde, hat stark an Anbaufläche eingebüßt.

5 **Die Bukettsorten Kerner, Scheurebe und Bacchus** halten sich wacker, da sie hauptsächlich als liebliche Vertreter und in Verschnitten als einfache Trinkweine auf den Markt kommen.

Grauburgunder oder **Pinot Gris** ist eine direkte Mutation von Pinot Noir und wird auch als Grauburgunder oder Grauer Burgunder bezeichnet. In Italien ist er unter Pinot Grigio den meisten ein Begriff. Im Grauburgunder steckt das Potenzial zu großen Weinen. Dafür benötigt er sehr gute Weinbergslagen, sonst kann er zu einem belanglosen Wein mit wenig Aroma und Format verkümmern, wie so viele Pinot Grigio aus Italien. In Baden fühlt er sich besonders wohl und kann durch seinen kräftigen Körper und seine würzige Art auch im Barrique ausgebaut werden. Er ist deutlich pikanter, aromatischer und kerniger als der Weißburgunder, weshalb er auch gerne zum Essen getrunken wird.

Silvaner ist eine sehr alte Rebsorte, die ursprünglich aus Österreich nach Deutschland kam. Sie steht in Deutschland unter den weißen Rebsorten auf Platz vier und verliert leider an Rebfläche. Sie wird vornehmlich in Franken und Rheinhessen angebaut. Durch die steigende Nachfrage und Beliebtheit der Burgundersorten verliert sie an Bedeutung. Dabei kann sie äußerst spannende und langlebige Weine hervorbringen. Im Vergleich mit dem Riesling fehlt es ihr an einem markanten Aroma. Der Wein hat eine ordentliche Säure, einen mittelkräftigen Körper, nur in Ausnahmefällen zeigt er ein packendes Aroma. Lange Zeit konnte er als staubtrockener Vertreter aus dem Frankenland bei jungen Weintrinkern kaum punkten. Doch die junge Winzergeneration von heute findet wieder

Merlot
Die Rotweinsorte aus Frankreich wird gerne im Verschnitt mit Cabernet Sauvignon und Cabernet Franc auf die Flasche gebracht.

Gefallen an der Silvaner-Traube und reserviert ihr die besten Weinbergslagen.

Scheurebe, Kerner und Bacchus zählen zu den Bukettrebsorten, diese haben in den letzten Jahren mächtig an Boden verloren. Ihr oft leicht pomadiger Duft gilt als „old fashioned". Alle drei Sorten sind Neuzüchtungen und haben eines gemeinsam – die Gene vom Riesling. Sie waren in den 1980er- und 1990er-Jahren in Deutschland sehr populär und verschwanden in diversen Verschnitten. Die einzige Rebsorte, die immer mal wieder für Schlagzeilen sorgt, ist die Scheurebe, obwohl sie den kleinsten Anteil an der Rebfläche hat. Im Aroma hat sie eine gewisse Ähnlichkeit mit Sauvignon Blanc und ist an das kühle deutsche Klima sehr gut angepasst. Wenn sie eine zarte Restsüße hat, ist sie ein perfekter Begleiter zu pikanten asiatischen Gerichten.

Internationale rote Rebsorten

Merlot ist allseits beliebt und die Rebe wird weltweit erfolgreich kultiviert. Ihre Heimat ist wohl Bordeaux, wo sie noch zu den wichtigsten Rebsorten zählt. Der Wein hat niemals die Klasse und Kraft eines Cabernet Sauvignon, hat aber eine ansprechende Art – eine dunkle Farbe, eine tolle Fruchtigkeit und dabei eine üppige Fülle. Die Beeren sind größer als die der Sorte Cabernet Sauvignon und dünnschaliger, wodurch er weniger Gerbstoff als der Cabernet aufweist. Die Merlot-Trauben bauen reichlich Zucker auf, was dem Wein einen ordentlichen Alkoholgehalt einbringt. In der Heimat Bordeaux, aber auch in anderen Ländern wird er im Verschnitt mit Cabernet Sauvignon und Cabernet Franc auf die Flasche gebracht. Seine geschmeidige Art zähmt die eher dominante und maskuline Art des Cabernets.

BELIEBTE ROTE REBSORTEN

1 **Merlot** steht weltweit an der Spitze. Der Charmebolzen unter den Rebsorten wird nahezu in jedem Anbauland kultiviert.

2 **Cabernet Sauvignon** ist ebenfalls sehr populär und weltweit vertreten. Der kräftige Vertreter liebt die Sonne, je mehr es davon gibt, desto sanfter werden seine Tannine.

3 **Pinot Noir** wird weltweit kultiviert. Die kapriziöse Sorte benötigt ein kühles Klima und will umfassend gehegt und gepflegt werden.

4 **Syrah oder Shiraz** sind zwar sehr beliebte Sorten, brauchen aber zum Gedeihen ein warmes bis heißes Klima.

5 **Grenache** kommt selten reinsortig auf die Flasche, ist aber in vielen Anbauländern Bestandteil zahlreicher Cuvées, in denen sie den Ton angibt.

Cabernet Sauvignon kommt aus dem Südwesten Frankreichs, Ursprungsgebiet ist Bordeaux an der Gironde. Die Cabernet-Traube ist ein Spross von Cabernet Franc und Sauvignon Blanc und noch nicht so alt. Obwohl die Sorte recht ertragsschwach ist, hat sie sich weltweit erfolgreich durchgesetzt und ist inzwischen eine der wichtigsten roten Rebsorten. Da die Rebsorte spät ausreift, bevorzugt sie eine warme Umgebung. Cabernet Sauvignon hat besonders kleine Beeren mit sehr dicker, fast schwarzer Schale und vielen Kernen. Sie ergeben tiefdunkle, besonders gerbstoffreiche Weine. Der Duft erinnert an schwarze Johannisbeere, manchmal auch an geröstete rote Paprika und Zedernholz. Aufgrund seines Gerbstoffgehaltes verlangt er im Verschnitt mildere Sorten wie Merlot und Cabernet Franc. Nur in den besonders warmen Anbaugebieten wie in Chile oder Kalifornien kommt er auch reinsortig auf die Flasche, da die Wärme die Gerbstoffe rundgeschliffen hat. Der Wein eignet sich hervorragend für den Ausbau im Barrique (siehe Seite 162).

Cabernet Franc steht im Schatten des großen Cabernet Sauvignon. Die Rebe mag es kühler wie an der Loire oder in St. Emilion. Der Wein zeigt deutlich mehr Kräuterwürze als der Cabernet Sauvignon, hat weniger Gerbstoffe, weniger Säure und Extrakt und oft Aromen nach Himbeere und Veilchen. Damit wirkt er im Verschnitt mit Cabernet Sauvignon und/oder Merlot in der Region Bordeaux entweder wie ein Pusher oder

Dämpfer – jeweils im positiven Sinne. Weiter nördlich im Loiretal wird er in Anjou und Saumur reinsortig auf die Flasche gebracht.

Syrah oder Shiraz – über die Herkunft von Syrah wird viel spekuliert. Ziemlich sicher ist, dass die Rebsorte eine natürliche Kreuzung zweier Rebsorten aus der Umgebung des Rhônetals ist. Dort ist sie immer noch zu Hause und liefert aus dem nördlichen Rhônetal, unter anderem aus den Untergebieten Côte Rôtie und Hermitage, göttliche Weine, die meist zu 100 Prozent aus der Rebsorte sind. Ein Syrah von hoher Qualität hat viele Gerbstoffe, einen kräftigen Körper, füllt den Gaumen aus und zeigt Aromen nach Leder, Lakritze und schwarzem Pfeffer. Seine Milde erfährt er durch Noten dunkler Beeren. Im südlichen Rhônetal und in Südfrankreich wird der Wein meistens mit anderen roten Sorten verschnitten. In Australien und in anderen warmen Weinländern der Neuen Welt hat sich die Rebsorte sehr gut etabliert und heißt dort meistens Shiraz.

Grenache liebt das warme Klima und ist robust. In Frankreich ist die Rebsorte unter dem Namen Grenache noir bekannt und wird weitflächig im Rhônetal und im Süden Frankreichs angebaut, meist jedoch nicht reinsortig. In Spanien hat sie ihren Ursprung, ist als Garnacha bekannt und geht meist eine Liaison mit dem Tempranillo ein. Auch in Spanien ist sie eine der wichtigen roten Sorten. In Italien hat sie sich auf der Insel Sardinien eingenistet und ist als Cannonau-Traube der rote Star.

Tempranillo ist die bedeutendste rote Sorte Spaniens. Die Rebe hat vermutlich ihren Ursprung im Rioja-Gebiet. Der Name leitet sich von temprano ab, da die Rebe früh austreibt. Tempranillo wird heute in großen Teilen

Spaniens angebaut und hat zahlreiche Synonyme. Die tiefdunkle Farbe und das angenehme Aroma nach einer großen Bandbreite an Gewürznoten, auch Leder und Tabakblätter gepaart mit Noten nach roten und dunklen Beeren erfreuen sich größter Beliebtheit. Der Wein weist einen mittleren Alkoholgehalt, kräftige Gerbstoffanteile, aber eine sehr verhaltene Säure auf und wird im Stammgebiet Rioja mit anderen Rebsorten verschnitten – mit Garnacha, Mazuelo und Graciano. Er hat in fast jeder D.O. (Dénominación de Origen) einen eigenen Namen, zum Beispiel: Aragonez, Cencibel, Tinta del País, Tinta Roriz und Ull de Lebre.

Sangiovese ist „die" rote Rebsorte Mittelitaliens, insbesondere der Toskana. Sie ist ebenfalls eine uralte Rebsorte mit Ursprung in der Toskana. Sie kann verschiedene Stile hervorbringen, die Bandbreite reicht vom einfachsten und gewöhnlichsten Rotwein aus der Fiasco-Flasche bis hin zu langlebigen Weinen mit Format, je nachdem, welche der vielen möglichen Spielarten verwendet wird. Für Chianti wird der ursprüngliche Sangiovese verwendet, der einen leicht erdigen Ton haben kann, mit betonter Säure und kräftigen Gerbstoffen, wenig Extrakt und einem mittleren Alkoholgehalt. Auch ein Kirscharoma ist ihm eigen. Eine weitere Sangiovese-Spielart ist der Brunollo aus Montalcino, welcher besonders kraftvolle Weine ergibt, die ein großes Reifepotenzial haben können. Ebenfalls kräftiger in seiner Art und zur Sangiovese-Familie gehörend ist der Vino Nobile di Montepulciano – der noble Wein aus Montepulciano. Aus einer wärmeren Ecke der Toskana, aus der Maremma, kommt der Morellino, der eher fruchtbetonte Tropfen hervorbringt.

Nebbiolo ist der ganze Stolz der Italiener. Sie hüten ihn wie einen Schatz, kommt er doch aus „nur" einer kleinen Ecke Italiens, und zwar aus dem Nordwesten des Landes. Im Anbaugebiet Piemont um die Stadt Alba entstehen daraus zwei famose Weine: der maskuline, langlebige Barolo und der zugänglichere und sanftere Barbaresco. Er ist ähnlich hell in der Farbe wie Pinot Noir, ist aber ein Schwergewicht in Bezug auf seinen Gerbstoffgehalt. Sein Duft erinnert oft an Grafit und Veilchen. Wenn er traditionell in großen Holzfässern ausgebaut wird, dann braucht er Jahre, bis seine Gerbstoffe gezähmt sind. Wenn er wenigstens ein Jahrzehnt reifen konnte, ist er einer der beeindruckensten Weine mit gewaltiger Konzentration. Für die moderne Variante werden die Weine in Barriquefässern ausgebaut.

Zinfandel, vor allem die Rebsorten aus Kalifornien, polarisieren stark. Entweder man mag Zinfandel oder nicht, dazwischen gibt es wenig. Die Rebe hat eine besondere Eigenart. Ihre Beeren werden an der Traube sehr unterschiedlich reif. Da die Trauben aber erst gelesen werden, wenn alle reif sind, hängen an einem Bunch reife bis überreife Trauben. Dies ergibt einen ganz besonderen Mix an Aromen im Wein – von frischen Fruchtnoten bis zu würzigen Noten oder Dörrobstnoten

Dornfelder
Wein aus dieser Rebsorte gilt als zugängig mit angenehm fruchtig-floralem Aroma.

ist alles dabei. Da er sehr kräftig im Körper ausfällt und einen hohen Alkoholgehalt aufweist, wird er oft im Barrique ausgebaut. Zu Wein aus dieser Rebsorte sollten Sie am besten etwas essen, damit seine gehaltvolle Art etwas aufgefangen wird. Als Primitivo aus Apulien fällt er etwas leichter aus.

Nationale rote Rebsorten

Spätburgunder ist in Deutschland die wichtigste rote Rebsorte mit dem größten Flächenanteil. Die Rebsorte hat in den letzten 20 Jahren über 35 Prozent an Fläche zugelegt. Die Sorte ist eine echte Diva im Weinberg – an ihr zeigt sich das Können eines Winzers. Die Spätburgunder-Rebe verzeiht niemals eine falsche Behandlung im Weinberg. Außerhalb Deutschlands heißt die Rebsorte Pinot Noir. Sie ist eine der nobelsten und ältesten Sorten, aus der viele andere Sorten hervorge-

gangen sind. Die roten Burgunder zählen zu den teuersten, langlebigsten, komplexesten und intensivsten Rotweinen. Pinot Noir ist nicht unbedingt die Rebsorte, mit der man sich als Weinneuling auseinanderzusetzen beginnt. Zu fordernd und eigenwillig ist sein Aroma, zudem auch nicht der farbintensivste Wein. Im Duft ist er oft sehr erdig und würzig; Champignon-Noten und vegetabile Noten sind möglich; verhaltene Frucht, je nach Art der Erzeugung mit einer mittelkräftigen Gerbstoffstruktur.

Dornfelder steht bei den roten Sorten in Deutschland an zweiter Stelle. Zum Zeitpunkt der Züchtung war nicht geplant, dass sie reinsortig auf die Flasche kommt. Ihr Wein hat eine kräftige Farbe und verstärkt als sogenannter Deckwein die Farbe von farbschwächeren Weinen. Seit 1980 wird sie mehr und mehr angepflanzt, und der Wein ist aus

BELIEBTE DEUTSCHE ROTWEINE

1 Spätburgunder führt das Feld an. Seine Reben fühlen sich in fast allen deutschen Weinanbaugebieten wohl.

2 Dornfelder ist seit den 1990iger-Jahren nicht mehr aus den Weinregalen wegzudenken. Inzwischen ist er auch als reinsortiger Wein etabliert.

3 Portugieser erbringt leichte, süffige Rotweine und der hat seine Fangemeinde. Allerdings scheint diese zu schrumpfen, denn von Jahr zu Jahr büßt die Rebe an Anbaufläche ein.

4 Trollinger – der hellrote Wein hält sich seit Jahrzehnten konstant. Das liegt daran, dass er ausschließlich in Württemberg produziert und dort zu gut 70 Prozent konsumiert wird.

5 Zuwächse, wenn auch verhalten, sind bei **Schwarzriesling, Regent und Lemberger** zu verzeichnen.

den Weinregalen nicht mehr wegzudenken. Die Rebsorte ergibt sehr zugängige, angenehm fruchtig-florale Weine. Mit Hingabe und durch Ertragsreduzierung kann Dornfelder sogar im Barrique ausgebaut werden. Der Wein wird am besten jung genossen.

Blauer Portugieser: Diese Rebsorte steht an dritter Stelle unter den deutschen roten Sorten, verliert jedoch seit Jahren stetig an Fläche. Die Rebe ist ein wenig aus der Mode gekommen. Dabei liefert die Blaue-Portugieser-Traube farbkräftige, angenehm leichte Rotweine, die in ihrer Jugend am besten schmecken. Auch diese Rebe neigt zu hohen Erträgen, sodass daraus ein sehr simpler Wein entsteht. Als Blauer Portugieser Weißherbst war er lange Zeit sehr beliebt. Doch inzwischen haben ihm andere Rosés den Rang abgelaufen.

Regent ist eine sehr erfolgreiche Neuzüchtung und eine pilzresistente Sorte. Sie wurde bereits in den 1960er-Jahren gezüchtet, erhielt erst ab 1995 die Zulassung, um in Deutschland angepflanzt zu werden. Seitdem hat sie sich als vitale Sorte gut behauptet und liefert sehr angenehme Weine. Mit dunkler Farbe, mittelkräftigem Körper, guter Gerbstoffstruktur und angenehm roter Frucht nach Kirsche und roten Johannisbeeren trifft sie auf eine stetig größer werdende Fangemeinde. Bei entsprechender Ertragszügelung und guter Reife hat sie sogar das Zeug, im Barriquefass ausgebaut zu werden. Eine wandelbare und für den deutschen Markt sehr bereichernde Rebsorte.

Tempranillo
Die spanische Rebsorte ist dank ihrer Aromen nach Gewürzen, Ledern, Tabakblättern und Beeren äußerst beliebt.

Sankt Laurent: In deutschen Weinbergen hat sie in begrenzten Mengen einen festen Platz. In jedem Fall hat sie alle Anlagen für sehr hochwertige und auch lagerfähige Rotweine. Die Traube ergibt oft Weine mit Ecken und Kanten, aber mit Charakter und Tiefgang. Im Duft sind die Weine manchmal etwas eigenwillig und haben besonders ausgeprägte würzig-kräuterige Aromen. In guter bis sehr guter Qualität erinnert Wein an einen kraftvollen Pinot Noir.

Trollinger wächst und gedeiht in Württemberg. Die Sorte hat große Beeren und eine dünne Schale mit wenig Farbpigmenten. Der Wein daraus ist sehr hell und schlank. Jung getrunken schmeckt er am besten und präsentiert seine rote Beerenfruchtigkeit. Gerbstoffe hat er kaum. Der Großteil des Trollingers verlässt die Grenzen Württembergs nicht, da er vor Ort besonders geschätzt und verehrt wird.

Lemberger ist eine alte Sorte aus Österreich und heißt dort Blaufränkisch. Sie steht für außerordentlich hochwertige und tiefgründige Weine mit Lagerpotenzial. In Österreich hat ihr zwar der Zweigelt den Rang abgelaufen, aber Blaufränkisch ist neben Sankt Laurent Elternteil des Zweigelts. Auch in Deutschland haben die Winzer verstanden, dass viel Potenzial in dieser Rebsorte steckt und ihre Anbaufläche leicht ausgebaut. Sie kann sehr markante und kräftige Weine mit fester Gerbstoffstruktur und dunkler Beerenfrucht ergeben. Begleitet wird sein kräftiger Körper von einer dunklen, tiefen Farbe. Der Wein eignet sich hervorragend für den Ausbau im Barrique.

Weinanbau in Deutschland

In rund 50 Ländern wird Wein angebaut. In Deutschland ist die Rebfläche zu zwei Dritteln weiß, zu einem Drittel rot.

Die alte Welt fasst alle Weinländer Europas zusammen. In diesen Ländern begann die Kultivierung von Weinreben. Die meisten der europäischen Weinländer blicken auf 2000 Jahre Weinbaugeschichte zurück und schöpfen aus ihren Erfahrungen und Traditionen. Viele Weingüter sind seit mehreren Generationen in Familienbesitz und pflegen ihre Traditionen. Die klassische Struktur der Weingüter entspricht Familienbetrieben, die ihre eigenen Weinberge bewirtschaften und aus den Trauben Wein bereiten. Im 20. Jahrhundert sind noch Genossenschaften, große Abfüller und global agierende Produzenten dazugekommen.

Deutsche Weinbaugebiete

In Deutschland verteilen sich 13 Anbaugebiete auf 100 000 Hektar. Der größere Teil der Fläche ist mit weißen Rebsorten bestockt, das sind etwa 65 Prozent. Auch wenn in den letzten Jahren die durchschnittliche Größe der Weingüter zugenommen hat, gibt es doch noch viele kleine Betriebe. Es gibt 18 500 Winzer mit mehr als 0,3 Hektar und insgesamt 169 Genossenschaften, die ein Drittel der deutschen Weinerzeugung ausmachen. Darüber hinaus gibt es 9 000 selbstvermarktende Weingüter.

Rheinhessen – produziert vielseitige freche Weine

Rebfläche: 26 500 ha

Geografische Lage: im Rheinbogen zwischen Bingen, Mainz, Worms und Alzey.

Landschaft/Klima: Land der 1 000 Hügel; geschützte Lage durch Mittelgebirgszüge; sonnenreichste und trockenste Region Mitteleuropas.

Rebsorten: Riesling, Silvaner, Weiß- und Grauburgunder, Scheurebe, Müller-Thurgau, Dornfelder, Portugieser, Spätburgunder.

Besonderheit: roter Hang bei Nierstein/Nackenheim mit Top-Terroir für Riesling; innovative, junge Winzergeneration; markante Silvaner mit Format und Potenzial; spannende moderne Rotweine.

Pfalz – opulentes Weinland

Rebfläche: 23 500 ha

Geografische Lage: südlich von Worms bis Schweigen nahe der französischen Grenze.

Landschaft/Klima: Sanfte Landschaftsform, begleitet und geschützt von Mittelhaardt und Pfälzer Wald. Sehr hoher Anteil an Sonnenstunden und 11 °C Jahresdurchschnittstemperatur.

Rebsorten: Riesling, Weißburgunder, Grauburgunder, Dornfelder, Portugieser, Spätburgunder, Müller-Thurgau, Kerner, Silvaner.

Kaiserstuhl Baden
Das kleine Vulkangebirge zwischen Freiburg und Rheintal ist das sonnenreichste und wärmste Weinbaugebiet Deutschlands.

Besonderheit: erste Deutsche Weinstraße (über 85 km); opulente und kraftvolle, sehr markante Rieslinge, aber auch Burgunderweine; mittlerweile auf 40 Prozent der Fläche rote Rebsorten, allen voran Dornfelder und Regent.

Baden – Badische Weinstraße
von der Sonne verwöhnt

Rebfläche: 15 800 ha

Geografische Lage: vom Bodensee entlang der Oberrheinischen Tiefebene über die Badische Bergstraße und den Kraichgau bis Tauberfranken

Landschaft/Klima: erstreckt sich von Nord nach Süd über 400 Kilometer; sehr unterschiedliche Landschaftsformen; milde Temperaturen.

Rebsorten: Spätburgunder, Riesling, Gutedel, Müller-Thurgau, Grauburgunder, Weißburgunder, Silvaner, Traminer, Schwarzriesling.

Besonderheit: große Burgunderweine und die säurearme Sorte Gutedel; mehr als 50 Genossenschaften.

Württemberg – Trollinger-Land

Rebfläche: 11 300 ha

Geografische Lage: zwischen Reutlingen und Bad Mergentheim; Weinbau konzentriert sich um Stuttgart und Heilbronn.

Landschaft/Klima: Weinberge entlang des Neckars und an den Nebenflüssen wie Tauber, Jagst, Rems und Enz, aber auch am Bodensee, zum Teil Steillagen mit kleinen Parzellen. Geschützte Tallage durch Schwarzwald und Schwäbische Alb mit milden Temperaturen.

Rebsorten: Trollinger, Schwarzriesling (Spielart des Spätburgunder), Lemberger, Spätburgunder, Kerner, Müller-Thurgau, Riesling, Samtrot und Frühburgunder.

Besonderheit: 70 Prozent rote Rebsorten; Nationalgetränk der Württemberger – der Trollinger; aber auch andere Rebsorten-Besonderheiten wie Samtrot (eine Spielart des Schwarzrieslings) und Frühburgunder; Schillerwein – aus roten und weißen Trauben erzeugte Rosé-Weinspezialität Württembergs (was sonst laut Weingesetz nicht erlaubt ist).

Riesling an der Mosel

Andreas Bender liegt das Weinmachen im Blut. In seinen zum Teil sehr steilen Lagen gibt der Riesling den Ton an. Doch in seinem Portfolio stehen nicht nur der Riesling, sondern auch Burgundersorten und internationale Sorten wie Merlot und Cabernet Sauvignon.

Riesling wächst und gedeiht seit Jahrhunderten an der Mosel. Was macht das Anbaugebiet Mosel so besonders für die Rebsorte Riesling?

Das eher kühle Klima und die damit verbundene längere Vegetationsperiode sowie die Böden sind ideal für den Riesling-Anbau. Deshalb sind rund 60 Prozent der Rebfläche an der Mosel mit Riesling belegt. In den steilen Lagen profitiert die Rebe von warmen Herbsttagen, wodurch sie eine erstaunliche Bandbreite an Aromen aufbaut. Hinzu kommt die Bodenbeschaffenheit. Riesling wächst und gedeiht auf verschiedenen Schieferböden, die sich in Zusammensetzung und Sedimentsanteil unterscheiden, woraus sich wiederum Schieferböden in Blau, Grau und Rot ergaben. Daraus ergibt sich eine sehr spezifische mineralische Zusammensetzung, die von Lage zu Lage sehr unterschiedlich sein

kann und den Riesling abwechslungsreich prägt. Die Symbiose aus Rebsorte, Boden und Klima in den Mosellagen bringt Weine mit einer besonderen Würzigkeit, Mineralität und Langlebigkeit hervor. Nebenbei wirkt der Schieferboden wie ein perfekter Wärmespeicher, was den Rieslingtrauben an kühlen Herbsttagen besonders zugutekommt.

Riesling bevorzugt ein kühleres Klima und benötigt zur Aromenausbildung eine lange, gleichmäßige Reife. Sind heute die gleichen Lagen genauso gut wie vor 100 Jahren?

Ja, es sind die gleichen Lagen wie vor 100 Jahren. Doch nicht jedes Jahr ist für alle Lagen gleich gut, bedingt durch die unterschiedlichen Boden- und Witterungsverhältnisse. In feuchten Jahren geraten die Trauben von eher leichten, filigranen Böden besser, da das Wasser gut ablaufen kann. In trockenen Jahren geraten die Weine von schweren Böden besser, da sie die Feuchtigkeit besser halten. Daraus ergeben sich heute wie auch vor 100 Jahren Jahrgangs- und Lagenunterschiede. Und nicht jede Jahrgangsprognose, ob gut oder schlecht, trifft auf das gesamte Anbaugebiet zu. Heutzutage haben wir es mitunter mit sehr extremen, sehr warmen Jahrgängen zu tun, wodurch auch Lagen profitieren, die früher zu kühl für den Weinbau waren.

Wie vereinen Sie in Ihrem Betrieb Tradition und Moderne?

Die Antwort ist ganz einfach: Die Weinbergs- und Kellerarbeit ist traditionell. Die Ausstattung meiner Weine (zum Beispiel das Etikett), die Vermarktung und die Bezeichnung der Weine sind modern.

Beruf Winzer – für viele Konsumenten eine verklärte Vorstellung. Gibt es zusätzliche Bereiche, die Ihren Berufsalltag prägen?

Es ist in erster Linie ein landwirtschaftlich geprägter Beruf, der sehr stark mit der Natur, dem Wetter und dem Vegetationsverlauf verbunden ist. Die Arbeit im Weinberg hat für mich absolut Vorrang. Vor allem in den letzten Jahren, die zum Teil sehr extrem waren, war eine ständige Präsenz nötig. Alles in allem ist der Beruf des Winzers sehr vielseitig – angefangen bei der Arbeit im Weinberg bis hin zur Weinbereitung. Manchmal bin ich Schlosser, der Maschinen repariert. Oder ich schlüpfe in die Rolle des Gastgebers und begleite Weinproben. Ich führe Gespräche mit den Händlern und besuche meine Importeure im Ausland. Italien und Kanada sind für mich zum Beispiel wichtige Exportmärkte. Auch das gesamte Marketing für den Wein liegt in meiner Verantwortung. In einem Weingut gibt es aber auch die Bereiche Verwaltung und Administration, dann müssen schon mal Formulare ausgefüllt werden. Am liebsten bin ich aber im Weinberg, denn da wird der Wein gemacht.

Warum gibt es Cabernet Sauvignon und Merlot in Deutschland? Haben wir nicht genug regionale Rebsorten?

Keine Frage, wir haben genug regionale Rebsorten. Im Rotweinbereich liebt der Konsument die dunkelfarbigen und kräftigeren Rotweine. Die internationalen Sorten entsprechen eher diesem Profil. Ich bin nicht nur von Riesling begeistert, sondern bin auch ein Fan von Pinot Noir. Aus diesem Grund lege ich bei meinen Rotweinen den Fokus auf diese kapriziöse und elegante Sorte. Die Ergänzung mit den beiden internationalen Sorten finde ich durchaus spannend, zumal die Pfalz mit dem warmen Klima sehr gute Bedingungen für beide Sorten bietet.

Was hat Sie dazu bewogen, auch Weine aus der Pfalz zu machen?

Mein Herz schlägt für meine Mosellagen und für den Riesling. Trotzdem mag ich auch Rebsorten, die für das Anbaugebiet Mosel ungeeignet sind. Ich wollte mein Sortiment erweitern, da hat sich die Pfalz als Anbaugebiet angeboten. Vor dem Aufbau meines Weinguts an der Mosel habe ich ein spannendes Projekt in der Pfalz begleitet. Dabei bin ich mit den Gegebenheiten und mit dem Pfälzer Rebsortenspiegel in Berührung gekommen, was mir sehr gut gefallen hat. Ich habe Erfahrungen gesammelt, die heute noch nützlich sind. Die Idee dahinter war, aus den besten Trauben vom besten Terroir Wein zu bereiten.

Mosel – Riesling liebt Schieferboden

Rebfläche: 8 800 ha

Geografische Lage: zwischen Hunsrück und Eifel im Rheinischen Schiefergebirge entlang der Mosel und ihren Nebenflüssen Saar und Ruwer.

Landschaft/Klima: Die Mosel schlängelt sich durch die Landschaft, an der sich die Weinberge in beeindruckenden Steillagen in die Umgebung einfügen. Sehr ausgeglichene Erwärmung und optimales Niederschlagsverhältnis in den Steillagen und Tälern.

Rebsorten: Riesling, Elbling, Weißburgunder.

Besonderheit: Steillagen und Terrassenlagen mit über 30 Grad Hangneigung; ältestes Weinbaugebiet Deutschlands; prädestiniertes Rieslingland; Top-Weine, die zu den besten weltweit gehören – von trocken bis edelsüß.

Rheingau – prächtige Riesling-Gegend

Rebfläche: 3 100 ha

Geografische Lage: südlich von Wiesbaden – rechtsrheinisch bis Lorchhausen und nördlich bis Rüdesheim am Rhein.

Landschaft/Klima: Beeindruckender Verlauf des Rheins, der vom Rheingebirge zur Richtungsänderung gezwungen wird und das Rheinknie bildet. Rechts des Rheins zwischen Wiesbaden und Lorch bis hin zu Flörsheim-Wiecker erstrecken sich auf einem schmalen Streifen die Weinberge. Warme Sommer und milde Winter, vom Taunus geschützt und 10,6 °C Jahresdurchschnittstemperatur.

Rebsorten: Riesling, Spätburgunder.

Besonderheit: stahlige, aristokratische Rieslinge mit rassigster Säure und besonderer Eleganz, aber auch beeindruckende Spätburgunder aus Assmannshausen und Kloster Eberbach.

Franken – innovativ und fortschriftlich

Rebfläche: 6 100 ha

Geografische Lage: zwischen Aschaffenburg und Schweinfurt an den südwärts gerichteten Talhängen des Mains und seiner Nebenflüsse gelegen.

Landschaft/Klima: Franken ist eingefasst von der Rhön im Norden, dem Steigerwald im Osten, dem Taubertal im Süden und dem Spessart im Westen. Kontinentales Klima mit warmen, niederschlagsarmen Sommern und kalten Wintern.

Rebsorten: Silvaner, Riesling, Rieslaner, Müller-Thurgau, Bacchus, Scheurebe, Spätburgunder, Domina, Portugieser, Regent.

Spezialitäten: Rieslaner, rote Rebsorte Domina; Silvaner auf Muschelkalk- und Keuperboden; aromatischer Bacchus; 80 Prozent weiße Sorten.

Besonderheit: Bocksbeutel-Flaschen und beeindruckende Architektur vieler Weingüter.

Nahe – Perle für Liebhaber und Kenner

Rebfläche: 4 200 ha

Geografische Lage: Weinbau entlang der Nahe am Fuß des Hunsrücks und in den Seitentälern.

Landschaft/Klima: Beeindruckende Felsformationen, umgeben von sanfter, sattgrüner Landschaft und malerischen Flusstälern – mildes, regenarmes Klima, kaum Frostgefahr.

Rebsorten: Riesling, Weißburgunder, Grauburgunder, Müller-Thurgau, Dornfelder, Spätburgunder und Portugieser.

Besonderheit: Vielfalt an Weinen und Stilen durch verschiedene Rebsorten und Böden; außergewöhnliche Rieslinge.

Trittenheim
Die Ortsgemeinde an der Mosel
ist bekannt für exzellente Weine.

Ahr – bekannt für erstklassige Rotweine

Rebfläche: 550 ha

Geografische Lage: Im Nordwesten vom Ahrgebirge im Schutz der Eifel begrenzt.

Landschaft/Klima: Die Ahr schlängelt sich durch das enge Tal – mit Steillagen und bizarren Felsformationen. Das Klima ist besonders mild. Das enge Tal wirkt wie ein Kessel, in dem sich die Wärme staut, in den Steillagen ist es fast treibhausartig. Die aufgewärmten Felsen geben in der Nacht die gespeicherte Wärme an die Reben ab.

Rebsorten: Spätburgunder, Portugieser, Dornfelder.

Besonderheit: Frühburgunder, fast ausschließlich rote Sorten.

Saale-Unstrut – nördlichste Region außerhalb des Rebengürtels

Rebfläche: 750 ha

Geografische Lage: 51. Breitengrad nördlicher Breite, die Weinberge entlang der beiden Flüsse Saale und Unstrut.

Landschaft/Klima: unberührte Natur, terrassierte Weinbergslagen entlang der Flusstäler mit uralten Trockenmauern, auch weitreichende Streuobstwiesen und Flussauen, Abwechslung durch Burgen und Schlösser. Ist die niederschlagsärmste Region mit 1 600 Stunden Sonnenlicht pro Jahr; mit Frost im Winter und Frühjahr.

Rebsorten: Müller-Thurgau, Weißburgunder, Silvaner, Riesling, Portugieser, Dornfelder.

Besonderheit: Rebsorten, die nicht im deutschen Rebsortenspiegel stehen, da sie während der DDR-Zeit angebaut wurden, Zweigelt zum Beispiel.

Sachsen – kleine Elbperle in der nordöstlichsten Region

Rebfläche: 500 ha

Geografische Lage: Elbtal und Nebentäler zwischen Pillnitz und Diesbar-Seußlitz (über 55 km).

Landschaft/Klima: sanfte bis steile Lagen entlang der Elbe, unterbrochen durch malerische Lustschlösser. Gemäßigtes Kontinentalklima mit 1 600 Stunden Sonnenschein. Die großen

Ahrtal
Das Ahrtal ist eines der nördlichsten Weinanbaugebiete und bietet optimale Bedingungen für rote Rebsorten.

Temperaturunterschiede zwischen Tag und Nacht sorgen für eine gute Säurestruktur mit einem breiten Aromenspektrum.

Rebsorten: Müller-Thurgau, Riesling, Weiß- und Grauburgunder, Traminer, Spätburgunder, Kerner.

Besonderheit: Elbling und Goldriesling – zwei weiße Sorten. Von fast allen Weinen Sachsens gibt es nicht viel, sie sind ein rares Gut. Durch die nördliche Lage zeichnen sich die Weine durch eine besondere Spannung und Finesse aus.

Mittelrhein – Romantik mit imposanten Landschaftsformationen

Rebfläche: 460 ha

Geografische Lage: 100 km auf beiden Seiten des Rheins entlang, von der Nahe bis Koblenz und von Kaub bis zum Siebengebirge.

Landschaft/Klima: malerisch schönes Rheintal mit pittoresken Burgen, Schlossruinen und steilen Lagen. Geschützte Lage mit viel Sonne. Die Lage am Rhein wirkt wie ein Wärmespeicher.

Rebsorte: Riesling, Müller-Thurgau, Kerner, Spätburgunder.

Besonderheit: fast ausschließlich terrassierte Steillagen, Top-Lagen für Riesling.

Hessische Bergstraße – kleinstes Anbaugebiet Deutschlands

Rebfläche: 450 ha

Geografische Lage: zwischen Neckar, Rhein und Main im Schutz des Odenwalds; dazu die kleine Enklave Odenwälder Weininsel um Groß-Umstadt.

Landschaft/Klima: satte, volle Landschaften; neben Weinbau auch Obstbau, Mandelbäume. Besonders warmes Klima. Das Frühjahr setzt ein paar Tage eher als in angrenzenden Regionen ein. Die Lagen sind geschützt vor kalten Ostwinden und profitieren von optimaler Sonneneinstrahlung.

Rebsorte: Riesling, Müller-Thurgau, Grau- und Spätburgunder.

Besonderheit: Steillagen mit terrassierten Weinbergen am Melibokus bei Zwingenberg – höchster Berg der Region. Er wird hauptsächlich mit Riesling bestockt. Roter Riesling wird auf etwa 20 Hektar kultiviert.

Weinanbau in Österreich

Nach dem Weinskandal in den 1980er-Jahren stellten sich die Weinhersteller die Aufgabe, nur noch absolute Spitzenqualität zu erzeugen.

Seither bauen sie dieses Niveau aus und setzen nicht nur neue Maßstäbe bezüglich der Weinqualität, sondern auch in Bezug auf das Marketing. Da Österreich südlich von Deutschland liegt, sind die Weine voller und kräftiger als die deutschen. Es gibt zwar Überschneidungen im Rebsortenspiegel, es kommen aber lokale Rebsorten dazu, die es nur in Österreich gibt.

Österreichische Weinbaugebiete

Im Osten und Südosten Österreichs bewirtschaften etwa 20 000 Betriebe eine Rebfläche von 45 000 Hektar. In den Weinbauregionen Niederösterreich, Burgenland, Steiermark und Bergland Österreich werden 70 Prozent weiße Sorten angebaut. Die wichtigste weiße Rebsorte heißt Grüner Veltliner und Zweigelt ist die rote Hauptrebsorte. Vorgestellt werden die drei Hauptregionen.

Burgenland – sonnenverwöhnte Region mit kraftvolle Weinen

Rebfläche: 13 840 ha

Geografische Lage: im Osten des Landes gelegen. Das Leithagebirge bildet die geografische Grenze zwischen Niederösterreich und Burgenland.

Unterregionen: Leithaberg, Neusiedlersee, Mittelburgenland, Eisenberg.

Landschaft/Klima: geprägt vom Leithagebirge und dem Neusiedlersee – ein Steppensee mit eigener Flora und Fauna. Um den gesamten Neusiedlersee wird Weinbau betrieben in einem kontinental-heißen, pannonischen Klima.

Rebsorten: Weißburgunder, Chardonnay, Blaufränkisch, Welschriesling, Zweigelt.

Besonderheit: Kraftvolle Rote; trockene, intensive und gehaltvolle Weißweine. Im Süden des Neusiedlersees, im Seewinkel, bildet sich regelmäßig Frühnebel, sodass sich Edelfäule bilden kann und edelsüße Weine erzeugt werden können.

Steiermark – Weißweine mit besonderer Finesse

Rebfläche: 4 240 ha

Geografische Lage: im Süden des Landes, grenzt an Ungarn und Slowenien.

Unterregionen: Vulkanland Steiermark, Südsteiermark, Weststeiermark.

Landschaft/Klima: Im Westen zieht sich der Gebirgszug Koralpe bis zur slowenischen Grenze, der vor kühlen Winden schützt. Im Osten sind die Weinberge an den Hängen erloschener Vulkane, zum Teil in extremen Steillagen bis auf 650 Metern über Meereshöhe. Feucht-warmes, südeuropäisch-mediterranes Klima.

Steiermark
Das kleine Weinbaugebiet im Süden Österreichs hat sich mit exzellenten Weißweinen einen Namen gemacht.

Rebsorten: Sauvignon Blanc, Welschriesling, Weißburgunder, Traminer, Morillon (eine Spielart des Chardonnay), Muskateller, Blauer Wildbacher.

Besonderheit: Bekannt für rassige Sauvignon Blancs – Weine mit Format und Klasse. Die aromatischen Traminer, Welschriesling und Muskateller haben einen markanten Stil – mit voller Frucht und ausgewogener Säurestruktur. Schilcher ist eine Spezialität aus der Weststeiermark und als Roséwein der ultimative Aperitif- und Sommerwein.

Niederösterreich – Weinlandschaften im Nordosten

Rebfläche: 27 100 ha

Geografische Lage: entlang der Donau und ihren Nebenflüssen.

Unterregionen: Weinviertel, Wachau, Kremstal, Kamptal, Traisental, Wagram, Carnuntum, Thermenregion.

Landschaft/Klima: abwechslungsreich und durch Flüsse geprägt. Wie in der Wachau stehen die Reben zum Teil in steilen Hängen. Das Klima ist kontinental geprägt. Aus Norden strömt lindernde kühle Luft, aus Osten strömen warme pannonische Luftmassen entlang des Wagrams in die Seitentäler der Donau – ideale Weinbaubedingungen in mildem Klima.

Rebsorten: Grüner Veltliner, Riesling, Zierfandler, Rotgipfler, St. Laurent, Pinot Noir.

Besonderheit: In den meisten Unterregionen überwiegen weiße Rebsorten, im Carnuntum die roten Sorten Blaufränkisch und Zweigelt.

Weinanbau in Frankreich

Frankreich ist eines der ältesten, bedeutendsten und größten Weinländer. Viele Weine beziehungsweise Herkünfte haben eine Art Referenzstatus für Winzer weltweit.

Die teuersten Weine stammen vor allem aus Frankreich. Von dort kommt auch der Begriff „Terroir" – dahinter verbirgt sich die Idee, dass ein Wein den Boden, in dem die Reben wachsen, widerspiegeln soll. Auch dieser Gedanke hat weltweit an Bedeutung gewonnen. Nach wie vor sind die meisten Weine Frankreichs nach der Herkunft benannt. Noch werden viele französische Weine sehr ursprünglich hergestellt, was ihnen das gewisse Etwas verleiht und von einem Weinliebhaber ein gewisses Maß an Weinerfahrung abverlangt.

Französische Weinbaugebiete

Die unkomplizierten Rebsortenweine gibt es auch, hauptsächlich im Süden des Landes. Der französische Wein steht aber viel mehr für klassische Herkünfte und vornehmlich trockene Varianten aller drei Weinfarben, die in den meisten Fällen nach der Region benannt sind. In Frankreich verteilt sich die Rebfläche auf 792 000 Hektar. Es gibt 85 000 Weinbaubetriebe, die rund 46,7 Millionen Hektoliter Wein produzieren. Wichtige Exportmärkte sind Deutschland, Großbritannien, Belgien und China. Auch in Frankreich gilt die EU-Weinmarktordnung von 2009, sie schreibt ein herkunftskontrolliertes Qualitätssystem vor. Die höchste Qualitätsstufe sind AOP-Weine (Appellation d'Origine Protégée), 307 an der Zahl. Es gibt noch Regionen, die in der Übergangsphase die frühere Bezeichnung AOC (Appellation d'Origine Côntrolée) verwenden.

Languedoc-Roussillon – größtes französisches Anbaugebiet

Rebfläche: 222 250 ha

Geografische Lage: Das Gebiet erstreckt sich fast über den gesamten Süden. Im Süden begrenzt durch die Pyrenäen, im Norden durch die Montagne Noir und die Cevennen, im Westen grenzt es an Carcassone und im Nordosten an Nîmes.

Landschaft/Klima: Ein langes Küstenband im Languedoc, das Hinterland ist von Bergen und Hügeln geprägt. Das Roussillon wird durch die Pyrenäen geprägt. Warmes Mittelmeerklima, mit mindestens 2 500 Sonnenstunden und geringem Niederschlag. Im Roussillon ist es heiß, trocken und windig. Ausgleich schaffen acht verschiedene Winde, die zum Teil stürmisch übers Land fegen.

Rebsorten Languedoc: roter Rebsortenmix aus Grenache, Syrah, Mouvèdre, Cinsault, Carignan.

St. Emilion

Das Städtchen zählt du den prestige-
trächtigsten Weinbaugebieten im Südwesten Frankreich und hat eine eigene
Appellation (AOC).

Unterregionen: Corbière, Minervois (hauptsächlich Rotwein), Faugère (Steillagen, sehr
kräftige Weine), Costière de Nîmes (rot, rosé,
weiß), Coteaux du Languedoc (rot, rosé), Fitou
(rot), St.-Chinian (rot).

Besonderheit: Die Region ist die „Neue
Welt"-Weinecke und sehr modern.

Rebsorten Roussillon: Rebsortenmix aus Carignan, Grenache und Cinsault, ergänzt von Syrah und Mouvèdre.

Unterregionen: Côtes du Roussillon, Côtes du
Roussillon Villages, Collioure (hauptsächlich rot
aus Grenache, etwas Syrah und Mouvèdre).

Besonderheit: Durch Klima und Lage gibt es
wenig Ertrag. Einige Winzer betreiben einen ur-
sprünglichen Weinbau. Aus der traditionellen
Produktion gibt es den sogenannten Vins Doux
Naturel, ein verstärkter Wein, der als Banyuls
(Grenache noir) bekannt ist.

Bordeaux – weltberühmt für Chateaux

Rebfläche: 100 000 ha

Geografische Lage: im Südwesten von Frankreich.

Landschaft/Klima: Teilung des Gebiets durch
die Flüsse Garonne und Dordogne in eine rechte
und linke Seite. Das Klima ist durch den nahen
Atlantik maritim geprägt, gemäßigt und ausge-
glichen ohne große Temperaturschwankungen.

Hauptgebiete rechte Seite: St. Emilion und Po-
merol – Top-Rotweine Merlot-betont.

Hauptgebiete linke Seite: Médoc, Haut-Mé-
doc, St. Estèphe, St. Julien, Pauillac, Margaux,
Grave mit Pessac-Léognan – Top-Rotweine Cabernet Sauvignon-betont.

Hauptgebiet zwischen den Ufern: Entre-Deux-
Mers mit trockenen Weißweinen.

Rebsorten rot: Cabernet Sauvignon, Merlot,
Cabernet Franc.

Rebsorten weiß: Sauvignon Blanc, Sémillon, Muscadelle.

Besonderheit: Bekannt für seine Chateaux. Die roten Spitzenweine gehören zu den gefragtesten Tropfen weltweit. An Garonne und Nebenflüssen entstehen exzellente Süßweine aus edelfaulen Trauben, zum Beispiel aus Sauternes und Barsac.

Rhône – Land des Côte du Rhône und Châteauneuf-du-Pape

Rebfläche: 70 000 ha

Geografische Lage: Unterhalb der Stadt Lyon zwischen Vienne gen Süden bis Avignon zieht sich auf 200 km ein Teilstück der Rhône. Am linken und rechten Ufer wird Weinbau betrieben.

Landschaft/Klima: Aufteilung des Rhônetals in nördliches und südliches Rhônetal (dazwischen 50 km kein Weinbau). Die beiden Teilgebiete haben eine sehr unterschiedliche Stilistik. Rhônetal und Alpen prägen die imposante Landschaft. Im Norden ist das Klima eher kontinental mit mediterranem Einfluss. Im Süden, ab Montélimar, ist es wärmer und mediterraner, der Nordwind Mistral bringt kühle Luft in das südliche Tal.

Hauptgebiete nördliche Rhône: Condrieu (100 % Viognier), Côte Rôtie (100 % Syrah), Hermitage (100 % Syrah), Cornas (100 % Syrah).

Rebsorten nördliche Rhône: rote Rebsorte (100 % Syrah), weiße Rebsorten (Viognier, Marsanne, Rousanne)

Besonderheit: sehr hochwertige, lagerfähige und teure Rotweine aus Syrah; Referenzgebiet für Syrah.

Hauptgebiete südliche Rhône: Gigondas (rot), Châteauneuf-du-Pape (vor allem rot, aber auch weiß), Lirac (vor allem rot), Tavel (rosé), Vacqueyras (rot)

Rebsorten südliche Rhône: rote Rebsorten (Grenache, Syrah, Mouvèdre, Cinsault, Carignan); weiße Rebsorten (Grenache Blanc, Clairette Blanche, Marsanne, Rousanne, Viognier).

Besonderheit: keine reinsortigen Weine. Sie sind immer ein Verschnitt, egal ob Weiß-, Rosé- oder Rotwein. Bekanntester Wein der südlichen Rhône ist der Côte du Rhône (mindestens 40 % Grenache, mindestens 15 % Syrah und/oder Mouvèdre, Rest andere Sorten). Weinliebhaber schätzen besonders den gehaltvollen und imposanten Chateauneuf-du-Pape.

Champagne – berühmt für feinste Perlen im Glas

Rebfläche: 33 500 ha

Geografische Lage: nördlichste Weinregion Frankreichs, etwa zwei Autostunden von Paris entfernt.

Landschaft/Klima: Leicht hügelige Landschaft mit kleinen Weindörfern und den Städten Reims und Épernay, in denen die meisten Champagnerhäuser ihren Sitz haben. Das Klima ist kontinental mit ozeanischem Einfluss. Die jährlichen Sonnenstunden liegen bei 1 650.

Rebsorten: Chardonnay, Pinot Noir, Pinot Meunier.

Besonderheit: Champagner, hergestellt nach der méthode champenois (traditionelle Flaschengärung siehe Seite 170). Champagner zählt zu den nobelsten und edelsten Schaumweinen weltweit.

Loire

Entlang dem längsten Flusstal Frankreichs finden sich neben imposanten Schlössern zahlreiche Weinberge.

Loire – längster Fluss mit imposanten Schlössern

Rebfläche: 50 000 ha

Geografische Lage: Das Anbaugebiet liegt im Norden und erstreckt sich entlang der Loire und ihren zehn Nebenflüssen.

Landschaft/Klima: Die Weinberge liegen zwischen weitläufigen Wäldern, Obstplantagen, Weideland und Äckern. Durch die nördliche Lage und die Nähe zum Atlantik herrscht ein gemäßigtes, maritimes Klima. Je mehr sich die Weinberge vom Atlantik entfernen, desto kontinentaler wird es.

Hauptgebiete: Sancerre & Pouilly Fumé (100 % Sauvignon Blanc), Vouvray (100 % Chenin Blanc), Touraine weiß (Sauvignon Blanc), Muscadet de Sèvre et Maine (Melon de Bourgogne).

Rebsorten: Chenin Blanc, Sauvignon Blanc, Cabernet Franc, Gamay, Pinot Noir.

Besonderheit: Crémant de Loire ist sehr beliebt. Die weiße Sorte Chenin Blanc gibt den Ton an – im Crémant und in anderen trockenen oder edelsüßen Weinen. Sancerre und Pouilly-Fumé sind Klassiker aus Sauvignon Blanc. Bei den roten Rebsorten sorgt der Cabernet Franc für Vielfalt, zum Beispiel als delikater Rotwein aus Chinon oder Rosé d'Anjou.

Bourgogne – edle Tropfen aus Chardonnay und Pinot Noir

Rebfläche: 28 700 ha

Geografische Lage: im Nordosten gelegen. Die Weinberge erstrecken sich auf 230 km von Nord nach Süd zwischen Dijon und Lyon.

Landschaft/Klima: sanfte Hügellandschaften mit vielen Weinortschaften. Das gemäßigte Kontinentalklima mit 2 000 Sonnenstunden pro Jahr ist ideal zur langsamen Ausreife der beiden Spitzenrebsorten der Region. Die historische Stadt Beaune ist mit den vielen Handelshäusern das Zentrum der Bourgogne.

Unterregionen: Chablis (100 % Chardonnay), Côte de Nuits (vornehmlich Pinot Noir), Côte de Beaune (Chardonnay & Pinot Noir), Côte Chalonnaise (Chardonnay & Pinot Noir), Mâconnais (vornehmlich Chardonnay).

Rebsorten: die Edelsorten Chardonnay und Pinot Noir, aber auch Bourgogne Aligoté und Gamay.

Besonderheit: Die Weine sind die begehrtesten und teuersten weltweit. Das Terroir der Region ist eines der besten für die Spitzenrebsorten Pinot Noir und Chardonnay. Die einzelnen Terroirs sind in einer Vielzahl an Weinbergslagen erfasst. Der Crémant de Bourgogne ist eine Entdeckung wert.

Côtes de Provence
Das Weinbaugebiet im Osten der Provence erlangte vor allem durch seinen trockenen und fruchtigen Rosé Bekanntheit.

Elsass – erzeugt überwiegend Weißweine

Rebfläche: 15 500 ha

Geografische Lage: im Nordosten zwischen Rhein und Vogesen.

Landschaft/Klima: Zwischen dem Rhein, in fruchtbaren Ebenen, und den östlichen Ausläufern der Vogesen sind die Weinberge. Dadurch ist die Region klimatisch begünstigt und niederschlagsarm. Die Vogesen halten heftige Winde und Regenschauer ab, sodass es wärmer ist als vermutet.

Rebsorten: Riesling, Pinot Blanc, Pinot Gris, Sylvaner (Silvaner), Gewürztraminer, Muscat/Muscat Ottonel, Auxerrois, Pinot Noir, Chasselas (Gutedel).

Besonderheit: Weine werden wie in Deutschland nach der Rebsorte benannt. Spezialitäten sind Weine aus edelfaulen Trauben wie Vendanges Tardives (Spätlesen, Selection de Grains Nobles); Crémant d'Alsace.

Provence – Roséweine aus dem noblen Süden

Rebfläche: 26 000 ha

Geografische Lage: im Südosten am Mittelmeer – zwischen Rhônetal und Italien. Die Côte d'Azur mit den Städten Nizza und Cannes ist weltberühmt.

Landschaft/Klima: geprägt von beeindruckenden Gebirgszügen, grünen Tälern, Olivenhainen, weiten Plantagen mit Lavendel und Kräutern der Provence. Mittendrin liegen die Weinberge, die von dem warmen Mittelmeerklima profitieren, auch hier bläst der Nordwind Mistral und sorgt für Kühle.

Unterregionen: Bandol, Cassis, Côtes de Provence, Coteaux d'Aix-en-Provence, Côtes du Ventoux, Côtes du Lubéron.

Rebsorten: vor allem rote Sorten, Syrah, Grenache, Mouvèdre, Cinsault, Cabernet Sauvignon und etliche regionale Sorten.

Besonderheit: bekannt für herzhaft-würzige Roséweine, für die ein Großteil der roten Trauben verarbeitet wird. Kräftige und intensive Rote gibt es auch.

Neben den beschriebenen Anbaugebieten prägen weitere Regionen die Weinlandschaft Frankreichs – zum Beispiel der gesamte Südwesten mit Gascogne, Cahors, Bergerac, Madiran und Jurançon. Im Osten des Landes liegen die Regionen Savoyen, Jura und Beaujolais, die Weinkenner ebenfalls sehr schätzen. Auch auf Korsika wird Weinbau betrieben.

Weinanbau in Italien

Vor fast 2 000 Jahren verbreiteten die Römer den Weinbau in weiten Teilen Europas. Auch heute ist dieser Pioniergeist noch Antriebsmotor für Fortschritt und Entwicklung.

Nach der Größe der Anbaufläche ist Italien mit 690 000 Hektar auf Platz drei in Europa. An Vielfalt steht Italien Frankreich in nichts nach. Waren noch vor nicht allzu langer Zeit die Weine Süditaliens Massenweine, so hat es heute dank gesetzlicher Bestimmungen bezogen auf die Qualität einen Ruck nach vorne gegeben.

Italienische Weinbaugebiete

Italien ist vom Norden bis in den Süden in 20 Weinanbaugebiete aufgeteilt. Es gibt kaum einen Landstrich, der nicht mit Reben bepflanzt ist. Daraus ergibt sich eine enorme Anzahl an Weinen und Herkünften. Wie auch in den anderen Weinländern, die der Europäischen Union angehören, gilt die Neuordnung und Bezeichnung der Qualitätsstufen auch für italienische Weine. DOCG (Denominazione di Origine Controllata e Garantita) ist die qualitativ höchste Bezeichnung italienischer Weine. Für diese garantierte Ursprungsbezeichnung gelten die strengsten Regeln. Der Marktanteil der DOCG-Weine liegt bei etwa fünf Prozent. in der darunterliegenden Stufe sind die DOC-Weine (Denominazione di Origine Controllata) vertreten, ebenfalls eine garantierte Ursprungsbezeichnung. Ihr Marktanteil liegt bei rund 25 Prozent. In der Übergangsphase werden diese beiden Bezeichnungen nach wie vor verwendet, ansonsten wird es zukünftig auch in Italien die DOP-Bezeichnung (Denominazione di Origine Protetta) geben. IGP (Indicazione Geografica Protetta) ist die neue geschützte Herkunftsbezeichnung für italienische Landweine und hat einen Marktanteil von etwa 30 Prozent. Die unterste Stufe bilden die Vino Generico, ehemals Vino da Tavola, die immerhin 40 Prozent Marktanteil ausmachen.

Wichtige Anbaugebiete in Norditalien sind Südtirol, Piemont, Friaul und Venetien:

Piemont – Barolo, der Stolz der Italiener
Rebfläche: 45 000 ha
Geografische Lage: im Nordwesten.
Landschaft/Klima: Das Wort Piemont bedeutet „am Fuß der Berge". Ein großer Teil der Rebflächen liegt in einem hügeligen Gebiet an sonnenreichen Hanglagen. Ein Großteil der Reben wächst auf 500 Meter über null. Das gemäßigte, milde Klima bietet ideale Bedingungen für große Weine.
Rebsorten weiß: Cortese, Moscato, Arneis.
Rebsorten rot: Nebbiolo, Barbera, Dolcetto.

Piemont
Die nordwestliche Region Italiens grenzt an Frankreich und bietet ideale Bedingungen für große Weine.

Besonderheit: bekannt für seine noblen Roten Barolo und Barbaresco aus der Nebbiolo-Traube sowie den süßen Prickler Asti Spumante und den trockenen Weißwein Gavi aus der Cortese-Traube. Kenner schätzen die weiße Arneis-Traube, die würzige Tropfen hervorbringt. Heute hat sich auch die rote Rebsorte Barbera international etabliert.

Südtirol – Weinbau in alpiner Umgebung

Rebfläche: 5 300 ha

Geografische Lage: im Nordosten.

Landschaft/Klima: hochalpine Landschaft mit einem Mix aus alpinem und mediterranem Klima auf 200 bis 1 000 Metern über dem Meeresspiegel und mit warmen Luftströmen vom Gardasee und Mittelmeer. Große Unterschiede zwischen Tag- und Nachttemperaturen sorgen für optimale Reifebedingungen.

Rebsorten rot: Vernatsch (Trollinger), Lagrein.

Rebsorten weiß: Weißburgunder, Sauvignon Blanc, Gewürztraminer, Chardonnay, Grauburgunder.

Besonderheit: 65 % Weißwein, 35 % Rotwein, viele Genossenschaften; vielfältige Weine, die größtenteils reinsortig auf die Flasche kommen.

Friaul – benannt nach einer Rebsorte

Rebfläche: knapp 20 000 ha

Geografische Lage: im Nordosten.

Landschaft/Klima: sanft hügeliges Land, das im Norden an Österreich, im Osten an Slowenien, im Westen an Venetien und im Süden an die Adria grenzt. Die Berghänge der Julischen Alpen schützen das Gebiet vor zu kaltem Einfluss, daher ist das Klima sehr milde und moderat.

Rebsorten weiß: Friulano, Sauvignon Blanc, Pinot Grigio, Ribolla Gialla, Picolit, Verduzzo.

Südtirol-Trentino
Das Klima im Norden Italiens ist mediterran mit raueren Einflüssen durch die Dolomiten.

Rebsorten rot: Refosco, Schiopettino, internationale Sorten.

Besonderheit: Die meisten Weine kommen rebsortenrein auf die Flasche. Die lokalen weißen und aromatischen Rebsorten Friulano und Ribolla Gialla bieten feine Tropfen. Die Roten aus den lokalen Sorten Refosco und Schiopettino sind mittelkräftige Tropfen.

Venetien – Region des beliebten Pricklers Prosecco

Rebfläche: knapp 74 000 ha

Geografische Lage: Im Westen reichen die Weinberge bis an den Gardasee, gen Norden bis an die Alpen, im Osten grenzen sie ans Friaul und im Süden an die Adria.

Landschaft/Klima: Gebirgszüge, Ebenen und große Küstenstreifen bilden einen Mix an Landschaften und klimatischen Bedingungen. Das Klima ist gemäßigt, mediterran mit alpinem und maritimen Einfluss.

Rebsorten weiß: Glera, Garganega, Pinot Grigio.

Rebsorten rot: Corvina, Rondinella, Molinara, internationale rote Sorten.

Besonderheit: Venetien hat viele bekannte Klassiker zu bieten, zum Beispiel Pinot Grigio oder Soave, der zum Großteil aus der Sorte Garganega bereitet wird, oder der sehr beliebte Prosecco aus der Glera-Rebsorte. Bei den Roten gilt als feiner, körperreicher Tropfen der Amarone, welcher aus getrockneten Trauben der Sorten Corvina, Rondinella und Molinare hergestellt wird. Die leichtere Variante aus den gleichen Sorten sind Valpolicella und Bardolino, Letztgenannter erfreut sich als Chiaretto (Rosé) großer Beliebtheit.

Wichtige Anbaugebiete in Mittelitalien sind die Toskana und Abruzzen:

Toskana – bekanntestes Weinanbaugebiet Italiens

Rebfläche: 60 000 ha

Geografische Lage: von der Mittelmeerküste im Westen bis in den Norden und Osten an den Gebirgszug Apennin angrenzend, im Süden schließt das Anbaugebiet Latium an.

Landschaft/Klima: Durch die Lage befindet sich ein Großteil der Weinberge in Hanglagen.

Toskana
Die pittoresken Hügellandschaften sind weltberühmt,
ebenso wie der rote Chianti-
wein aus Mittelitalien.

Weltberühmt sind die Hügellandschaften und Straßen, die von Zypressenbäumen gesäumt sind. Das Klima ist mild und mediterrane. Durch den maritimen Einfluss des Mittelmeers hat die Region genügend Niederschläge.

Rebsorten weiß: Vernaccia.

Rebsorten rot: Sangiovese und seine Spielarten, internationale rote Sorten.

Besonderheit: Der Chianti zählt zu den beliebtesten und bekanntesten Rotweinen Italiens. Der kräftigere Brunello di Montalcino ist weltberühmt, gefolgt vom noblen Wein aus Montepulciano (Vino Nobile di Montepulciano). Seit den 1980er-Jahren sorgen die sogenannten Super-Toskaner-Weine, meistens ein Mix aus Sangiovese mit internationalen roten Sorten, für Furore. Bei den Weißen hat sich der Vernacchia di San Gimignano besonders hervorgetan.

Abruzzen – Montepulciano für Jedermann

Rebfläche: 30 000 ha

Geografische Lage: im Osten und in der Mitte des Landes; die Region vereint Küstengebiet entlang der Adria mit Hügellandschaft und hohen Gebirgszügen.

Landschaft/Klima: Die Abruzzischen Apenninen prägen das Bild der Region. Im Landesinneren, in den hügeligen Gebirgsausläufern ist es kühler als an der sonnenverwöhnten Küste.

Rebsorten: Montepulciano (rot), Trebbiano (weiß).

Besonderheit: Beide Weine – der Montepulciano d'Abruzzo und der Trebbiano d'Abruzzo– sind bekannte und beliebte Alltagsweine. Es sind einfache, ehrliche, unkomplizierte Weine für jedermann. Ein Großteil der Weine stammt von Winzergenossenschaften.

Wichtige Anbaugebiete in Süditalien sind Apulien, Kampanien, Sizilien und Sardinien:

Apulien – Herkunft des italienischen Zinfandel

Rebfläche: 100 000 ha

Geografische Lage: im Südosten am Stiefelabsatz gelegen.

Landschaft/Klima: Der Großteil der Weinberge erstreckt sich an der Adriaküste in ebenen Lagen, vereinzelt durchsetzt mit sanft hügeligen Landstrichen. Das Klima ist mediterran, heiß und niederschlagsarm.

Kalabrien
Die Region im Süden Italiens lässt dem Weinbau aufgrund zerklüfteter Berglandschaften nur wenig Raum.

Rebsorten rot: Primitivo (Zinfandel), Negroamaro, Uva di Troia, internationale Sorten.

Besonderheit: 80 % Rotwein aufgrund der klimatischen Bedingungen (zu warm für weiße Sorten). Primitivo di Manduria und Salice Salentino sind international bekannt und beliebt. Primitivo ist die gleiche Rebsorte wie Zinfandel und ergibt kräftige, vollmundige Rote. Salice Salentino ist zum größten Teil aus der lokalen Sorte Negroamaro hervorgegangen. Weinkenner schätzen besonders den Castel del Monte, dessen Hauptrebsorte die Spezialität Uva di Troia ausmacht.

Kampanien – feine Weine aus dem Hinterland Neapels

Rebfläche: 40 000 ha

Geografische Lage: im Südwesten am Schienbein des Landes gelgen.

Landschaft/Klima: mediterranes Klima mit Einfluss des Mittelmeers und dem Schutz der Berge. Die Weinberge befinden sich größtenteils in Hanglagen.

Rebsorten weiß: Fiano, Greco, Falanghina.

Rebsorte rot: Aglianico.

Besonderheit: Aglianico ist die bedeutendste rote Sorte der Region, die aus dem Gebiet Taurasi die besten Qualitäten hervorbringt. Aber auch die Weißen sind von hoher Qualität, besonders der Greco di Tufo.

Sizilien – Insel mit facettenreichem Weinangebot

Rebfläche: 110 000 ha

Geografische Lage: südwestlich vom Festland gelegen.

Landschaft/Klima: Sizilien ist nicht nur die größte italienische Insel mit 1400 km Küste, sondern auch das größte Anbaugebiet Italiens. Fast ein Viertel ist Gebirgslandschaft und 60 Prozent sind Hügelland. Weinbau wird bis zu 900 Meter über null betrieben. Das Klima ist

mediterran geprägt mit heißen Sommern und wenig Niederschlag.

Rebsorten weiß: Catarratto, Malvasia, Inzolia.

Rebsorten rot: Nero d'Avola.

Besonderheit: Süßwein Marsala (hauptsächlich aus Catarratto). Trockene, zitrische Weißweine ergeben die Sorten Catarratto und Inzolia. Beliebter roter Klassiker ist Nero d'Avola mit vollfruchtigen, intensiven Aromen. Der Weinbau am Ätna ist bemerkenswert, aus lokalen Sorten werden in hohen Lagen erstaunliche Rotweine erzeugt.

Sardinien – hat eine eigene Kulturlandschaft

Rebfläche: 30 000 ha

Geografische Lage: zweitgrößte Insel westlich vom Festland, auf der Höhe von Toskana und Latium gelegen. Sie ist rund 200 km vom Festland entfernt.

Landschaft/Klima: Auf der Insel hat sich eine eigene Weinlandschaft entwickelt, die sich stark von der des Festlands unterscheidet. Nur in wenigen Teilen ist Weinbau möglich, da der Großteil der Insel von Gebirgslandschaft geprägt ist. Es herrscht ein heißes mediterranes Klima, der Norden ist etwas kühler als der Süden. Deshalb stammen die Roten vornehmlich aus dem Süden der Insel.

Rebsorten weiß: Vermentino, Moscato, Malvasia.

Rebsorten rot: Cannonau (Grenache), Monica.

Besonderheit: Die weiße Vermentino-Rebe ergibt intensive, körperreiche Weißweine, die Cannonau-Traube liefert kräftige Rotweine mit Substanz.

Weinanbau in Spanien

Spanien hat die älteste Weinbaugeschichte Europas, die vor 4 000 Jahren im Süden begann. Heute ist der Weinbau ein wichtiger Bestandteil der spanischen Wirtschaft.

Spanien führt mit gut 1 Million Hektar Rebfläche immer noch die Liste als größtes Weinanbauland der Welt an. Die Weingebiete Spaniens befinden sich zwischen dem 43. und 36. Breitengrad. Das bedeutet, dass dort ein sehr heißes Klima herrscht. Deswegen stehen die Rebstöcke nicht so dicht beieinander wie in anderen Ländern und der Ertrag ist geringer.

Spanische Weinbaugebiete

Die wichtigste Qualitätsbezeichnung für spanische Weine ist die geschützte Herkunftsbezeichnung D.O. (Dénomination de Origen). Landesweit gibt es etwa 64 geschützte Weinbaugebiete mit D.O. Auch in Spanien greift die europäische Weinverordnung für die verschiedenen Qualitätsstufen. Spanien hatte früher eigene Bezeichnungen für die Dauer des Ausbaus seiner Weine. Heute aber sollen die Weine jung getrunken werden, deshalb entfernen sich immer mehr Weingüter und Produzenten von dem alten Ausbaumodell.

- ▸ **Joven** ist ein Jungwein ohne Ausbau im Eichenfass – früher wie heute eine gängige Form.
- ▸ **Roble** sind Weine mit einem kürzeren Holzfassausbau, die Lagerzeit liegt unter der eines Crianzas. Ist heute eine beliebte Ausbauform.
- ▸ **Crianza-Weine** sind mindestens 24 Monate gereift, davon mindestens 6 Monate in Eichenfässern. Ist eine klassische Ausbauform. Es gibt sie noch im Markt, da sie sehr beliebt sind.
- ▸ **Reserva** sind Weine eines guten Jahrgangs, die mindestens 36 Monate gereift sind, davon mindestens 12 Monate in Eichenholzfässern und die restliche Zeit in der Flasche. Ist eine klassische Ausbauform.
- ▸ **Gran Reserva** sind Weine aus herausragenden Jahrgängen, die mindestens fünf Jahre gereift sind, davon mindestens 18 Monate in Eichenfässern und die restliche Zeit in der Flasche. Klassische Ausbauform.

Im Norden ballt sich der Qualitätsweinbau – facettenreich und innovativ. Die einzelnen Gebiete sind überschaubar in der Größe und haben meist ein klares, eigenes Profil mit jeweils typischen Sorten. Wichtige Anbaugebiete sind Rioja, Somontano und Navarra, Ribera del Duero, Rueda, Rias Baixas, Priorat und Penedès:

Rioja
Weinstöcke so weit das Auge reicht. Im spanischen Norden gelegen, profitiert die Region sowohl vom atlantischen als auch vom mediterranen Klima.

Rioja – bekannteste Region in Spanien

Rebfläche: 64 000 ha

Geografische Lage: im Norden des Landes, nur 90 km südlich vom Atlantik entfernt gelegen.

Landschaft/Klima: Rioja liegt im Ebrobecken (Fluss Ebro), im Norden eingefasst von der Sierra de Cantabria und im Süden von der Sierra de la Demanda. Das Rioja ist eingeteilt in: Rioja Alta, Rioja Alavesa und Rioja Baja mit jeweils unterschiedlicher klimatischer Ausprägung. Das Baja liegt am weitesten im Landesinneren und ist am wärmsten. Rioja Alta und Rioja Alavesa sind vom Atlantik geprägt und daher kühler.

Rebsorten rot: Tempranillo, Garnacha, Graciano, Mazuelo.

Besonderheit: Viele Weinliebhaber verbinden spanischen Wein mit Rioja, die bekannteste Herkunft des Landes. Die besten Rioja-Weine sind langlebig und sehr elegant. In der Regel ist ein Rioja ein Verschnitt aus den genannten Sorten, wobei der Tempranillo den größten Verschnittanteil einnimmt.

Somontano & Navarra – Region für moderne Weine

Rebfläche: 20 700 ha (Somontano – 4 700 ha/ Navarra – 16 000 ha)

Geografische Lage: Beide Regionen liegen im Norden.

Landschaft/Klima: im Norden eher maritim bestimmtes Klima, im Süden kontinental mit sehr warmen Sommern. Im nördlicher gelegenen Somontano haben die Pyrenäen einen kühlenden Einfluss.

Rebsorten weiß: Macabeo, Chardonnay, Garnacha Blanca.

Rebsorten rot: Tempranillo, Garnacha, internationale Rebsorten.

Besonderheit: Beide Regionen stehen für günstige Alltagsweine.

Ribera del Duero – bekannt für kräftige Rotweine mit Lagerpotenzial

Rebfläche: 21 000 ha

Geografische Lage: auf 120 km entlang des Flusses Duero, in der Mitte und im Norden gelegen.

Landschaft/Klima: Kastilisches Hochland mit kontinentalem Klima. Rebflächen gibt es bis zu 850 Meter über dem Meeresspiegel. Die kühlen Sommernächte führen zu einer guten Spannung/Säure im Wein.

Rebsorten: Tempranillo, internationale rote Sorten.

Besonderheit: sehr kräftige, gehaltvolle, tanninbetonte Rotweine. Tempranillo spielt die Hauptrolle. Die besten Vertreter können Jahrzehnte reifen.

Rueda – bekannt für einen würzigen Verdejo

Rebfläche: 10 000 ha

Geografische Lage: im Nordwesten des Landes und an das Ribera del Duero angrenzend.

Landschaft/Klima: im Hochland von Kastilien und León gelegen. Im nördlichen Teil durchfließt der Duero die Region, Weinbau ist auf 600 bis 800 Meter über null möglich. Das Klima ist kontinental geprägt; mit heißen, niederschlagsarmen Sommern und kalten Wintern.

Rebsorte weiß: Verdejo.

Besonderheit: Die Verdejo-Traube ist eine Spezialität der Region und ergibt, reinsortig abgefüllt, besonders würzige und mittelkräftige Weine. Die modernere Variante wird oft mit Sauvignon Blanc und Viura verschnitten.

Rias Baixas – Weißweinwunder aus Galizien

Rebfläche: 3 500 ha

Geografische Lage: spanische Nordatlantikküste.

Landschaft/Klima: fast isolierte Lage durch den hohen Gebirgszug der Cordillera Cantábrica. Die Weinberge befinden sich größtenteils in Steillagen, umgeben von einer üppig grünen Landschaft. Durch die Nähe zum Atlantik besonders ausgeprägt – ein maritimes Klima.

Rebsorte weiß: Albariño.

Besonderheit: Die Sorte Albariño bringt die feinsten und elegantesten Weißweine Spaniens hervor.

Penedès – Zentrum der Schaumweinproduktion

Rebfläche: 26 000 ha

Geografische Lage: in Katalonien im Nordosten und südlich von Barcelona.

Landschaft/Klima: hügelige Landschaft mit stark parzellierten Weinbergslagen, umgeben von Gebirgszügen und Mittelmeer. Das Penedès teilt sich in drei Zonen: Küstengebiet am Mittelmeer mit warmem und mildem Klima. Im mittleren Teil Weinbau auf Höhen zwischen 200 und 400 Metern über null mit großen Temperaturunterschieden. Weiter im Landesinneren liegt das Alt-Penedès mit Weinbergslagen auf 800 Metern und einem kühlen, kontinental geprägten Klima.

Rebsorte weiß: regionale und internationale Sorten wie Xarel-lo, Macabeo, Parellada, Chardonnay.

Rebsorte rot: Cariñena, Monastrell, Tempranillo, internationale Sorten.

Besonderheit: Die D.O. Penedès überlappt sich zum großen Teil mit der D.O. Cava. Aus diesem

Corral de Almageur
In der kleinen Gemeinde in der Provinz Toledo, La Mancha, wachsen zwischen den Reben alte Eichenbäume.

Grund kommen die Trauben für den Cava (klassische Flaschengärung) hauptsächlich aus dem Penedès. Mehr und mehr von Bedeutung ist Weißwein aus der Rebsorte Xarel-lo, der auch im Barrique ausgebaut werden kann. Die Roten sind oft ein Mix aus lokalen und internationalen Sorten und leicht verständlich.

La Mancha – wichtigstes Anbaugebiet Südspaniens

Rebfläche: 190 000 ha

Geografische Lage: in der Mitte des Landes, südlich von Madrid gelegen.

Landschaft/Klima: weite Hochebene mit viel Landwirtschaft, Olivenhainen und Weinbau: Stark kontinentales Klima.

Rebsorten weiß: Airén, Macabeo, Chardonnay, Sauvignon Blanc.

Rebsorten rot: Tempranillo, Garnacha, internationale Sorten.

Besonderheit: frische, leichte Weißweine; einfache, jung zu trinkende Rotweine überwiegend aus der Tempranillo-Traube. Die Weine sind im Markt gut vertreten und werden wegen des günstigen Preises gekauft, weniger wegen der Herkunft.

Priorat – einzigartiges, kleines Anbaugebiet

Rebfläche: 1700 ha

Geografische Lage: in Katalonien im Nordosten von Spanien.

Landschaft/Klima: wilde, schroffe Landschaft mit zum Teil sehr steilen Lagen, umgeben von hohen Gebirgszügen und durchzogen von tiefen Tälern. Kontinentales Klima, heiße Sommer mit kühlen Brisen vom Mittelmeer.

Rebsorten rot: Cariñena, Garnacha, internationale Sorten.

Besonderheit: Die Weinberge mit altem Rebbestand bringen extrem konzentrierte, fast balsamische Rotweine mit Alterungspotenzial hervor.

Weinanbau in Portugal

Das kleine Weinland positioniert sich als Erzeuger außerordentlicher Qualitäten. Die Zeiten von einfachem Vinho Verde und Mateus Rosé scheinen passé.

An der Spitze der Qualitätshierarchie stehen in Portugal 31 kontrollierte Ursprungsbezeichnungen. Auch in Portugal befindet sich die Bezeichnung in einer Umstellungsphase, sodass die alte Schreibweise DOC (Denominação de Origem Controlada) und die einheitlich europäische Bezeichnung DOP (Denominação de Origem Protegida) verwendet wird. Es folgen 14 Vinho Regional (IGP – „Geschützte Geographische Indikation"). Auf der untersten Stufe stehen die Vinhos – die einfachen Tischweine.

Portugiesische Weinbaugebiete

Mit über 250 lokalen Rebsorten auf 220 000 Hektar Rebfläche schöpft das Land aus einem riesigen Pool eigenständiger, unverwechselbarer Weine. Das kleine Land erstreckt sich auf 650 km von Nord nach Süd und etwa 200 km von West nach Ost. Der atlantische Norden ist klimatisch eher maritim geprägt und im Landesinneren eher kontinental mit sehr heißen Sommern und kalten Wintern, während der Süden heiß und trocken ist. Die Erträge fallen daher eher gering aus, was für eine gute Qualität der Weine spricht.

Die wichtigsten Herkünfte von Nord nach Süd:

Vinho Verde – grüne Landschaft direkt am Meer
Rebfläche: 34 000 ha
Geografische Lage: im Nordwesten Portugals.
Landschaft/Klima: üppige grüne Landschaft mit zerklüfteten Bergspitzen und Tälern. Die Nähe zum Meer bestimmt das stark maritime Klima.
Rebsorten weiß: Alvarinho, Arinto, Loureiro.
Besonderheit: leichte, frische und spritzige Weißweine.

Douro – bekannteste Weinregion
Rebfläche: 45 200 ha
Geografische Lage: im Norden Portugals entlang des Flusses Douro.
Landschaft/Klima: Steillagen und imposante Landschaft entlang des Douros. Das Klima reicht von maritim bis hin zu kontinental an der spanischen Grenze.
Rebsorten rot: Touriga Nacional, Tinta Roriz, Touriga Franca, Tinta Barroca, Tinto Cão, Sousão.
Besonderheit: Portwein und sehr kräftige, lagerfähige Rotweine.

Pinhão
Die Stadt bildet das Zentrum des Cima Corgo – des größten Teilgebiets des Douro-Tals.

Dão – durch Feinheit geprägte Rotweine

Rebfläche: 20 200 ha

Geografische Lage: in der Mitte des Nordens unterhalb des Dourotals gelegen.

Landschaft/Klima: geschützte, von Bergketten umgegebene Lage mit mildem Klima.

Rebsorten rot: Touriga Nacional, Alfrocheiro, Tinta Roriz, Jaen.

Besonderheit: vornehmlich sehr elegante und lagerfähige rote Weine.

Bairrada – Heimat der kräftigen Baga-Traube

Rebfläche: 9 500 ha

Geografische Lage: im Norden in der Nähe der Atlantikküste gelegen. Im Osten grenzt die Region Dão an.

Landschaft/Klima: Hügellandschaft mit kühlerem, maritim geprägtem Klima.

Rebsorten weiß: Bical, Fernão Pires, rot: Baga, Touriga Nacional.

Besonderheit: sehr kräftige, tanninbetonte Rotweine aus der Baga-Iraube.

Alentejo – Land der Korkeichen

Rebfläche: 22 000 ha

Geografische Lage: Umfasst nahezu den gesamten Süden Portugals.

Landschaft/Klima: vielfältige Landschaft. Nur fünf Prozent der Fläche sind mit Rebstöcken belegt. Sehr bedeutend sind die großen Korkeichenwälder. Die Region zählt zu den wärmsten Portugals.

Rebsorten rot: Aragonês, Trincadeira, Alicante Bouschet, internationale Sorten.

Besonderheit: große, reife, fruchtige, moderne und leicht zugängliche Rotweine.

Weinbau außerhalb Europas

In der Neuen Welt wird erst seit ca. 300 Jahren Weinbau betrieben. Statt Traditionen und Konventionen geben moderne technische Entwicklungen den Ton an.

Das klassische Modell des Weingutes ist in der Neuen Welt und anderen außereuropäischen Weinnationen weniger präsent. Dort ist es nicht selten, dass es auf der einen Seite den „Grape Grower" gibt, also denjenigen, der die Weinberge bestellt. Und auf der anderen Seite steht der „Winemaker", der die Trauben von einem Grape Grower kauft und daraus im Keller Wein erzeugt. Häufig nennt jemand einen Wein sein Eigen, obwohl er weder Land noch Keller besitzt. Auch die feste Bindung zu einem Terroir (siehe Seite 143) existiert nicht immer. Alles Erforderliche für die Erzeugung des Weins wird in Form von Trauben und Dienstleistungen eingekauft.

Vereinigte Staaten von Amerika

In fast allen Bundesstaaten wird Weinbau betrieben. Bewirtschaftet werden insgesamt 425 000 Hektar Rebfläche. Das bedeutendste Gebiet ist Kalifornien mit dem größten Anteil an der Rebfläche. Von den fünf Regionen in Kalifornien ist Central Valley das größte. Dort ist es extrem heiß, es werden einfache Weinqualitäten erzeugt. Die beiden bekanntesten Gebiete sind Napa Valley und Sonoma Valley. Von dort kommen Weine im Bordeaux-Stil. In den Regionen Central Coast und Santa Barbara sind durch den kühlenden Einfluss des Pazifiks die Bedingungen für Chardonnay und Pinot Noir gut.

Oberhalb von Kalifornien liegt Oregon, ein sehr gutes Gebiet für die Rebsorte Pinot Noir. Und ganz im Norden der Westküste gewinnt Washington State immer mehr an Bedeutung. Dort gibt es große Flächen, die mit Riesling bepflanzt sind.

Chile

liegt an der Westküste von Südamerika, erstreckt sich über 4500 Kilometer von Norden nach Süden und verfügt über eine Rebfläche von 211 000 Hektar mit sehr geschützten, fast isolierten Lagen wie im Norden der Atacama-Wüste, im Süden der Antarktis, im Osten der Anden und im Westen des Pazifiks.

Chile wird auch als Bordeaux-Gebiet der südlichen Halbkugel bezeichnet. Die wichtigsten roten Sorten sind Cabernet Sauvignon, Merlot, Syrah und Carménère. Der rote Carménère ist eine alte Rebsorte aus dem Bordeaux, die lange Zeit in Chile für Merlot gehalten wurde. Zu den wichtigsten weißen Sorten gehören Chardonnay, Sauvignon Blanc, Sémillon und País.

Valle del Elqui
Die Trauben für das chilenische Nationalgetränk Pisco, ein Destillat aus Traubenmost, werden vor allem in der gebirgigen Halbwüste angebaut.

Aufgrund der gesellschaftlichen und natürlichen Bedingungen können in Chile sehr gute Weine besonders günstig produziert werden. Mitfinanziert wird der Weinbau von branchenfremden Geldgebern. In Chile gibt es weniger als 400 Weingüter mit teilweise mehr als 1000 Hektar Rebland. Concha y Toro ist das größte Weingut Südamerikas mit einer Rebfläche von fast 10800 Hektar.

In Chile gibt es kaum eine Weinbautradition, dennoch hat sich die Weinproduktion in den letzten Jahren explosionsartig weiterentwickelt. Die wichtigsten Anbaugebiete sind Valle de Aconcagua, Casablanca, Valle de Maipo, Valle de Rapel, Curicó, Valle del Maule.

Argentinien

ist mit 227000 Hektar Rebfläche größtes Erzeugerland Südamerikas. Doch politische Spannungen unterdrückten die Entwicklung und damit den Export. Erst in den 1990er-Jahren erkannte man das Potenzial für internationale Qualitätsrebsorten, von denen sich Malbec als Spitzentraube herauskristallisiert hat. Mendoza ist das wichtigste Anbaugebiet in Argentinien. Beliebte weiße Rebsorten sind Torrontés und Chardonnay. Bei den roten Sorten dominieren Malbec, Criolla grande, Bonarda, Cabernet Sauvignon und Syrah.

Die Anbaugebiete liegen im Westen des Landes und reichen vom warmen Norden bis nach Patagonien im Süden. Eine Besonderheit ist die hohe Lage der Weinberge auf 600 bis 1500 Meter über dem Meeresspiegel. Dadurch kommt es zu einem hohen Tag-Nacht-Temperaturunterschied, wodurch die Trauben langsam reifen und eine vitale Säure den Weinen Struktur und Finesse verleiht.

Weinbau im Valle de Uco

Laura Catena legte 1992 den Adrianna-Weinberg in einer Höhe von 1 500 Metern über null im Valle de Uco an. Das glich einer Revolution, da vorher niemand daran glaubte, in solchen Höhen überhaupt Weinbau betreiben zu können.

Welche Rebsorten haben Sie angepflanzt?

Die Chardonnay-Rebe wurde im ersten Jahr angepflanzt, da sie vom kühlen Klima auf diesen Höhenlagen profitiert. Weil wir mit den Ergebnissen und der optimalen Ausreifung der Beeren sehr zufrieden waren, haben wir dann auch Pinot Noir, Malbec und später Cabernet Sauvignon angebaut.

Wie unterscheiden sich die Weine im Vergleich mit solchen aus niedrigeren Lagen?

Über 1 400 Meter über dem Meeresspiegel gibt es zwei wesentliche Faktoren: Kälte und die Intensität der Sonne. Durch die intensive Sonnenstrahlung bilden die roten Rebsorten bis zu 30 Prozent mehr Tannine. Aufgrund der Kälte in der Nacht reifen die Beeren langsam und behalten eine markante Säure. Diese Weine sind sehr intensiv und mit großem Lagerpotenzial ausgestattet. Sie haben die Tendenz, mehr florale und mineralische Aromen zu offenbaren als Weine gleicher Rebsorten aus niedrigeren Lagen.

Welche Bodenverhältnisse herrschen im Adrianna-Weinberg?

Der Ursprung des Adrianna-Weinbergs ist ein ausgetrocknetes Flussbett aus Schwemmlandboden vulkanischen Ursprungs, welches sich durch Plattenverschiebungen und vulkanische Aktivitäten verändert hat. Heute findet man Kalksteinböden, lehmige Böden, zum Teil sehr steinige und an manchen Stellen sehr sandige Böden vor. Und: Es gibt noch Reste des Ursprungsbodens.

Welche Studien betreiben Sie im Catena Institute of Wine?

Das Catena Institute of Wine blickt auf 20 Jahre Nachhaltigkeits-Engagement zurück. In dieser Zeit wurden beispielsweise 70 Bodenanalysen pro Hektar durchgeführt. Das macht den Adrianna-Weinberg wohl zu dem am meisten untersuchten Weinberg der Welt. Es wurden in den letzten vier Jahren 2,4 Millionen US-Dollar in wissenschaftliche Forschungsarbeit investiert. Eine Liste der Publikationen findet man auf der Webseite: www.catenainstitute.com.

Sie führen auch Forschungen in Bezug auf die Reblaus durch. In Argentinien hat es kaum bis gar keine Reblaus-Katastrophe gegeben. Warum und

was haben Ihre Forschungen in Zusammenarbeit mit der Universität Davis ergeben?

Die Reblausart, die es in Argentinien gab, hat sich nicht vermehren können. Es war eine sehr aggressive Art. Sie konnte aufgrund des trockenen Wetters und der Bodenstruktur in Mendoza nicht überleben. Nichtsdestotrotz ist es nach wie vor ein aktuelles Thema, an dem wir weiter forschen werden.

Wenn Sie den argentinischen Weinbau von vor 50 Jahren mit dem von heute vergleichen, welche Änderungen haben sich ergeben?

Als mein Vater um 1980 herum anfing, die Catena-Weine auf internationalen Märkten zu verkaufen, kostete der teuerste Wein etwa 3 US-Dollar. Der südamerikanische Wein hatte den Ruf, billig und von schlechter Qualität zu sein. Zu dieser Zeit war die argentinische Weinproduktion sehr veraltet. Die Weine wurden sehr oxidativ ausgebaut (hohe Produktionsmengen, keine Temperaturkontrolle in keinem Produktionsschritt, dadurch hohe Oxidation der Weine). Alle Weine waren gleich. Mein Vater war der Erste, der sich für eine Modernisierung von Weinbergsarbeit und Weinkeller einsetzte. Er engagierte sich dafür, Reben in kühleren Regionen wie in Gualtallary zu pflanzen. Er war der Erste, der dort pflanzte und auf wenig Ertrag setzte, aber auch im Weinkeller die gesamte Produktion überwachte, um oxidative Weine zu verhindern.

Wir arbeiten noch heute im Catena Institute of Wine mit der „ersten" Selektion von argentinischen Malbec-Reben. Ohne diese Arbeit wäre die Revolution des argentinischen Malbecs nicht auf den Weg gebracht worden.

Wein gehört in Argentinien wie in Spanien, Frankreich und Italien alltags und feiertags zum Essen. Deswegen gibt es in Argentinien viele Weingüter, die über mehrere Generationen hinweg geführt werden. Der argentinische Wein gehört zu unserer Kultur und ist nicht nur ein „Produkt" zum Exportieren. Der Wein liegt den Argentiniern im Blut.

Gibt es neue Rebsorten, die heute in Argentinien kultiviert werden?

Bemerkenswert ist, dass bei uns die Malbec-Rebe wurzelecht, also ohne Unterlagsrebe, gepflanzt wird. Unsere Pflanzenselektion ist daher sehr vielfältig und entspricht der Zeit vor der Reblaus-Katastrophe. Malbec ist eine sehr alte Sorte, die es in Europa seit mehr als 2000 Jahren gibt. Im Mittelalter war sie eine der populärsten und bedeutendsten Rebsorten in Europa und ebenso bedeutend wie Cabernet Sauvignon (Bordeaux-Klassifikation anlässlich der Weltausstellung 1855). Ebenfalls von großer Bedeutung sind in Argentinien noch die Rebsorten Bonarda, Torrontés, Chardonnay, Cabernet Sauvignon, Syrah und Cabernet Franc.

Franschhoek
Wer nach Südafrika reist,
kann in der Kapprovinz
zahlreiche wunderschöne
Weingüter besuchen.

Südafrika

ist eine noch junge Weinbaunation mit 132 000 Hektar Rebfläche. Anbau und Verwendung einer Herkunftsbezeichnung sind gesetzlich geregelt. 1973 wurde das „Wine of Origin (W. O.)" System eingeführt. Das Siegel umfasst Angaben zu Rebsorte, Jahrgang und Herkunft. Die bekanntesten und wichtigsten Gebiete sind Stellenbosch, Paarl, Franschhoek und Constantia. In den Jahren der Apartheid war der Export fast erloschen und der Eigenkonsum sehr gering, beziehungsweise preiswert orientiert, sodass beispielsweise Cabernet, Merlot und Shiraz zusammen nur knapp drei Prozent am damaligen Rebsortenspiegel ausmachten. Erst die Aufhebung der Apartheid führte ab 1992 zu einem deutlichen Aufschwung im Anbau von internationalen Rebsorten und im Weinexport mit Chenin Blanc oder auch „Steen" an

der Spitze. Mittlerweile haben sich zunehmend die weltweit begehrten Rebsorten Cabernet, Chardonnay oder Sauvignon Blanc durchgesetzt, wobei die südafrikanische Kreuzung Pinotage aus Pinot Noir und Cinsault immer mehr an Bedeutung gewinnt.

Australien

ist seit den 1980er-/1990er-Jahren der Senkrechtstarter in der Neuen Welt. Auf einer Anbaufläche von 152 000 Hektar betreibt das Land den modernsten Weinbau weltweit und für Europäer in unvorstellbaren Dimensionen. Hergestellt werden moderne Markenweine, dabei wird viel Neues ausprobiert, experimentiert und genutzt, was die Forschung, Entwicklung und Technik hergibt. Es gibt sogenannte Multi-District-Blends – das sind Weine, die aus Trauben von Weinbergen aus ganz Australien erzeugt werden. In Australien ist das Klima mediterran bis sehr heiß. Aufgrund der dadurch bedingten Trockenheit müssen die Weinberge künstlich bewässert werden.

90 Prozent der Rebflächen liegen im Süden Australiens. Die wichtigsten Unterregionen sind in Südaustralien Barossa Valley (für Shiraz), McLaren Vale, Clare Valley (für Riesling), Coonawarra (für Pinot Noir).

Wichtige Unterregionen in Westaustralien sind Margaret River (für Cabernet Sauvignon) und Perth.

Zu den wichtigsten weißen Rebsorten gehören Chardonnay, Sémillon, Sauvignon Blanc, Riesling und Viognier. Und zu den bedeutenden roten Sorten zählen Shiraz, Cabernet Sauvignon und Merlot.

Neuseeland

ist der „Jüngste" im Bunde der Weinländer in Übersee. Anfang des 19. Jahrhunderts kamen Vitis-vinifera-Reben ins Kiwi-Land. Nach Reblausbefall und Prohibition kam es erst gegen Ende der 1960er-Jahre zu einer „Wiederentdeckung" des neuseeländischen Weinpotenzials. Zunächst wurde auf Empfehlung eines Geisenheimer Professors Müller-Thurgau angepflanzt. Doch schon in den 1970er-Jahren erkannte man das weitaus höhere Potenzial Neuseelands und begann vermehrt auf französische Qualitätsreben zu setzen. Dabei erwies sich die Rebsorte Sauvignon Blanc als wahres Weinwunder, das der Weinindustrie schnell hohe Wachstumsraten bescherte. Heute bewirtschaftet Neuseeland 38 000 Hektar Rebfläche, davon sind 20 000 Hektar mit Sauvignon Blanc, 5 500 Hektar mit Pinot Noir und 3 200 Hektar mit Chardonnay bestockt. Auf die restliche Fläche entfallen andere international bekannte Rebsorten. Die wichtigsten Anbaugebiete auf der Südinsel sind Marlborough, Nelson, Waipara Valley, Canterbury und Central Otago. Auf der Nordinsel sind Wairarapa mit Martinborough, Hawke's Bay und Gisborne bemerkenswerte Anbaugebiete.

Hilfe

Stichwort-
verzeichnis

1 Stichwortverzeichnis
Schneller Zugriff auf alle
wichtigen Begriffe und Informationen

2 Rezeptübersicht
Alle Rezepte auf einen Blick,
alphabetisch sortiert

Rezepte

Die Stiftung Warentest wurde 1964 auf Beschluss des Deutschen Bundestages gegründet, um dem Verbraucher durch vergleichende Tests von Waren und Dienstleistungen eine unabhängige und objektive Unterstützung zu bieten.

Wir kaufen – anonym im Handel, nehmen Dienstleistungen verdeckt in Anspruch.

Wir testen – mit wissenschaftlichen Methoden in unabhängigen Instituten nach unseren Vorgaben.

Wir bewerten – von sehr gut bis mangelhaft, ausschließlich auf Basis der objektivierten Untersuchungsergebnisse.

Wir veröffentlichen – anzeigenfrei in unseren Büchern, den Zeitschriften test und Finanztest und im Internet unter www.test.de

Ina Finn liebt es, ihr Wissen aus der Welt des Weines mit anderen zu teilen, sei es als Dozentin von Fachseminaren in der Deutschen Wein- und Sommelierschule oder als Weinberaterin in ihren eigenen Veranstaltungsräumen der Villa Verde in Hamburg.

Alexander Oos ist Inhaber vom Wein- und Tafelhaus in Trittenheim an der Mosel. Für seine Gäste kocht er exklusive Menüs aus saisonalen Zutaten, die mit den dort angebauten Weinen harmonieren. In der dazugehörigen Kochschule bietet er außerdem regelmäßig Kurse an.

© 2017 Stiftung Warentest, Berlin

Stiftung Warentest
Lützowplatz 11–13
10785 Berlin
Telefon 0 30/26 31–0
Fax 0 30/26 31–25 25
www.test.de
email@stiftung-warentest.de

USt-IdNr.: DE136725570

Vorstand: Hubertus Primus
Weitere Mitglieder der Geschäftsleitung:
Dr. Holger Brackemann, Daniel Gläser

Programmleitung: Niclas Dewitz

Autorin/Autor: Ina Finn, Hamburg
Projektleitung: Lisa Frischemeier
Lektorat: Maryna Zimdars, Unterföhring
Korrektorat: Hartmut Schönfuß, Berlin
Titelentwurf: Martina Römer, Berlin
Rezeptfotos/Coverfoto: Joerg Lehmann, Berlin
Foodstyling: Anke Rabeler und Max Faber, Berlin

Layout: Martina Römer, Berlin; Büro Brendel, Berlin
Grafik, Satz, Bildredaktion: Büro Brendel, Berlin

Bildnachweis: Deutsches Weininstitut, Mainz 47, 49; Diana Diederich, Hamburg 28, 63, 6, 67; Florian Brendel 19, 50, 51, 69, 137, 159, 141, 163; Messe Düsseldorf/ctillmann 12, 52; shutterstock 11, 16, 36, 70, 129, 153, 160, 164, 166, 173, 177, 178, 181, 183, 185, 187, 189, 193, 194, 196, 198, 200, 201, 203, 204, 205, 206, 207, 209, 211, 213, 215, 218; StockFood/Lehmann, Herbert 133; thinkstock 8, 25, 30, 39, 41, 43, 45, 169, 138, 143, 144, 148, 155;
Infografiken/Diagramme: Büro Brendel, Berlin
Mitarbeit: Merit Niemeitz

Produktion: Vera Göring
Verlagsherstellung: Rita Brosius (Ltg.), Susanne Beeh, Romy Alig
Litho: bildpunkt, Berlin
Druck: Kösel, Krugzell

ISBN: 978-3-86851-450-6

Wir haben für dieses Buch 100 % Recyclingpapier und mineralölfreie Druckfarben verwendet. Stiftung Warentest druckt ausschließlich in Deutschland, weil hier hohe Umweltstandards gelten und kurze Transportwege für geringe CO_2-Emissionen sorgen. Auch die Weiterverarbeitung erfolgt ausschließlich in Deutschland.